Mythes et réalités sur la musculation

Infographie: Marie-Josée Lalonde
Révision: Brigitte Lépine
Correction: Céline Vangheluwe et Caroline Hugny
Illustrations: François Daxhelet

Les illustrations des exercices contenues dans ce livre proviennent de www.Physigraphe.com, qui propose plus de 3500 images et plus de 1500 vidéos et animations d'exercices physiques. Physigraphe est conçu spécialement à l'intention des professionnels et des spécialistes de l'entraînement musculaire et thérapeutique.

PHYSIGRAPHE

Catalogage avant publication de Bibliothèque et Archives nationales du Québec et Bibliothèque et Archives Canada

Lussier, Martin, 1973-

Mythes et réalités sur la musculation

Comprend des références bibliographiques.

ISBN 978-2-7619-3683-5

1. Musculation. I. Toussaint, Pierre-Mary, 1973- . II. Titre.

GV546.L87 2013 613.7'13 C2013-941768-0

01-14

Dépôt légal: 2013
Bibliothèque et Archives nationales du Québec

ISBN 978-2-7619-3683-5

DISTRIBUTEURS EXCLUSIFS:

Pour le Canada et les États-Unis:
MESSAGERIES ADP*
2315, rue de la Province
Longueuil, Québec J4G 1G4
Téléphone : 450-640-1237
Télécopieur: 450-674-6237
Internet: www.messageries-adp.com
* filiale du Groupe Sogides inc.,
filiale de Québecor Média inc.

Pour la France et les autres pays:
INTERFORUM editis
Immeuble Paryseine, 3, allée de la Seine
94854 Ivry CEDEX
Téléphone : 33 (0) 1 49 59 11 56/91
Télécopieur: 33 (0) 1 49 59 11 33
Service commandes France Métropolitaine
Téléphone : 33 (0) 2 38 32 71 00
Télécopieur: 33 (0) 2 38 32 71 28
Internet: www.interforum.fr
Service commandes Export – DOM-TOM
Télécopieur: 33 (0) 2 38 32 78 86
Internet: www.interforum.fr
Courriel: cdes-export@interforum.fr

Pour la Suisse:
INTERFORUM editis SUISSE
Case postale 69 – CH 1701 Fribourg – Suisse
Téléphone : 41 (0) 26 460 80 60
Télécopieur: 41 (0) 26 460 80 68
Internet: www.interforumsuisse.ch
Courriel: office@interforumsuisse.ch
Distributeur: OLF S.A.
ZI. 3, Corminboeuf
Case postale 1061 – CH 1701 Fribourg – Suisse
Commandes:
Téléphone : 41 (0) 26 467 53 33
Télécopieur: 41 (0) 26 467 54 66
Internet: www.olf.ch
Courriel: information@olf.ch

Pour la Belgique et le Luxembourg:
INTERFORUM BENELUX S.A.
Fond Jean-Pâques, 6
B-1348 Louvain-La-Neuve
Téléphone : 32 (0) 10 42 03 20
Télécopieur : 32 (0) 10 41 20 24
Internet: www.interforum.be
Courriel: info@interforum.be

Gouvernement du Québec – Programme de crédit d'impôt pour l'édition de livres – Gestion SODEC – www.sodec.gouv.qc.ca

L'Éditeur bénéficie du soutien de la Société de développement des entreprises culturelles du Québec pour son programme d'édition.

Conseil des Arts du Canada
Canada Council for the Arts

Nous remercions le Conseil des Arts du Canada de l'aide accordée à notre programme de publication.

Nous reconnaissons l'aide financière du gouvernement du Canada par l'entremise du Fonds du livre du Canada pour nos activités d'édition.

Martin Lussier • Pierre-Mary Toussaint

Préface de Georges St-Pierre

Mythes et réalités sur la musculation

LES ÉDITIONS DE L'HOMME
Une société de Québecor Média

TABLE DES MATIÈRES

Préface 11
Avant-propos 13

L'ENTRAÎNEMENT EN MUSCULATION : POUR TOUS ? 15

POUR MIEUX COMPRENDRE L'ENTRAÎNEMENT POUR TOUS 16
Mythes et réalités
La musculation, ça nuit à la croissance des jeunes 21
La musculation chez les jeunes : loin d'être une priorité 25
Pas de musculation pour Sophie, elle ne veut pas de gros muscles 29
Trop de musculation = de petits seins 36
Avec l'âge, le cardio est plus bénéfique pour la santé que la « muscu » 40
C'est si facile de progresser pour un débutant 46
Ne perds pas ton temps avec la musculation. Un coureur, ça doit courir ! 52

L'ENTRAÎNEMENT EN MUSCULATION : LES EXERCICES 59

POUR MIEUX COMPRENDRE LES EXERCICES 60
Mythes et réalités
Je ne suis pas assez fort pour faire des *chin-ups* 63
Les *chin-ups* : impossibles pour les filles ! 69

Le *squat*: le meilleur exercice pour les jambes 73
Le *bench press*: le meilleur exercice
pour le haut du corps 80
Le *deadlift*: le meilleur exercice
pour devenir fort comme un bœuf 88
Des abdominaux d'acier pour un dos en béton 95
Pas facile d'avoir des abdos découpés au couteau! 105
Avoir des fesses de fer: encore plus difficile! 111
On ne fait jamais assez d'exercices pour les biceps 115

L'ENTRAÎNEMENT EN MUSCULATION:
LES ÉQUIPEMENTS 121

Mythes et réalités
Les poids libres sont bien plus efficaces
que les appareils.. 123
La grosseur du ballon d'exercice
dépend de la taille du sportif 129
Le ballon d'exercice: un incontournable
pour améliorer l'équilibre... 133
Les élastiques, ça remplace tous les poids 140
Oubliez les élastiques.
Le système TRX®, c'est encore mieux!.............................. 144
Point de salut hors de la salle d'entraînement! 148
La solution facile en musculation:
l'électrostimulation dans mon salon! 156

L'ENTRAÎNEMENT EN MUSCULATION:
LES OBJECTIFS 163

POUR MIEUX COMPRENDRE
LES OBJECTIFS 164
Mythes et réalités
Pour prendre du muscle, il faut lever des gros poids........... 169
Je ne suis pas né sous une bonne étoile,
je ne serai jamais musclé... 177
Pour être musclé en 20 minutes, il suffit d'être intense....... 183

Du cardio? Jamais de la vie, ça fait fondre les muscles!...... 189
Faire grossir ses muscles en perdant du gras:
mission impossible.. 194
Le cardio: toujours avant la musculation........................... 201
Pour perdre du poids: la musculation,
toujours avant le cardio 206
M'étirer? Pas question, je vais être moins fort!................... 211
La musculation pour augmenter la flexibilité:
un non-sens 216

L'ENTRAÎNEMENT EN MUSCULATION:
LES MÉTHODES.. 221

Mythes et réalités
L'entraînement en musculation,
rien de plus monotone.. 223
Le CrossFit® réinvente l'entraînement............................... 229
Le CrossFit®: un entraînement réservé aux athlètes 234
Les super séries: beaucoup plus efficaces
que les séries ordinaires 241
Un *spot,* c'est juste pour le *bench press*............................ 246
En musculation, il ne faut jamais tricher............................ 253
Descendre ses poids lentement,
c'est plus difficile, donc c'est mieux 258
Une bonne séance de musculation
se termine par des « abdos » 263
La puissance, c'est de la pliométrie................................... 268
L'échauffement n'est pas vraiment utile en musculation...... 275
Les étirements après l'entraînement:
le remède contre les courbatures...................................... 281
S'entraîner courbaturé? Pas grave!..................................... 287
L'efficacité d'un entraînement
se mesure en courbatures 290
No pain, no gain! 293

L'ENTRAÎNEMENT EN MUSCULATION : L'ALIMENTATION, LES SUPPLÉMENTS ET LES AUTRES PRODUITS 299

Mythes et réalités

L'alimentation, en musculation, une simple question de *timing* 301
La créatine : le seul produit légal qui fonctionne vraiment 308
Il y a certainement un produit qui peut m'aider 313
Les stéroïdes, ce n'est pas si dangereux que ça ! 320

Remerciements 325

Les réalités scientifiques les plus solides contiennent toujours,
cependant, une part notable d'illusions.
Les progrès de la science consistent surtout à la réduire.
GUSTAVE LE BON

PRÉFACE

J'ai rencontré Martin Lussier et Pierre-Mary Toussaint pour la première fois en 2012, alors que j'assistais au lancement de leur tout premier livre : *Mythes et réalités sur l'entraînement physique*. J'ai répondu positivement à leur invitation parce que j'étais intrigué par le sujet de ce livre qui départage le vrai du faux sur bon nombre de sujets qui me préoccupent régulièrement dans mon entraînement. J'ai discuté avec eux à plusieurs reprises de certains thèmes qui y sont abordés et j'ai même mis en pratique dans ma préparation physique plusieurs recommandations qu'on y retrouve. Entre autres, il est maintenant clair pour moi que l'entraînement aérobie continu ne doit pas occuper une place importante dans la préparation d'un athlète pratiquant un sport de puissance comme le mien.

Lors de ce premier contact avec les auteurs, je ne me doutais pas que quatre mois plus tard, Pierre-Mary ainsi que son frère Marc-Élie allaient devenir mes entraîneurs responsables d'améliorer ma vitesse et ma puissance musculaire. Cet entraînement fut l'un des nombreux éléments qui me permirent de défendre avec succès mon titre de champion du monde en arts martiaux mixtes en 2012, après une absence de 19 mois due à une sérieuse blessure au genou. Aujourd'hui, ils font toujours partie de mon équipe d'entraîneurs et les aptitudes physiques que nous travaillons me maintiennent à un haut niveau de performance dans le but de rester le meilleur au monde dans ma catégorie.

J'ai donc répondu avec plaisir à la demande de Martin et Pierre-Mary d'écrire la préface de ce livre qui déboulonne de nombreux mythes sur la musculation. Voici un sujet à propos duquel circulent d'innombrables faussetés et demi-vérités, tant chez les amateurs que chez les pros. Ce livre donne l'heure juste sur de nombreux aspects moins bien compris de ce type d'entraînement. Grâce à lui, je comprends désormais pourquoi il est important de faire un échauffement adéquat avant une séance de musculation. J'en ai appris sur les effets de mon entraînement en flexibilité sur ma force et vice-versa. J'ai toujours entendu des théories contradictoires sur la façon d'éviter ou d'atténuer les courbatures à la suite d'une séance de musculation : maintenant, j'y vois plus clair. J'ai trouvé très utiles les recommandations qu'il contient sur les moyens à prendre pour perdre du poids tout en continuant l'entraînement en musculation. Enfin, la section sur l'alimentation et les suppléments m'a permis de bien départager le vrai du faux entre les opinions divergentes que j'entends tous les jours. À ma connaissance, il n'existe pas d'ouvrage sur le sujet qui soit aussi accessible et qui s'appuie sur des bases scientifiques solides et à jour. Je suis convaincu qu'il aidera de nombreuses personnes à rendre leur entraînement en musculation plus efficace et mieux adapté à leurs objectifs.

C'est sans réserve que je recommande ce livre aux entraîneurs, aux adeptes de conditionnement physique ainsi qu'à ceux qui s'adonnent à la musculation ou qui désirent s'y initier. Un livre à consulter encore et encore, chaque fois que vous aurez besoin de l'avis d'experts.

Bonne lecture !

GEORGES ST-PIERRE
Champion du monde
en arts martiaux mixtes de l'UFC

AVANT-PROPOS

En tant qu'enseignants passionnés et spécialistes de l'entraînement, il y a longtemps que nous avons réalisé que la partie la plus stimulante de notre travail est de partager nos connaissances avec un vaste public. Nous avons écrit ce livre en étant animés par ce plaisir de transmettre les concepts qui permettent de voir plus clair dans les innombrables théories, valables ou non, concernant l'entraînement en musculation.

Comme notre précédent livre : *Mythes et réalités sur l'entraînement physique* – qui remporte un vif succès auprès des sportifs et entraîneurs –, cet ouvrage aborde une cinquantaine de thèmes. Les titres des thèmes sont présentés sous forme d'affirmations que l'on entend fréquemment dans le monde de la musculation. Vous pourrez enfin savoir, grâce à des explications claires, si ces énoncés sont des mythes, des demi-vérités ou des réalités. L'information contenue dans chacun des thèmes est appuyée par les connaissances scientifiques actuelles et est présentée pour qu'elle soit facile à comprendre. Vous serez ainsi en mesure de faire des choix judicieux en ce qui concerne les méthodes, les techniques, les équipements et les exercices à utiliser pour atteindre vos buts de façon efficace.

Les thèmes sont regroupés en six grandes catégories sous forme de chapitres : les personnes, les exercices, les équipements, les objectifs, les méthodes ainsi que l'alimentation, les suppléments et les autres produits. Ils sont indépendants les uns des autres et peuvent être lus dans un ordre qui reflète vos préoccupations et vos intérêts. Les termes et concepts clés sont également présentés au début de certains chapitres dans les rubriques « Pour mieux comprendre… ». Ces définitions simples vous fourniront les bases nécessaires pour mieux saisir les explications plus approfondies fournies au fil des différents thèmes. N'hésitez pas à vous y référer pour rafraîchir vos connaissances en cours de lecture. Enfin, vous trouverez en conclusion de chaque sujet des thèmes connexes sur lesquels vous voudrez certainement en savoir plus.

Nous espérons que cet ouvrage deviendra pour vous un outil de référence et qu'il vous guidera dans votre entraînement en musculation afin de le rendre plus sûr et mieux adapté à vos besoins.

MARTIN LUSSIER
ET PIERRE-MARY TOUSSAINT

L'ENTRAÎNEMENT EN MUSCULATION :

POUR TOUS?

Autrefois, l'entraînement en musculation était pratiqué presque exclusivement par les culturistes et les haltérophiles. Aujourd'hui, cette activité attire un grand éventail de sportifs. Est-ce que les jeunes peuvent faire de la musculation sans risques pour leur santé? Les femmes développeront-elles de gros muscles si elles font de la musculation? Les personnes âgées bénéficient-elles davantage d'un entraînement en musculation ou d'un entraînement cardiovasculaire? Les sportifs qui pratiquent la course à pied, le vélo ou d'autres activités d'endurance peuvent-ils améliorer leurs performances s'ils s'entraînent en musculation? Hommes ou femmes, jeunes ou vieux, athlètes confirmés ou débutants, cette section vous éclairera sur les bienfaits et les risques potentiels de l'entraînement musculaire.

POUR MIEUX COMPRENDRE L'ENTRAÎNEMENT POUR TOUS

Les muscles

Le **muscle** est un organe qui a la capacité de se contracter. Grâce à ses contractions, le muscle peut faire bouger les os et permettre le mouvement.

Les types de contractions musculaires

Il existe plusieurs types de contractions musculaires.

› Le muscle peut se contracter en se raccourcissant, c'est une **contraction concentrique**. À l'opposé, il peut se contracter en s'allongeant, c'est une **contraction excentrique**. Ces contractions qui engendrent un mouvement sont dites **anisométriques** ou dynamiques.

Ex. : Flexion aux coudes

- Lorsqu'on monte le poids, les biceps se contractent en se raccourcissant. La contraction est concentrique.
- Lorsqu'on descend le poids, les biceps se contractent en s'allongeant. La contraction est excentrique.

› Le muscle peut se contracter sans changer de longueur, c'est une contraction **isométrique**. Ce type de contraction n'engendre pas de mouvement. On peut aussi l'appeler contraction statique.

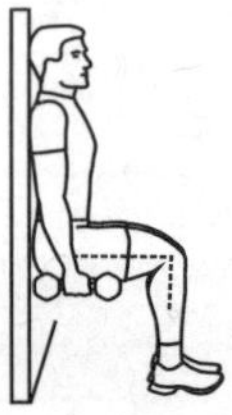

Ex. : Chaise au mur

- Il n'y a pas de mouvement, les quadriceps ne changent pas de longueur. La contraction est isométrique.

Les répétitions

Une **répétition** est l'exécution complète d'un mouvement d'un exercice. Les répétitions des mouvements sont à la base de l'entraînement en musculation.

Le nombre de répétitions qu'il est possible d'exécuter lors d'un exercice est inversement proportionnel à la charge ou à la résistance utilisée. Cela signifie que plus la charge est légère, plus le nombre de répétitions pourra être élevé.

Le terme « **répétitions maximales (RM)** » est utilisé pour désigner le plus grand nombre de répétitions qu'il est possible d'exécuter avec une charge donnée. Inversement, lorsque le nombre de répétitions n'atteint pas le maximum qu'il est possible de réaliser, il s'agit de **répétitions sous-maximales**.

Les séries

Une **série** est constituée d'une répétition ou d'un ensemble de répétitions consécutives d'un exercice. Elle est normalement suivie d'une période de repos.

Les qualités musculaires et les objectifs recherchés

Différents objectifs et plusieurs aptitudes physiques peuvent être associés à l'entraînement en musculation. Voici les principaux :

- L'entraînement en musculation peut mener à l'**hypertrophie musculaire**, c'est-à-dire à l'augmentation en grosseur des muscles. Ils prennent du volume principalement en raison de l'augmentation de la grosseur des fibres qui les composent.

- L'entraînement en musculation engendre une **dépense d'énergie**. Cette dépense calorique peut contribuer à une perte de graisse. Afin de maximiser la dépense d'énergie en musculation, il est préférable de réaliser des exercices qui sollicitent de grandes masses musculaires (exercices globaux) et de réduire le plus possible le temps de repos entre les séries d'une séance de même durée.
- La **force** provient de la tension engendrée lorsque les muscles se contractent. Lorsque cette tension atteint un maximum, on parle de **force maximale**. En pratique, on l'associe souvent à la charge la plus lourde qu'il est possible de soulever pour une seule répétition. On l'améliore à l'aide d'exercices réalisés avec des charges relativement lourdes et un petit nombre de répétitions.
- L'**endurance musculaire** est la capacité des muscles de se contracter une ou plusieurs fois pendant une longue période. On l'améliore à l'aide d'exercices réalisés avec des charges relativement légères et un grand nombre de répétitions.
- La **puissance** musculaire est la capacité des muscles à générer une certaine force tout en se contractant rapidement. On l'améliore à l'aide d'exercices exécutés avec une intention de vitesse maximale.
- La **flexibilité** est l'amplitude de mouvement que permettent une ou plusieurs articulations. Elle est influencée, entre autres, par la capacité d'étirement des muscles. On l'améliore par le biais de différentes méthodes d'étirement musculaire.

- La **proprioception** est la capacité de percevoir les parties de notre corps dans l'espace lorsqu'elles sont immobiles ou en mouvement. C'est grâce aux récepteurs proprioceptifs situés dans les muscles, les tendons, les articulations, la peau et l'oreille interne que nous avons cette capacité. On fait appel à la proprioception en tout temps, mais on la sollicite davantage en exécutant des exercices qui nécessitent de porter une attention particulière aux sensations corporelles. Par exemple, en faisant des pompes (*push-ups*) avec les mains sur un ballon d'exercice en ayant les yeux fermés.
- L'**équilibre** est la capacité du corps à maintenir son centre de gravité (centre de masse) au-dessus de sa base de support en restant le plus stable possible. Le corps peut être en équilibre statique (ex. : en position debout) ou dynamique (ex. : en patinant). La proprioception est essentielle au maintien de l'équilibre. On peut l'améliorer à l'aide d'exercices qui engendrent de l'instabilité. Par exemple, en faisant un *squat* sur un pied.

La surcharge d'entraînement

Une **surcharge** est une variation souvent plus difficile d'un ou de plusieurs paramètres de l'entraînement (fréquence, séries, répétitions, charge, temps de repos, etc.) comparativement à ce qui était fait. Elle produit généralement une plus grande fatigue que celle causée par l'entraînement habituel. La surcharge vise l'amélioration des aptitudes physiques entraînées.

MYTHE ? LA MUSCULATION, ÇA NUIT À LA CROISSANCE DES JEUNES

L'inquiétude d'une mère ou d'un père est presque toujours palpable lorsque leur enfant ou leur adolescent s'entraîne en musculation. Les spécialistes de l'entraînement se font souvent demander : est-ce que la musculation peut nuire à la croissance ?

Un peu d'anatomie

Ce qui distingue l'os d'un jeune en croissance de celui d'un adulte est la présence d'une plaque de croissance épiphysaire. Cette plaque est constituée de cartilage, tissu plus mou que l'os, qui a pour rôle d'assurer la croissance de ce dernier. Ce type de cartilage se retrouve aux extrémités des os longs comme celui de la cuisse, le fémur, ou celui du bras, l'humérus. Lorsque la croissance est achevée, vers 16 ans chez la fille et 18 ans chez le garçon, le cartilage se durcit et devient identique au reste de l'os.

Puisque le cartilage de croissance est un os en devenir, il est plus fragile et donc plus sujet aux blessures que les tissus environnants. Par exemple, pour un même traumatisme, comme une chute ou un impact, une fracture de l'os est plus probable chez un jeune que chez un adulte si ce traumatisme avoisine la plaque de croissance. Par contre, une blessure qui atteint les ligaments (qui relient un os à un autre os), comme une entorse, sera plus commune chez un adulte. En effet, on estime que les cartilages de croissance des jeunes sont 2 à 5 fois moins résistants que leurs ligaments.

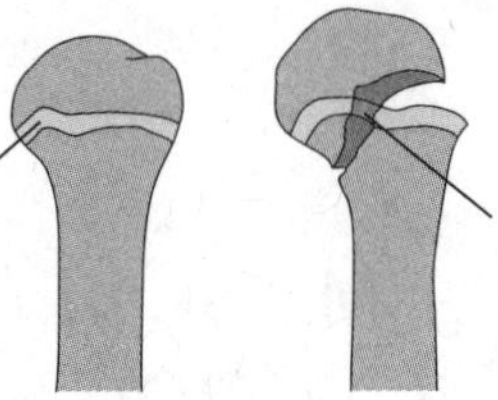

La musculation perturbe-t-elle la croissance?

Il a été démontré qu'une fracture au niveau du cartilage de croissance pouvait causer, dans certaines situations, une perturbation de la croissance. Elle risque de provoquer l'inégalité de longueur d'un membre ou une déviation de l'os en cas de soudure d'une partie du cartilage. Puisqu'environ 15 % des fractures osseuses chez les jeunes se produisent au niveau du cartilage de croissance, on pourrait croire qu'une activité physique comme la musculation pourrait constituer un risque pour la croissance. Toutefois, ce type de fracture est extrêmement rare au cours d'un entraînement avec résistance musculaire. Les seuls cas rapportés se sont produits au cours d'exercices musculaires avec une technique inadéquate et probablement avec une charge très lourde se rapprochant ou dépassant la force maximale du jeune en question. Comparativement à l'entraînement en musculation, certaines activités sportives présentent un risque de fracture de la plaque de croissance nettement plus élevé : les jeunes qui pratiquent des sports comme le football, la gymnastique, le surf des neiges ou le cyclisme courent un risque plus important de fracture, car les chutes et les impacts y sont plus fréquents.

Une autre crainte existe concernant la croissance des jeunes pratiquant l'entraînement en musculation : le stress imposé au squelette par les charges créerait un durcissement précoce des plaques de croissance épiphysaire, ce qui provoquerait un arrêt de la croissance de l'os. Cette crainte non fondée est rejetée par tous les spécialistes de la santé. En réalité, le stress imposé au squelette au cours d'un entraînement en musculation stimule la fabrication osseuse, ce qui peut augmenter la densité de l'os chez les personnes de tout âge.

Par conséquent, selon les connaissances scientifiques actuelles, rien n'indique que la musculation, surtout si elle est bien encadrée, puisse nuire à la croissance. La revue *Pediatrics*, référence pour les médecins pédiatriques américains, confirme que l'entraînement en musculation ne nuit en aucun cas à la croissance des jeunes.

Plusieurs personnes croient, à tort, que les petits athlètes, comme certains gymnastes, ont eu une croissance perturbée en raison d'un entraînement en musculation trop précoce. En réalité, leur taille est un avantage mécanique pour soulever leur poids corporel ; si elle aide ces athlètes à obtenir de bons résultats, elle n'est pas pour autant déterminée par la musculation.

Surentraînement et croissance perturbée

Lorsque l'accumulation de fatigue chez le sportif devient trop importante, elle peut signifier un état de surentraînement. Cet état se manifeste, entre autres, par une diminution de la performance. La fatigue peut être due à des entraînements trop fréquents, trop longs ou trop intenses. Elle peut aussi être provoquée par une récupération inadéquate, elle-même causée par des habitudes de vie malsaines, telles qu'une mauvaise alimentation ou un sommeil insuffisant. Le surentraînement peut causer une diminution de la production de l'hormone de croissance. On a émis l'hypothèse que si cette diminution se manifestait chez un enfant ou un adolescent, elle risquait de retarder ou de perturber la croissance.

Le risque de surentraînement est accru chez les jeunes sportifs d'élite, comme ceux qui pratiquent la gymnastique ou le tennis. Ces jeunes athlètes s'entraînent souvent pendant de longues heures. Toutefois, comme les jeunes font rarement beaucoup de musculation, celle-ci ne peut pas être la seule responsable du surentraînement. En ce sens, le risque que l'entraînement en musculation cause un retard ou une perturbation de la croissance est pratiquement nul.

Une étude présentée en 2012 suggère que le *squat* avec barre soutenue sur le haut du dos peut comporter un risque de fracture de la colonne vertébrale chez les adolescents. En effet, la charge exerce une force élevée sur le dos pendant l'exécution de l'exercice. Ce risque minime de fracture, s'il existe, pourrait concerner ceux qui utilisent des charges excessivement lourdes.

LA RÉALITÉ EN BREF

L'inquiétude concernant la possibilité que l'entraînement en musculation perturbe la croissance est injustifiée. S'il est vrai qu'une fracture au niveau de la plaque de croissance osseuse peut, dans certains cas, occasionner une perturbation de la croissance, ce type de fracture ne devrait pas se produire en musculation si celle-ci est pratiquée de façon adéquate, ce qui n'est pas le cas d'autres sports où le risque de chute et d'impact est assez important.

Vous avez aimé ce sujet? Lisez:

- La musculation chez les jeunes: loin d'être une priorité (p. 25)
- C'est si facile de progresser pour un débutant (p. 46)

MYTHE ? LA MUSCULATION CHEZ LES JEUNES : LOIN D'ÊTRE UNE PRIORITÉ

Comme on l'a vu au thème précédent, l'entraînement en musculation chez les jeunes ne perturbe pas la croissance. Néanmoins, cet argument n'est pas suffisant pour justifier le fait qu'ils pratiquent cette activité. Existe-t-il des risques de blessures lorsqu'on s'entraîne en musculation à cet âge ? Est-ce que la pratique régulière de cette activité physique peut leur procurer certains avantages ? Est-ce qu'elle doit être préférée à d'autres activités sportives ?

Le risque de blessures

Beaucoup de parents s'inquiètent du risque de blessures encouru par leur jeune s'il pratique la musculation. Cette inquiétude est relativement injustifiée quand on compare la musculation avec d'autres sports comme le football, le ski alpin, le soccer ou le hockey. Il est même intéressant de noter qu'un renforcement musculaire peut aider à prévenir les blessures lors de la pratique d'autres sports. En effet, comme un adulte, un jeune qui s'entraîne en musculation augmente la force des muscles autour de ses articulations et sa proprioception (perception du corps), diminuant ainsi le risque de blessures lors de la pratique d'autres sports.

Selon une étude américaine, la musculation a occasionné 0,7 % de l'ensemble des blessures sportives chez les jeunes. Le football et le basketball, quant à eux, ont provoqué respectivement 19 et 15 % des blessures.

Toutefois, dans certaines circonstances, l'entraînement musculaire peut occasionner des blessures, comme celles au bas du dos, qui représentent 50 % des blessures rapportées chez les enfants et les adolescents. En musculation, la grande majorité des blessures au bas du dos et aux autres parties du corps pourrait être évitée si certaines règles étaient respectées. En voici quelques-unes :

- L'entraînement en musculation chez l'enfant et l'adolescent doit être encadré et supervisé par un kinésiologue ou un entraîneur compétent.
- L'apprentissage de la technique d'un exercice doit être réalisé avec des charges légères ou seulement le poids du corps. Il est essentiel que la technique du mouvement soit maîtrisée avant d'exécuter l'exercice avec une charge plus lourde.
- L'entraînement en musculation doit respecter le principe de surcharge progressive. Cela signifie une augmentation progressive, au fil des semaines, de la fréquence d'entraînement, du nombre d'exercices, du nombre de séries par exercice ainsi que du poids des charges utilisées.
- Il est préférable de réaliser des séries d'exercices avec une charge permettant un nombre minimal de 10 répétitions. Un nombre de répétitions compris entre 12 et 20 diminue le risque de blessures.
- Certains des exercices réalisés doivent viser un renforcement des muscles autour de la hanche ainsi que ceux de l'abdomen et du bas du dos. Ce renforcement permet, entre autres, de réduire le risque de blessures au bas du dos.
- Pour les enfants de petite taille, il est recommandé d'éviter d'utiliser des appareils de musculation, car ils sont généralement conçus pour les adultes.
- Une séance d'entraînement en musculation doit débuter par un échauffement adapté. Un exercice cardiovasculaire de 5 à 10 minutes, suivi d'une première série de chacun des exercices de la séance avec une charge légère, peut constituer un échauffement adéquat.

Pour un nombre d'heures de pratique équivalent, on rapporte que le rugby comporte un risque de blessures environ 700 fois plus élevé que la musculation.

Seulement pour être plus fort?

L'augmentation de la force chez les jeunes qui pratiquent la musculation s'explique davantage par des adaptations du système nerveux, comme une amélioration de la coordination entre les muscles sollicités au cours de l'exercice, que par une augmentation de la masse musculaire.

Le choix des exercices et des paramètres d'entraînement permet d'augmenter la force musculaire, mais il est aussi possible d'améliorer l'endurance, la puissance, la coordination, l'équilibre et la perception du corps (proprioception). Par exemple, un plus grand nombre de répétitions peut améliorer l'endurance musculaire et un exercice avec des poids libres sollicitant plusieurs muscles peut améliorer la coordination et la proprioception. Ainsi, la musculation peut être utile pour améliorer d'autres qualités que la force. Chez les jeunes, ces autres qualités sont aussi importantes à entraîner.

L'amélioration de la force, de la puissance et de l'endurance faisant suite à l'entraînement est plus marquée chez l'adolescent que chez l'enfant, mais elle est moins importante que chez le jeune adulte.

Pour des os plus forts

L'entraînement en musculation, comme la plupart des activités physiques, augmente la densité osseuse. Or, le fait d'avoir des os plus forts diminue le risque de fractures. Par ailleurs, une densité osseuse accrue au cours de la croissance est associée à une diminution du risque d'ostéoporose à un âge avancé. En effet, le capital osseux se crée au cours de l'enfance et l'adolescence. L'adoption de saines habitudes de vie, dont la pratique régulière d'activités physiques au cours de la croissance, est primordiale pour le maintien d'un squelette en bonne santé.

Une activité complémentaire

Malgré les avantages indéniables d'une pratique encadrée de la musculation chez les jeunes, cette activité physique ne doit pas nécessairement être privilégiée. Idéalement, la musculation devrait être un complément des autres activités physiques qui sont pratiquées sur une base quotidienne. La variation de ces activités devrait favoriser l'amélioration de l'ensemble des attributs de la condition physique : la force, l'endurance, la puissance, la coordination, l'équilibre, la proprioception, la flexibilité ainsi que les aptitudes aérobie et anaérobie. Ces dernières peuvent être améliorées lors de la pratique d'une activité cyclique comme la course, le vélo, le ski de fond ou la natation. À titre informatif, l'aptitude aérobie permet des efforts d'assez longue durée (5 min et plus) tandis que l'aptitude anaérobie permet des efforts très intenses mais de courte durée (10 à 120 s).

LA RÉALITÉ EN BREF

Aucune activité physique n'est dénuée de risques. Toutefois, l'entraînement en musculation présente un risque de blessures moins élevé que des activités sportives comportant une possibilité de contacts physiques ou de chutes. Par ailleurs, l'entraînement en musculation chez le jeune comme chez l'adulte peut réduire le risque de blessures lors de la pratique d'une autre activité sportive. Enfin, l'encadrement professionnel des jeunes par des kinésiologues ou des entraîneurs compétents est la clé pour assurer un entraînement efficace en musculation, et ce, en toute sécurité.

Vous avez aimé ce sujet ? Lisez :

› La musculation, ça nuit à la croissance des jeunes (p. 21)
› C'est si facile de progresser pour un débutant (p. 46)

MYTHE ? PAS DE MUSCULATION POUR SOPHIE, ELLE NE VEUT PAS DE GROS MUSCLES

Plusieurs femmes évitent l'entraînement en musculation, car elles craignent une augmentation marquée de leur masse musculaire. Voici une phrase couramment entendue à ce sujet en salle d'entraînement : « Quand je fais trop de musculation, je suis plus serrée dans mes jeans ! » Alors, l'entraînement en musculation cause-t-il chez celles qui le pratiquent régulièrement une augmentation aussi visible de la masse musculaire que chez les hommes ?

L'augmentation de la masse musculaire chez la femme

Les chercheurs qui ont tenté de mesurer l'augmentation de la masse musculaire chez les femmes à la suite d'un entraînement prolongé (d'au moins 3 mois) ont obtenu des résultats différents. Certains chercheurs n'ont mesuré aucune hypertrophie à la suite d'un programme d'entraînement, d'autres en ont mesuré une seulement pour certains muscles et d'autres encore ont mesuré une augmentation de volume de tous les muscles entraînés. Les gains mesurés de masse musculaire varient beaucoup selon les études, soit de 1 à 20 %. Lorsque les gains des femmes sont comparés à ceux des hommes, ils sont relativement similaires s'ils sont exprimés en pourcentage de la masse musculaire totale. En réponse à l'entraînement en musculation sur une base régulière, les femmes peuvent prendre en moyenne 1 à 3 kg (≈ 2 à 6 lb) de masse musculaire sur une période de 4 à 6 mois. Étant donné, entre autres, que la masse musculaire initiale de l'homme est environ 1,5 fois plus importante que celle de la femme, le gain en muscles à la suite de l'entraînement sera plus important et certainement plus visible chez l'homme.

L'augmentation de la masse musculaire chez la débutante

Peu importe la fréquence, la durée et l'intensité de l'entraînement en musculation, il occasionne peu d'augmentation de la masse musculaire au cours du premier mois d'entraînement chez la débutante ou le débutant. Malgré cela, une augmentation de la force est fréquemment observée dès les premières semaines d'entraînement. Celle-ci est attribuée à un meilleur synchronisme entre les muscles qui se contractent au cours de l'exercice et à une capacité accrue du corps à solliciter un grand nombre de fibres musculaires au cours d'une contraction. Après cette période, l'augmentation de la masse musculaire peut devenir plus marquée.

L'augmentation de la masse musculaire, une question de fibres musculaires

Habituellement, les hommes possèdent, dès la naissance, un plus grand nombre de fibres musculaires que les femmes. Cette différence génétique explique en partie la masse musculaire plus grande des hommes. La différence de masse musculaire entre les hommes et les femmes peut devenir plus importante à la suite de l'entraînement en musculation, compte tenu d'une possible augmentation en volume de plusieurs des fibres musculaires. S'il était possible d'observer l'augmentation en volume d'une seule fibre musculaire chez une femme et chez un homme, il n'y aurait probablement pas de différence marquée. Par contre, l'hypertrophie serait plus accentuée chez les hommes puisque ces derniers possèdent plus de fibres. Il n'y a pas que le nombre de fibres qui diffère selon le sexe. Certains chercheurs suggèrent que les femmes ont une proportion plus élevée de fibres de type I. Ce type de fibres, spécialisé en endurance, est moins volumineux qu'une fibre de type II et grossira moins à la suite de l'entraînement en musculation.

L'augmentation de la masse musculaire, une question d'hormones

La production de certaines hormones qui sont partiellement responsables de la croissance musculaire, comme la testostérone, diffère selon le sexe. Chez les hommes, la testostérone est principalement produite par les testicules et, en moindre quantité, par les glandes au-dessus des reins, les surrénales. Chez les femmes, la testostérone est produite par les ovaires et les surrénales. Une des raisons qui expliquent pourquoi les femmes ont une plus faible masse musculaire est que leur quantité de testostérone en circulation dans le corps est environ 15 à 20 fois moins importante que chez les hommes. En plus d'avoir une concentration de testostérone, au repos, inférieure à celle des hommes, les femmes n'ont qu'une faible augmentation de la concentration de cette hormone pendant et après l'entraînement. Une hausse de la testostérone, qui est plus fréquente et plus importante chez l'homme au cours de l'entraînement et après celui-ci, est considérée par certains spécialistes comme un stimulus qui favorise la prise de masse musculaire. Toutefois, plusieurs chercheurs remettent en question l'importance des variations hormonales qui suivent l'entraînement sur l'hypertrophie.

L'augmentation de la masse musculaire, une question d'entraînement

Comme on l'a vu précédemment, l'augmentation de la masse musculaire causée par l'entraînement est moins accentuée chez les femmes que chez les hommes en raison de différences quant aux fibres musculaires et aux hormones. En outre, il faut ajouter certaines caractéristiques de l'entraînement que la femme tend à privilégier et qui peuvent limiter la croissance musculaire. C'est loin d'être toujours le cas, mais en général :

- les femmes privilégient l'entraînement cardiovasculaire ;
- les femmes qui s'entraînent en musculation privilégient les séries de plus de 12 répétitions ;
- les femmes exécutent moins de séries exigeant un effort maximal ;

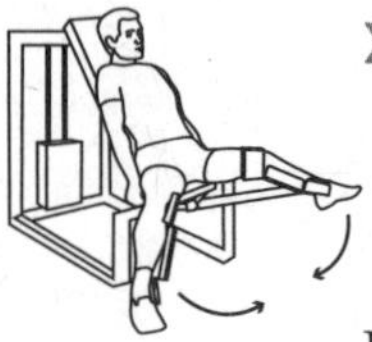

› les femmes réalisent davantage d'exercices ciblés. Par exemple, l'appareil des adducteurs des cuisses est plus fréquemment employé qu'un exercice global comme le *squat*.

Par ailleurs, il est important de souligner qu'il est très rare que les femmes augmentent leur consommation de calories et de protéines dans le but d'accroître leur masse musculaire.

Des femmes très musclées

Malgré les différences anatomiques et hormonales citées, certaines femmes ont une musculature bien développée. Elles peuvent même avoir une masse musculaire nettement plus importante que certains hommes. En fait, pour des raisons génétiques, certaines d'entre elles ont un grand nombre de fibres musculaires et peut-être une proportion plus importante de fibres de type II. Par ailleurs, elles ont probablement aussi un taux de testostérone et d'hormone de croissance plus élevé que la moyenne des femmes. En outre, des entraînements fréquents et intenses comme en culturisme ou en CrossFit®[1] favorisent l'augmentation de la masse musculaire.

La Sud-Africaine Caster Semenya, médaillée d'argent sur 800 mètres en athlétisme aux Jeux olympiques de Londres de 2012, a été victime d'une controverse quant à son sexe. Son apparence masculine est due, entre autres, à un taux élevé de testostérone. Le Comité international olympique (CIO) a instauré en 2012 un test qui permet d'appliquer la règle qui stipule que les femmes dont le taux de testostérone se situe dans l'intervalle de valeurs masculines peuvent ne pas être autorisées à concourir en tant que femmes.

1. Le CrossFit® est une méthode d'entraînement qui combine des exercices de force, de puissance et d'endurance qui s'enchaînent tout en utilisant une multitude d'accessoires. Pour en savoir plus, voir les thèmes: « Le CrossFit® réinvente l'entraînement » (p. 229) et « Le CrossFit®, un entraînement réservé aux athlètes » (p. 234).

La musculation, source de bienfaits inattendus pour les femmes

L'entraînement en musculation est trop souvent associé aux « gros bras ». S'il est vrai que ce type d'entraînement peut favoriser l'hypertrophie des muscles, il peut aussi avoir plusieurs bienfaits sur la santé. D'ailleurs, certains de ces bienfaits sont même plus importants pour les femmes que pour les hommes. En effet, l'entraînement en musculation peut réduire le risque d'ostéoporose, une maladie dont 80 % des personnes qui en sont atteintes sont des femmes. Il est donc important pour celles-ci de pratiquer régulièrement des activités physiques comme la musculation : le stress mécanique causé par les charges sur le squelette stimule la reconstruction de l'os et assure ainsi le maintien ou l'augmentation de la densité osseuse. De plus, selon les méthodes utilisées et les exercices réalisés, l'entraînement en musculation améliore aussi l'équilibre, ainsi que la coordination, la force et l'endurance musculaires. Ces améliorations réduisent le risque de chute qui est la cause la plus commune de fracture chez les femmes atteintes d'ostéoporose.

En outre, les femmes profiteront davantage que les hommes d'un gain ou du maintien de leur force musculaire en vieillissant. Puisqu'elles sont moins fortes que les hommes, elles sont en effet plus sujettes à une perte d'autonomie fonctionnelle causée par une faiblesse musculaire.

Les conclusions d'une étude de l'Université de l'Indiana aux États-Unis publiée en 2011 suggèrent que certaines femmes expérimentent l'orgasme ou un plaisir sexuel au cours de la réalisation d'exercices de musculation comme ceux qui font travailler les abdominaux. L'exercice de flexion aux hanches est celui qui a donné le plus de sensations aux femmes !

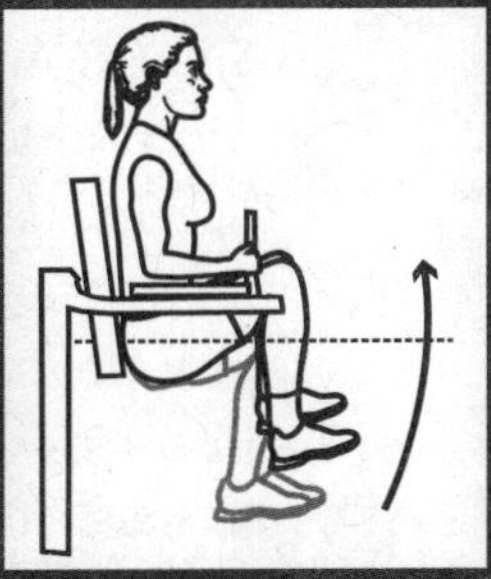

Tout comme les hommes, les femmes peuvent profiter de plusieurs avantages qu'apporte l'entraînement musculaire. En voici quelques exemples :

- une amélioration des qualités musculaires comme l'endurance, la puissance, la coordination ou l'équilibre ;
- une augmentation de la dépense calorique occasionnée par l'entraînement ;
- une diminution du risque de blessures grâce à l'amélioration des qualités musculaires ;
- une légère diminution des risques de maladies chroniques telles que les maladies du cœur, le diabète de type 2, l'ostéoporose et certains cancers ;
- une amélioration de la qualité du sommeil, de l'humeur, de l'estime de soi, de la mémoire et de l'attention.

Certaines femmes hésitent à s'entraîner en musculation, car elles craignent que la masse musculaire gagnée ne se transforme en graisse si elles arrêtent de s'entraîner. Ce mythe est déboulonné dans le livre *Mythes et réalités sur l'entraînement physique* sous le thème : « N'arrête jamais l'exercice : tes muscles vont se transformer en gras ».

LA RÉALITÉ EN BREF

Chez l'homme comme chez la femme, l'entraînement en musculation peut occasionner une augmentation de la masse musculaire. Toutefois, en raison de différences quant aux fibres musculaires et aux hormones, l'hypertrophie sera moins marquée chez la femme après des séances d'entraînement équivalentes. Il faut souligner le fait qu'en général, les choix d'entraînement des femmes ne sont pas axés sur la grosseur des muscles. Certaines femmes peuvent tout de même avoir une masse musculaire impressionnante si l'hérédité les avantage en ce sens et si elles s'entraînent fréquemment et intensément en musculation. Outre l'hypertrophie, l'entraînement en musculation peut servir d'autres objectifs tels que l'amélioration de l'endurance, de l'équilibre ou de la coordination, une plus grande dépense énergétique, ainsi que le maintien ou l'amélioration de la santé. L'entraînement axé sur ces différents objectifs occasionnera, tout au plus, une faible augmentation de la masse musculaire chez la femme.

Vous avez aimé ce sujet? Lisez:

- Trop de musculation = de petits seins (p. 36)
- Les *chin-ups*: impossibles pour les filles! (p. 69)
- Pas facile d'avoir des abdos découpés au couteau! (p. 105)
- Avoir des fesses de fer: encore plus difficile! (p. 111)

MYTHE ? | TROP DE MUSCULATION = DE PETITS SEINS

Certaines femmes croient que la musculation, en particulier les exercices ciblant les muscles de la poitrine, peut faire diminuer la grosseur des seins. D'autres pensent que les exercices de renforcement musculaire des pectoraux peuvent raffermir la poitrine ou encore en modifier le soutien ou la forme. Si ce thème fait sourire, il n'en demeure pas moins que les sportives s'interrogent sur les effets de la musculation sur les seins. Voici quelques éléments de réponse.

Un peu d'anatomie avant tout

Pour bien comprendre les effets de la musculation sur le sein, il est essentiel d'en connaître l'anatomie. En passant du superficiel au profond, il est formé de peau, de graisse parsemée de glandes mammaires, du muscle pectoral et des os (les côtes et le sternum). En plus de ces tissus, on trouve à l'intérieur du sein les ligaments de Cooper, qui contribuent à son soutien.

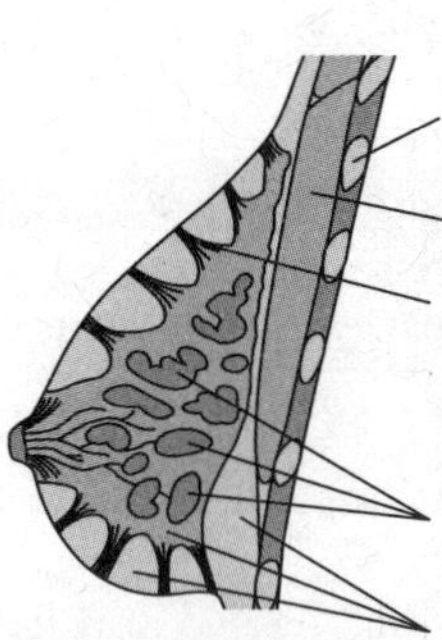

La musculation n'a pas d'effet sur les seins

L'entraînement en musculation a un effet direct sur les muscles. Diverses adaptations à moyen ou à long terme peuvent survenir à la suite de l'entraînement, telles que l'augmentation de la masse musculaire, de la force, de la puissance, de l'endurance et même de la flexibilité. Par contre, les exercices musculaires n'ont aucun effet direct sur la grosseur, la forme ou la fermeté des seins.

La grosseur des seins

La grosseur des seins est déterminée par la quantité de graisse à l'intérieur de ceux-ci ainsi que par le volume des glandes mammaires. À la suite de variations hormonales, les glandes mammaires peuvent augmenter ou diminuer de volume : au cours de la ménopause, de la grossesse, de la période d'allaitement ou de la période prémenstruelle et menstruelle. En outre, une perte de poids très rapide causée par une forte privation alimentaire peut réduire la quantité de graisse et le volume des glandes mammaires. Par ailleurs, les seins peuvent devenir plus fermes et augmenter en volume lors de l'excitation sexuelle. Mais de toute évidence, l'entraînement en musculation n'a aucun effet sur le volume des glandes mammaires.

Chez l'homme, la poussée des seins se nomme la gynécomastie. Elle peut être due à une malformation présente dès la naissance, à une maladie, à une tumeur ou à la prise de certains médicaments. La gynécomastie peut également affecter certains mordus de la musculation qui consomment des stéroïdes anabolisants.

Les principaux facteurs déterminant la quantité de graisse dans le corps, incluant celle à l'intérieur des seins, sont la génétique, la dépense calorique obtenue, entre autres, grâce à l'entraînement, ainsi que l'apport calorique provenant de l'alimentation. Trois séances de musculation d'une heure provoquent une dépense d'énergie d'environ 1000 kcal. Quoique non négligeable, cette dépense calorique peut difficilement à elle seule causer une réduction importante de la graisse à l'intérieur du corps en général et au niveau des seins, en particulier. À titre comparatif, un entraînement aérobie de la même durée provoque une dépense calorique environ deux fois plus élevée. Néanmoins, l'entraînement en musculation jumelé à une modification des habitudes alimentaires peut occasionner une perte de graisse plus appréciable : pour des raisons génétiques, celle-ci sera répartie différemment sur le corps d'une personne à l'autre. Ainsi, à la suite d'une perte de graisse, certaines femmes constateront une diminution plus importante que d'autres de la grosseur de leurs seins. Ces différences génétiques sont également valables pour la perte ou le gain de graisse sur d'autres zones du corps, comme au niveau du bassin ou de l'abdomen. Notons également que l'exécution d'exercices musculaires sollicitant une partie précise du corps n'entraînera pas une perte de graisse dans cette zone. Par conséquent, la réalisation d'exercices sollicitant les muscles de la poitrine n'aura pas d'effet sur la quantité de graisse à l'intérieur des seins.

Le mythe selon lequel la musculation fait diminuer la grosseur des seins tient probablement sa source des femmes culturistes. En compétition, ces dernières ont un taux de gras extrêmement bas, ce qui diminue de beaucoup la taille de leurs seins. D'autre part, lorsqu'on observe une femme culturiste, on est victime d'illusions d'optique. Puisque sa masse musculaire est imposante, mais que la grosseur de ses seins n'a pas augmenté, ceux-ci paraissent plus petits qu'ils ne le sont réellement. Par ailleurs, l'augmentation en volume des muscles pectoraux, apparents chez la femme juste au bas de la clavicule, donc au-dessus des seins, galbe le haut de la poitrine et fait concurrence aux seins. C'est pourquoi, compte tenu des exigences esthétiques de leur sport, les femmes culturistes ont souvent recours aux implants mammaires.

Le soutien, la forme et la fermeté des seins

Différents facteurs peuvent modifier le soutien, la forme et même la fermeté des seins. Le soutien des seins est principalement assuré par la peau les englobant, par les ligaments de Cooper et par la cage thoracique sur laquelle les seins s'appuient. En vieillissant, la peau soutient moins efficacement les seins, ce qui peut expliquer en partie leur affaissement. Les grossesses multiples et les périodes d'allaitement ont pour effet d'augmenter le volume des seins et d'étirer leur peau, ce qui peut en diminuer le soutien et les déformer, surtout s'il survient une perte de poids importante après l'accouchement. De plus, les glandes mammaires diminuent de volume au cours de la ménopause et chez celles qui ont eu plusieurs grossesses. En outre, les ligaments de Cooper, qui maintiennent les glandes mammaires contre la poitrine, sont étirés pendant les grossesses et les périodes d'allaitement, ce qui réduit par la suite leur efficacité de soutien. Finalement, la déformation des seins est plus fréquente ou plus précoce chez les femmes ayant un surplus de poids ou chez celles qui ont connu plusieurs gains et pertes de poids consécutifs. De tous ces facteurs, aucun ne concerne les muscles et encore moins l'entraînement en musculation.

Selon une étude américaine, la pratique régulière de la musculation peut avoir des bienfaits chez certaines femmes atteintes d'un cancer du sein. Les résultats de cette étude démontrent que l'entraînement en musculation diminuerait le risque d'apparition des symptômes associés à un lymphœdème (enflure d'une partie du corps).

LA RÉALITÉ EN BREF

L'entraînement en musculation n'a aucun effet direct sur la grosseur des seins. Une modification peut survenir indirectement si l'entraînement cause une perte de graisse ou lorsqu'il crée l'illusion de seins plus petits chez celles qui ont une forte masse musculaire. Les changements quant au soutien, à la forme et à la fermeté des seins sont principalement causés par le vieillissement, les grossesses, les périodes d'allaitement ainsi que la prise et la perte de poids. Encore une fois, l'entraînement en musculation ne peut modifier les caractéristiques morphologiques des seins.

Vous avez aimé ce sujet ? Lisez :

- Pas de musculation pour Sophie, elle ne veut pas de gros muscles (p. 29)
- Les *chin-ups* : impossibles pour les filles ! (p. 69)
- Pas facile d'avoir des abdos découpés au couteau ! (p. 105)
- Avoir des fesses de fer : encore plus difficile ! (p. 111)

MYTHE ? AVEC L'ÂGE, LE CARDIO EST PLUS BÉNÉFIQUE POUR LA SANTÉ QUE LA « MUSCU »

Plus de 400 ans avant notre ère, Hippocrate, qui est considéré comme le père de la médecine, affirmait que la bonne santé dépend principalement d'une pratique régulière d'activités physiques et d'une saine alimentation. Pourtant, ce n'est que plus de 2300 ans plus tard, en 1953, qu'une étude prouvait pour la première fois l'effet préventif de l'activité physique sur le taux de mortalité lié aux maladies du cœur. C'est un chercheur anglais qui démontra, à cette époque, que les contrôleurs de billets des autobus londoniens à deux étages, qui devaient se déplacer, avaient un taux de mortalité d'origine cardiovasculaire moins élevé que les chauffeurs de ces autobus.

De nos jours, rares sont ceux qui mettent en doute les bienfaits d'une pratique régulière d'activités physiques sur la santé. Cependant, la majorité des gens privilégient les activités cardiovasculaires lorsqu'il s'agit d'améliorer leur santé. Auprès des personnes actives, l'entraînement en musculation ne jouit pas d'une réputation aussi convaincante que l'entraînement aérobie. Est-ce justifié ? Les effets de l'entraînement en musculation sur la santé sont-ils sous-estimés ?

Le cardio ou la « muscu » pour le cœur ?

Les maladies cardiovasculaires sont la deuxième cause de décès la plus fréquente dans les pays occidentaux, tout juste derrière le cancer. L'adoption de saines habitudes de vie comme une alimentation équilibrée, une bonne gestion du stress et le fait de ne pas fumer peuvent réduire le risque de maladies du cœur. À ces saines habitudes, il faut ajouter l'activité physique. Lorsqu'elle est pratiquée régulièrement, elle réduit de moitié le risque de maladies cardiovasculaires.

La pratique régulière de la musculation peut occasionner une diminution de la tension artérielle au repos et à l'effort, une diminution de la quantité de lipides (gras) dans le sang, ainsi qu'une augmentation de la dépense énergétique pendant l'exercice et dans les heures qui le suivent. Ces effets peuvent réduire le risque de maladies du cœur. En plus d'une diminution possible du taux de gras, la pratique régulière de la musculation peut augmenter la capacité du corps à maintenir son taux de sucre à un niveau idéal. Ces changements peuvent contribuer à la diminution du risque et des symptômes du diabète de type 2, autre facteur de risque important de maladies cardiovasculaires.

Malgré ces nombreux effets positifs sur la santé du cœur et des vaisseaux sanguins, l'entraînement en musculation demeure moins bénéfique que l'entraînement aérobie pour la prévention des maladies cardiovasculaires et la réadaptation à la suite d'une de ces maladies. En outre, l'entraînement aérobie réduit davantage le risque de diabète de type 2 et d'obésité que l'entraînement en musculation.

Le cardio ou la « muscu » pour les os?

L'ostéoporose est caractérisée par une diminution de la masse osseuse. L'un des facteurs de risque d'ostéoporose est l'inactivité physique. En musculation, le stress mécanique causé par les charges sur le squelette peut stimuler la reconstruction de l'os et ainsi assurer le maintien ou l'augmentation de la densité osseuse. Par ailleurs, les exercices aérobies qui sont réalisés en supportant le poids du corps et qui comportent idéalement des impacts, comme la course à pied et le tennis, sont eux aussi bénéfiques pour contrer l'ostéoporose. Inversement, lorsque le poids du corps est soutenu, comme en natation, les effets sont amoindris.

L'entraînement en musculation peut aussi améliorer l'équilibre, la coordination ainsi que la force et l'endurance musculaires. L'amélioration de ces qualités réduit le risque de chutes. Quoique ces aptitudes physiques puissent aussi être renforcées par les exercices cardiovasculaires, des choix d'exercices spécifiques en musculation seront plus efficaces. Par ailleurs, les exercices musculaires ont l'avantage de moins exposer le sportif aux chutes que certains exercices aérobies tels que le patinage ou le vélo. Les chutes sont l'une des craintes principales des personnes âgées qui pratiquent une activité physique. Et pour cause! Elles sont les principales responsables des fractures chez les aînés. Environ 1 % des chutes chez les personnes âgées se soldent par une fracture du col du fémur, communément nommée fracture de la hanche. Ce type de fracture occasionne une perte d'autonomie fonctionnelle qui mène à une diminution de la longévité.

Le cardio ou la « muscu » contre le cancer?

La plupart des études s'intéressant aux effets de l'activité physique sur le risque de développer un cancer portent sur l'entraînement aérobic. À ce jour, il est reconnu par le milieu scientifique que la pratique régulière d'une activité aérobie peut réduire le risque de développer un cancer du sein de 25 à 30 %, pourcentage qui s'élève à 30 à 40 % dans le cas du cancer du côlon. De surcroît, la pratique régulière d'activités physiques peut aussi aider à prévenir le décès chez les personnes atteintes de cancer. Malheureusement, la recherche n'en est qu'à ses balbutiements en ce qui concerne les effets de l'entraînement en musculation sur cette maladie. Néanmoins, le milieu scientifique reconnaît les effets positifs de l'entraînement en musculation sur les effets secondaires du cancer et de son traitement.

Le cardio ou la « muscu » pour la santé mentale?

Tout comme l'entraînement aérobie, l'entraînement de la force et de l'endurance musculaires a une influence favorable sur la gestion du stress, diminue le risque de dépression et augmente le bien-être et l'estime de soi. Par exemple, une étude britannique a évalué la force de préhension[2] chez des hommes de 65 ans et plus : les plus forts étaient plus engagés socialement, avaient une plus grande sensation de bien-être et une meilleure perception de leur santé. Des chercheurs canadiens ont aussi démontré qu'un entraînement en musculation pouvait freiner le déclin des capacités intellectuelles chez les femmes vieillissantes. Ils ont même observé une amélioration des capacités d'attention et de cognition chez celles qui s'étaient entraînées en musculation seulement 1 à 2 fois par semaine pendant un an. Ces résultats viennent s'ajouter à d'autres qui soutiennent que la pratique régulière d'activités aérobies peut prévenir la maladie d'Alzheimer et aider à préserver certaines fonctions cognitives.

Le cardio ou la « muscu » pour le maintien de l'autonomie ?

La force et l'endurance sont indispensables pour effectuer plusieurs actions de la vie quotidienne, comme transporter des sacs, soulever un enfant, jardiner, pelleter, etc. La pratique régulière d'exercices musculaires peut freiner la perte de force et d'endurance causée principalement par la diminution de la masse musculaire liée au vieillissement. D'ailleurs, l'évaluation de la force musculaire maximale chez la personne âgée est un bon facteur de prédiction de l'autonomie fonctionnelle.

Le cardio ou la « muscu » pour vivre plus vieux ?

Selon différentes études, la pratique régulière d'activités physiques aérobies diminue les risques de mort prématurée et allonge la vie d'environ 2 à 6 ans. Peu d'études ont tenté de mesurer les effets de l'entraînement en musculation sur ces deux facteurs. Toutefois, une étude américaine parue en 2002, qui s'est étendue sur une période de 25 ans, a suggéré qu'un faible niveau de force musculaire peut être associée à une augmentation du risque de

2. La force de préhension est mesurée à l'aide d'un appareil que l'on doit serrer à une main le plus fort possible.

décès. Une autre étude américaine, publiée en 2004, et réalisée sur plus de 9000 hommes et femmes, indique que le taux de décès est plus élevé chez les personnes qui ont un faible niveau de force et d'endurance musculaires.

Lorsqu'elles sont actives, les personnes vieillissantes peuvent avoir d'excellentes aptitudes physiques. Dans des cas exceptionnels, elles réussissent de véritables tours de force. Voici les poids soulevés de deux athlètes qui détiennent des records mondiaux en dynamophilie dans la catégorie des 70 ans et plus.

Athlètes	Sexe	Catégorie de poids	*Bench press*	*Squat*	*Deadlift*
Hiraku Fushimi	Homme	56 kg (123 lb)	122,5 kg (270 lb)	112,5 kg (248 lb)	170 kg (374 lb)
Eila Kumpuniemi	Femme	52 kg (114 lb)	57,5 kg (126 lb)	95 kg (209 lb)	117,5 kg (259 lb)

LA RÉALITÉ EN BREF

L'entraînement cardiovasculaire est blindé en matière de preuves scientifiques quant à ses bienfaits sur la santé et sa capacité de diminuer les risques de maladies du cœur, de diabète de type 2, d'obésité, d'ostéoporose, de certains cancers ainsi que de maladie d'Alzheimer. Néanmoins, le milieu scientifique reconnaît de plus en plus l'apport bénéfique de la musculation sur la santé. D'ailleurs, certains de ces effets se démarquent de ceux de l'entraînement aérobie, comme la diminution du risque de chute en vieillissant ou le maintien de la force du haut du corps, qui permet de préserver l'autonomie. À ce jour, il est possible d'affirmer qu'un choix varié d'activités physiques sollicitant l'endurance cardiovasculaire ainsi que des qualités musculaires comme la force, l'endurance, la flexibilité et l'équilibre permettent de développer au maximum le potentiel de santé en vieillissant.

Vous avez aimé ce sujet? Lisez:

- C'est si facile de progresser pour un débutant (p. 46)
- Les élastiques, ça remplace tous les poids (p. 140)
- Point de salut hors de la salle d'entraînement! (p. 148)
- L'entraînement en musculation, rien de plus que monotone (p. 223)

MYTHE ? C'EST SI FACILE DE PROGRESSER POUR UN DÉBUTANT

Devenir plus fort, plus endurant, plus puissant, plus costaud, plus découpé ou encore améliorer sa condition physique ou sa santé, voilà des motifs pour lesquels plusieurs s'entraînent en musculation. Par contre, atteindre ces objectifs n'est pas toujours une mince tâche. La progression est-elle plus facile pour un sportif débutant ou expérimenté ? D'un autre côté, quel est l'effet de l'expérience sur la perte de masse musculaire, de force ou d'autres aptitudes physiques lorsqu'on arrête l'entraînement ?

La théorie de l'évolution en entraînement

La courbe de progression de l'entraînement montre des gains rapides au début et une difficulté de plus en plus grande à s'améliorer au fil du temps. Lorsque le sportif maintient sa force, sa puissance, son endurance ou sa masse musculaire au même niveau, il atteint ce que l'on nomme un plateau. En réalité, plus le sportif s'approche de son potentiel maximal, plus il lui est difficile de progresser et plus les possibilités d'une diminution de ses aptitudes physiques, aussi appelée réversibilité, augmentent.

Courbe de l'évolution du niveau des aptitudes musculaires chez un débutant en fonction du temps.

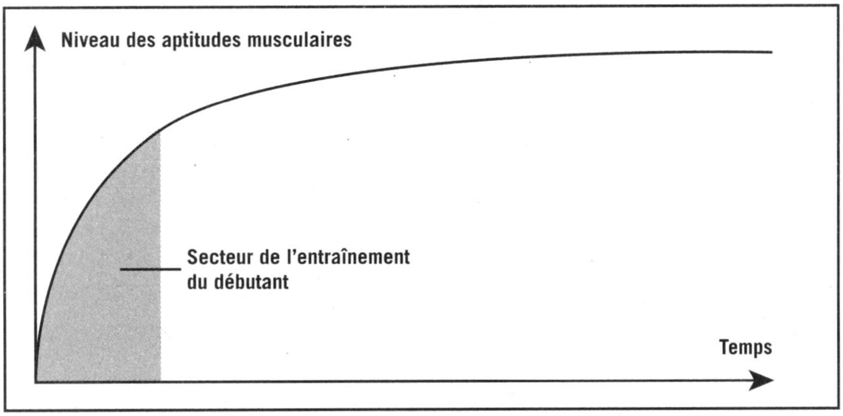

La progression chez le débutant, presque garantie

Afin de progresser, il est nécessaire de créer un effet de surcharge au cours de l'exercice, c'est-à-dire qu'il faut soit en faire plus ou le faire de façon plus intense. Pour s'améliorer, un débutant n'aura pas besoin de s'entraîner aussi souvent ou de manière aussi intense qu'un sportif avancé. Prenons l'exemple d'un débutant qui est inactif depuis plusieurs années et qui décide de s'entraîner deux fois par semaine. Cette surcharge d'entraînement sera assurément suffisante pour lui permettre de progresser. S'il s'entraîne de plus en plus souvent ou intensément au cours des mois suivants, il continuera probablement de s'améliorer. En fait, il n'est pas rare que des débutants puissent presque doubler leur force pour certains exercices en une période de six mois seulement. Notons tout de même que l'augmentation de leur masse musculaire demeure relativement faible au cours des premières semaines d'entraînement; elle s'accentuera par la suite. En résumé, la progression d'un débutant est plus aisée, car il lui est plus facile de créer une surcharge d'entraînement. Évidemment, le degré de progression est aussi influencé par la qualité des séances ainsi que par le potentiel génétique de réponse à l'entraînement du sportif.

Progression au niveau des aptitudes musculaires chez le débutant et l'athlète en fonction du niveau d'entraînement

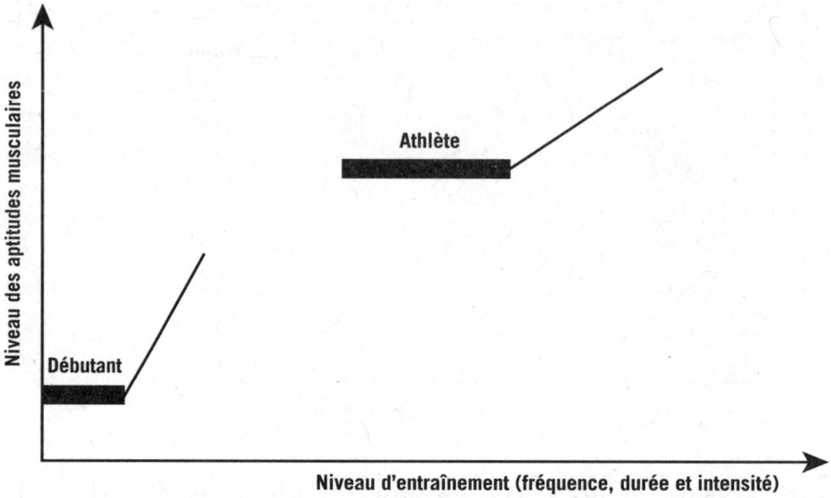

La progression chez le sportif avancé, du pain sur la planche

Un sportif expérimenté aura beaucoup de difficulté à progresser. Prenons l'exemple d'un athlète qui a 10 ans d'expérience en musculation et qui s'est entraîné religieusement 5 fois par semaine au cours de cette période. Il ne constatera aucune amélioration s'il continue le même type d'entraînement 5 fois par semaine. Dans son cas, le seul fait de maintenir ses acquis constitue déjà une belle réussite, un objectif à atteindre. Néanmoins, s'il désire progresser, le sportif expérimenté doit créer lui aussi un effet de surcharge, ce qui n'est pas aussi facile que pour un débutant. Pour y arriver, il peut essayer de varier son programme et, si possible, augmenter la fréquence, l'intensité ou la durée de ses entraînements.

À la suite d'une grave blessure au genou, survenue en décembre 2011, le champion du monde d'arts martiaux mixtes, Georges St-Pierre, a dû réduire de beaucoup son entraînement pendant 6 mois. En dépit de la diminution prononcée de ses aptitudes physiques, il a réussi à retrouver par la suite une forme exceptionnelle, qui lui a permis de défendre son titre avec succès en novembre 2012.

La réversibilité ne pardonne pas

Lorsque la fréquence, la durée ou l'intensité de l'entraînement est réduite, ou encore qu'on l'arrête complètement, une perte inévitable des améliorations s'ensuit. Le degré et la vitesse de la réversibilité sont influencés par deux facteurs.

Le premier est la période au cours de laquelle les gains ont été obtenus. Comme le montre le graphique à la page suivante illustrant la réversibilité liée à l'entraînement, plus la période pour obtenir les gains a été courte, plus la réversibilité sera marquée et rapide. Par exemple, si deux individus ont gagné 7 kg (≈ 15 lb) de masse musculaire, l'un en l'espace de 6 mois et l'autre en 3 ans, le premier perdra probablement une partie de cette masse plus rapidement.

Le second facteur est le niveau de progression. Plus la progression est grande et plus elle se rapproche du potentiel maximal de l'individu, plus la réversibilité sera importante à la suite de l'arrêt de l'entraînement. Prenons pour exemple l'Ukrainien Oleksiy Torokhtiy, champion de la catégorie des 105 kg en haltérophilie aux Jeux olympiques de 2012. À Londres, l'homme fort d'Ukraine a soulevé 227 kg (≈ 500 lb) à l'épaulé-jeté. Si l'haltérophile arrêtait l'entraînement pour une période de 3 mois, la charge qu'il pourrait soulever à cet exercice serait fortement réduite, par exemple d'environ 45 kg (≈ 100 lb). Malgré cette perte de force importante, il sera toujours capable de soulever 182 kg (≈ 400 lb), ce qui est nettement plus que ce que la grande majorité des sportifs et même des haltérophiles peuvent soulever !

Niveau des aptitudes musculaires en fonction de différentes modalités d'entraînement

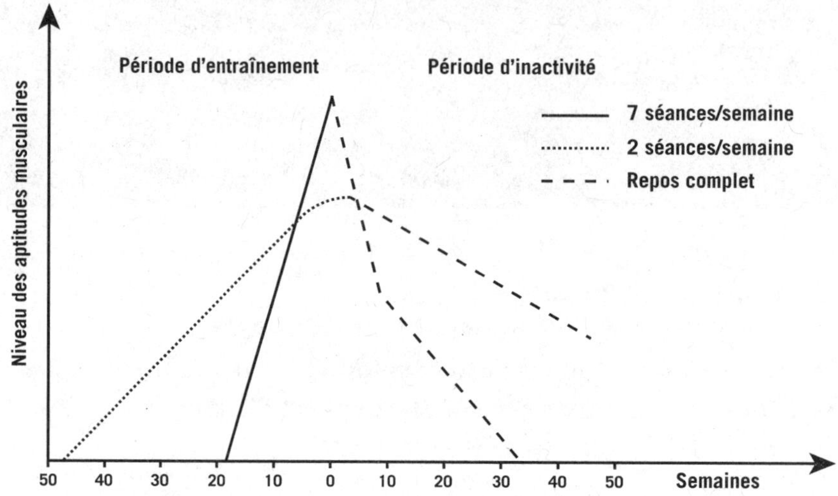

En outre, malgré un plus grand potentiel de progression, il est fréquent que les débutants arrêtent l'entraînement, puisqu'ils n'ont pas encore développé des habitudes régulières d'activités physiques. Il est important d'augmenter la fréquence, la durée et l'intensité des entraînements de façon progressive pour éviter de perdre sa motivation et limiter le risque de blessures.

L'arrêt obligatoire de l'entraînement, comme lors d'une immobilisation par un plâtre, occasionne une diminution de la force des muscles inactifs de 1 à 3 % dès le premier jour. La perte de force peut atteindre jusqu'à 20 % en une semaine et 30 à 40 % après 3 à 4 semaines.

LA RÉALITÉ EN BREF

Normalement, la progression est plus importante et plus facile pour un sportif débutant que pour un sportif expérimenté. Cela s'explique par le fait qu'il est plus aisé pour le débutant d'augmenter la fréquence, la durée ou l'intensité de ses séances. Il est donc plus simple pour lui de créer un effet de surcharge d'entraînement. Le plafonnement d'un niveau de performance est commun chez les sportifs assidus. Afin de briser ce plateau et de continuer à progresser, il est souvent essentiel de créer une surcharge, ce qui s'avère difficile lorsque la fréquence, la durée et l'intensité d'entraînement sont déjà élevées.

Vous avez aimé ce sujet? Lisez:

- Les poids libres sont bien plus efficaces que les appareils (p. 123)
- La grosseur du ballon d'exercice dépend de la taille du sportif (p. 129)
- Les élastiques, ça remplace tous les poids (p. 140)
- Le CrossFit®: un entraînement réservé aux athlètes (p. 234)

MYTHE ? NE PERDS PAS TON TEMPS AVEC LA MUSCULATION. UN COUREUR, ÇA DOIT COURIR !

Les coureurs de distances variées (de 5 kilomètres jusqu'au marathon) se demandent souvent si un entraînement en musculation aurait des effets bénéfiques sur leur performance. La même question se pose pour d'autres activités d'endurance aérobie telles que le vélo, la natation ou le ski de fond.

Pour la plupart, la réponse est oui

Plusieurs chercheurs ont tenté de connaître les effets de la musculation sur la performance sportive aérobie. Évidemment, les résultats obtenus varient selon le type, la fréquence et la durée de l'entraînement, le choix et le nombre d'exercices ainsi que le nombre de séries et de répétitions par exercice. Par ailleurs, l'expérience en entraînement, le sexe, l'âge et la motivation des participants ont pu faire varier les résultats. Malgré tout, il est possible d'affirmer qu'en général, la musculation combinée à un entraînement cardiovasculaire mène à une meilleure performance que l'entraînement cardiovasculaire seul. Notons toutefois que les résultats sont plus marqués lorsque les participants ne sont pas des athlètes de haut niveau.

Comment la musculation peut-elle aider la performance aérobie ?

L'amélioration possible de la performance à la course ou en vélo à la suite d'un entraînement musculaire est en partie attribuable à une diminution du coût énergétique de l'activité pratiquée. Cela signifie qu'un coureur ou un cycliste qui s'est entraîné en musculation dépense moins d'énergie pour une vitesse de déplacement donnée ou qu'il en dépense autant pour une vitesse de déplacement plus élevée. La diminution du coût énergétique qui fait suite à l'entraînement en musculation serait due à une augmentation de la force, en raison d'une meilleure capacité à contracter un plus grand nombre de fibres musculaires et à les synchroniser. De plus, l'amélioration de la coordination motrice lorsqu'on s'entraîne en musculation permettrait aussi de réduire le coût énergétique.

Par ailleurs, une amélioration de l'endurance localisée grâce à un entraînement en musculation peut aussi aider la performance aérobie. En effet, une meilleure endurance des muscles sollicités au cours de l'activité cardiovasculaire permet de repousser la fatigue. Par exemple, en vélo, des quadriceps peu endurants peuvent limiter la performance. Finalement, lorsque l'activité aérobie exige une augmentation d'intensité comme lors d'un sprint final à la course ou lors de la montée d'une pente en ski de fond, l'entraînement en musculation de la force et de la puissance maximales peut permettre une meilleure performance.

Faire les bons choix d'exercices

Le choix des exercices musculaires joue un rôle déterminant dans l'amélioration de la performance aérobie.

Exercices globaux

Pour des raisons de spécificité, les exercices choisis devront contracter les mêmes groupes musculaires que l'activité cardiovasculaire. Par exemple, puisque ce sont les muscles des cuisses et des jambes qui sont sollicités en vélo et à la course à pied, il va de soi que les exercices musculaires des membres inférieurs sont à privilégier. Les exercices globaux de poussées pour les jambes sollicitant aussi des muscles qui se contractent lors de la course à pied et du vélo, tels que le *squat* ou la fente, s'avèrent les plus efficaces.

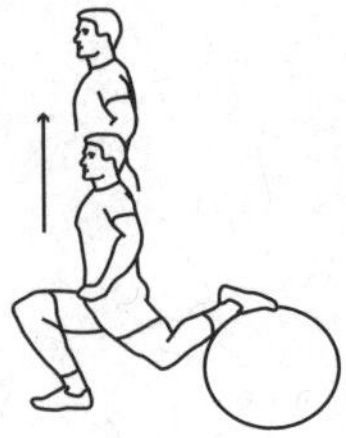

En plus de l'amélioration de la force et de l'endurance des muscles sollicités au cours de l'activité aérobie, certains exercices globaux peuvent améliorer l'équilibre et la proprioception (perception du corps). Par exemple, un exercice créant de l'instabilité, comme un *squat* sur une jambe ou une fente avec appui sur un ballon d'exercice, favorise la réalisation de cet objectif. Ces qualités sont encore plus déterminantes pour des activités aérobies comme le ski de fond ou la course à pied en sentier (*cross country*).

Exercices localisés

Des exercices localisés peuvent être intéressants dans le but de cibler le travail et la fatigue à un groupe de muscles précis. Par exemple, comme les muscles fessiers sont fortement sollicités en patinage, l'exercice d'abduction sur appareil est un bon choix pour les renforcer. Pour le coureur, un exercice qui contracte les muscles fléchisseurs de la hanche est aussi tout indiqué. Enfin, un exercice isolé qui sollicite les muscles des mollets est pertinent pour le cycliste comme pour le coureur.

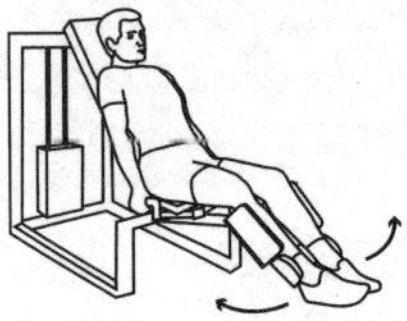

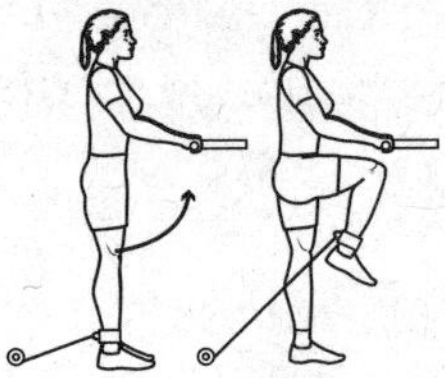

Exercices ciblant les muscles qui stabilisent le tronc et le bassin

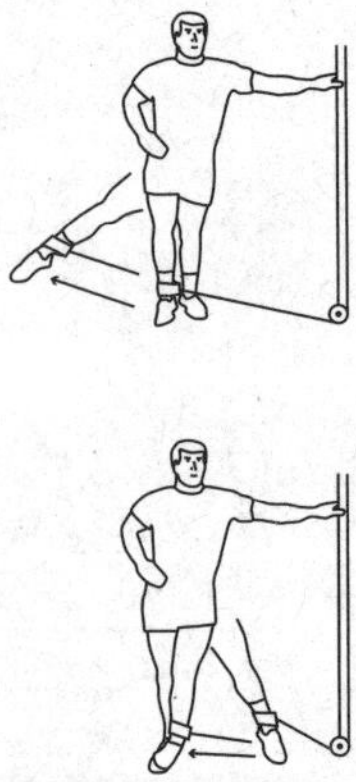

Des exercices globaux et ciblés qui renforcent les muscles stabilisateurs du tronc et du bassin s'avèrent aussi de bons choix, peu importe l'activité aérobie pratiquée. Ce type d'exercices peut améliorer la performance en favorisant une meilleure technique et il peut aussi réduire le risque de blessures. Par exemple, le renforcement des abducteurs et des adducteurs de la hanche (muscles qui éloignent et rapprochent les cuisses l'une de l'autre) peut diminuer le risque de blessures au genou chez le coureur. Des exercices qui sollicitent les abdominaux et les extenseurs du tronc peuvent également limiter les rotations du haut du corps lors de la course. Pour le cycliste, le renforcement et l'étirement fréquent des muscles extenseurs du tronc, situés le long de la colonne vertébrale, facilitent le maintien d'une position penchée, plus aérodynamique sur le vélo.

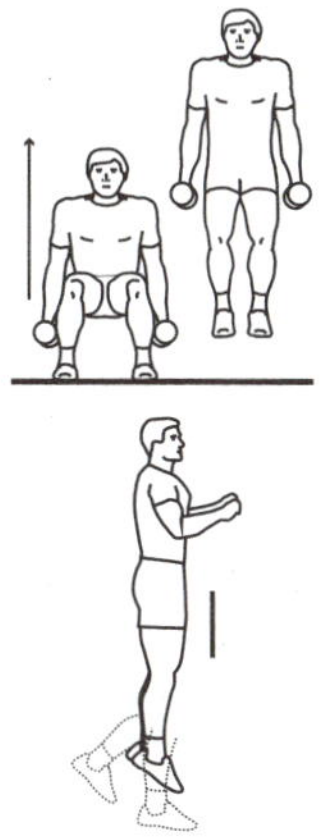

Exercices de puissance musculaire

Des exercices exécutés avec une intention de vitesse maximale pour une portion ou l'ensemble du mouvement sont appropriés pour améliorer la performance aérobie quand des augmentations subites de l'intensité sont exigées. Par exemple, des *jump squats* pourront aider à la poussée des jambes sur le mur lors d'un virage en natation ou lors de l'accélération en vélo. Des exercices de sauts sans flexion aux genoux entraîneront la « réactivité des pieds ». Ce type d'exercices permettra au coureur de réduire le temps de contact au sol et donc d'améliorer sa vitesse.

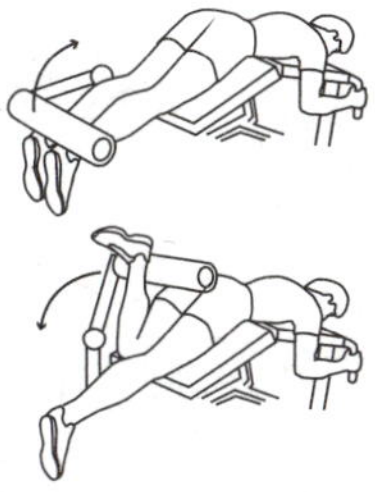

Exercices excentriques

Il a été démontré que les exercices qui mettent l'accent sur les contractions excentriques – lorsque le muscle se contracte en s'allongeant – peuvent réduire le coût énergétique lors de la course à pied. Les exercices excentriques sollicitant les muscles de l'arrière de la cuisse, les ischio-jambiers, sont à privilégier. Par exemple, la flexion aux genoux sur appareil peut être réalisée en utilisant les deux jambes lors du soulèvement de la charge et une seule jambe au cours de la descente.

Lorsque le tapis blanc de l'hiver verdit, le skieur de fond canadien Alex Harvey poursuit tout de même son entraînement. Bien que l'athlète olympique réduise ses heures d'entraînement à ski au cours de l'été, il augmente les heures passées en salle de musculation.

Définir le nombre de répétitions

En musculation, la charge s'associe au nombre de répétitions pour influencer l'adaptation du corps à l'entraînement. Par exemple, une charge lourde associée à un nombre de répétitions peu élevé améliore la force musculaire maximale tandis qu'une charge légère avec un grand nombre de répétitions améliore l'endurance musculaire. On a constaté une réduction du coût énergétique ainsi qu'une amélioration de la performance aérobie avec un nombre très variable de répétitions.

Moins de 6 répétitions

Un petit nombre de répétitions associé à une grande charge permet au sportif d'augmenter sa force maximale. Par exemple, le cycliste pourra accélérer plus rapidement lors d'une échappée ou augmenter rapidement sa vitesse dans le début d'une montée. Le coureur, quant à lui, sera à même de mieux sprinter en fin de course. Toutefois, le fait que ce nombre de répétitions s'accompagne de lourdes charges augmente le risque de blessures au cours de l'entraînement en musculation.

De 6 à 12 répétitions

Le sportif améliorera sa force musculaire en exécutant des exercices avec une charge permettant 6 à 12 répétitions. Par contre, il l'améliorera moins qu'en exécutant un maximum de 5 répétitions. Il améliorera aussi son endurance musculaire, mais moins que s'il exécutait plus de 12 répétitions. Ainsi, ce nombre de répétitions est un compromis entre l'augmentation de la force maximale et celle de l'endurance. Des entraînements fréquents, intenses et qui comportent un nombre suffisant de séries peuvent causer une augmentation de la masse musculaire, surtout lors de la réalisation d'un nombre de répétitions maximales compris entre 6 et 12. Or, une augmentation de la masse musculaire signifie un poids corporel plus lourd qui peut limiter la performance d'un skieur de fond, d'un cycliste ou d'un coureur qui doivent se déplacer sur de longues distances. Le sportif d'endurance doit principalement axer son entraînement sur le cardio et non sur la musculation. Ainsi, il évitera une augmentation importante de sa masse musculaire pouvant nuire à sa performance, tout en profitant des effets positifs de l'entraînement en musculation.

Plus de 12 répétitions

Un grand nombre de répétitions sera un atout important pour l'endurance musculaire, c'est-à-dire pour retarder la fatigue au cours d'efforts de longue durée ou lors d'efforts intenses de plus de deux minutes. Le coureur en retirera un avantage pour toutes les distances comprises entre 400 mètres et un marathon. Quant au cycliste, il en profitera en toutes circonstances, mais moins pour les sprints de très courte durée.

> Au cours de sa carrière cycliste, Lance Armstrong s'est entraîné régulièrement en musculation. Toutefois, l'histoire ne dit pas ce qui, de la musculation ou du dopage, fut le plus profitable aux performances sportives de l'athlète déchu !

Définir la fréquence d'entraînement, le nombre d'exercices et de séries

L'entraînement en musculation, quoique recommandé pour les sportifs d'endurance, ne devrait pas remplacer l'activité aérobie. Il devrait être considéré comme un ajout à celle-ci. Normalement, 2 à 3 entraînements par semaine devraient être suffisants, surtout si le sportif est un débutant en musculation. Une séance d'environ 30 minutes est appropriée, c'est-à-dire environ 2 à 4 séries de 4 à 5 exercices. Certaines études ont démontré une amélioration de la performance aérobie après seulement 3 semaines d'entraînement musculaire. Pour les sportifs plus avancés, il est possible d'augmenter la fréquence jusqu'à 4 à 5 fois par semaine afin d'obtenir de meilleurs résultats. Toutefois, en saison de compétition, il est préférable qu'ils en fassent un peu moins pour éviter la fatigue, car ils s'entraîneront plus souvent et plus intensément en cardio, et devront être reposés le jour d'une compétition.

LA RÉALITÉ EN BREF

Afin d'améliorer la performance et de réduire le risque de blessures, l'entraînement en musculation est recommandé en complément de l'entraînement aérobie des coureurs, des cyclistes et des autres sportifs qui pratiquent une activité d'endurance. L'amélioration de la performance est principalement attribuable à une diminution du coût énergétique de l'activité aérobie pratiquée. Il est recommandé de consulter un kinésiologue ou un entraîneur expérimenté afin d'obtenir un programme d'entraînement musculaire personnalisé qui respecte les exigences du sport en question.

Vous avez aimé ce sujet? Lisez:

- Le cardio: toujours avant la musculation (p. 201)
- Pour perdre du poids: la musculation, toujours avant le cardio (p. 206)
- La puissance, c'est de la pliométrie! (p. 268)

L'ENTRAÎNEMENT EN MUSCULATION :

LES EXERCICES

Il existe une multitude d'exercices de musculation. Ils ont chacun leurs caractéristiques, leurs avantages et leurs inconvénients. Certains sont considérés comme des incontournables, si bien qu'on leur prête des vertus presque légendaires. Le développé-couché (*bench press*) est-il le meilleur exercice pour développer la force du haut du corps ? Le *squat* est-il l'exercice le plus complet ? Le soulevé de terre (*deadlift*) vous rendra-t-il fort comme un bœuf ? Les exercices d'abdominaux sont-ils de véritables remèdes contre le mal de dos ? Dans cette section, nous analysons plusieurs exercices ainsi que les mythes et réalités qui s'y rapportent. Après la lecture de ce chapitre, vous aurez de meilleures connaissances sur les exercices de musculation et leurs variantes. Ainsi, vous pourrez les choisir judicieusement et bien les exécuter afin d'obtenir de meilleurs résultats sans vous blesser.

POUR MIEUX COMPRENDRE LES EXERCICES

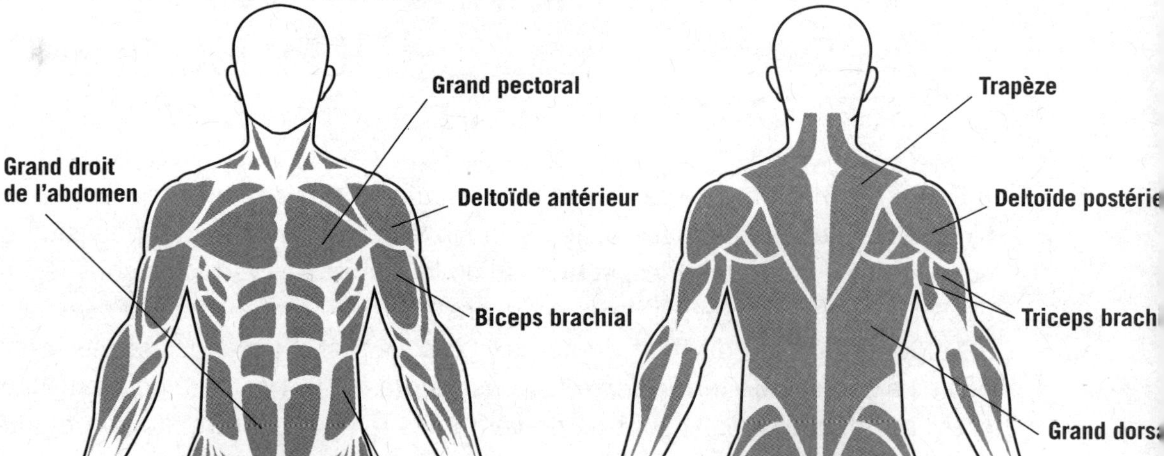

Les rôles des muscles

Les muscles peuvent avoir différents rôles lors du mouvement. Le muscle qui, par sa contraction, est le principal responsable d'un mouvement est appelé **agoniste**. Celui qui aide le muscle principal à faire le mouvement est appelé **synergique**, alors que celui qui stabilise l'une des articulations impliquées dans le mouvement se nomme **stabilisateur**. L'**antagoniste** est le muscle qui permet le mouvement opposé à celui créé par l'agoniste.

Les types de fibres musculaires

La **fibre musculaire**, composée de plusieurs filaments parallèles, est la cellule du muscle.
Il existe différents types de fibres musculaires.

› Les **fibres musculaires rouges de type I** (à contraction lente) résistent bien à la fatigue. Elles possèdent beaucoup de potentiel pour les exercices d'endurance aérobie et musculaire.

› Les **fibres musculaires rouges/blanches de type IIa** (à contraction rapide) sont des fibres intermédiaires. Elles ont une résistance moyenne à faible à la fatigue et développent une force moyenne.

› Les **fibres musculaires blanches de type IIx** (à contraction rapide) développent une grande force. Elles possèdent les attributs nécessaires aux actions de haute intensité et de courte durée comme les exercices de force, de vitesse et de puissance musculaires.

Fibres musculaires	Type I (rouges)	Type IIa (rouges/ blanches)	Type IIx (blanches)
Taille	petite	moyenne	élevée
Vitesse de contraction	lente	rapide	rapide
Force de contraction	faible	moyenne	élevée
Puissance	faible	moyenne à élevée	élevée
Endurance	élevée	moyenne à faible	faible
Résistance à la fatigue	élevée	moyenne à faible	faible

Les mouvements

La plupart des noms d'exercices de musculation en français permettent de visualiser le mouvement en décrivant une action à une articulation.

› La **flexion** se produit lorsque les os adjacents à une articulation se rapprochent, diminuant ainsi l'angle entre eux.
  Ex. : une flexion aux coudes
› L'**extension** se produit lorsque les os adjacents à une articulation s'éloignent, augmentant ainsi l'angle entre eux.
  Ex. : une extension aux genoux
› L'**abduction** se produit lorsque la cuisse ou le bras s'éloigne du centre du corps.
  Ex. : une abduction aux hanches
› L'**adduction** se produit lorsque la cuisse ou le bras se rapproche du centre du corps.
  Ex. : une adduction aux hanches
› La **flexion latérale** se produit lorsque le tronc ou la tête s'incline sur le côté.
  Ex. : une flexion latérale du tronc

MYTHE ? JE NE SUIS PAS ASSEZ FORT POUR FAIRE DES *CHIN-UPS*

En musculation, les tractions à la barre sont redoutées de plusieurs sportifs. Pourquoi les *chin-ups* et les *pull-ups* sont-ils si difficiles ? Quels sont les facteurs déterminant la capacité à réaliser ces exercices ?

Les tractions, des exercices difficiles

Les *chin-ups* (tractions où la barre est prise avec les paumes face à soi) et les *pull-ups* (tractions où la barre est prise avec les paumes dos à soi) sont des exercices difficiles, car ils exigent la capacité de soulever la quasi-totalité de son poids corporel en le tirant vers le haut. Ces exercices exigent une assez grande force. Plusieurs personnes sont tout simplement incapables de réaliser une seule répétition. La force nécessaire pour réaliser au moins un *chin-up* est déterminée par différents facteurs tels que le volume musculaire, le type de fibres musculaires, le poids corporel, le taux de gras, la longueur des bras ainsi que la coordination intramusculaire et intermusculaire.

Les facteurs qui influencent la capacité de réaliser des tractions

Le volume musculaire

Le facteur influençant le plus la force maximale est le volume musculaire, cela signifie que dans la plupart des cas, plus un muscle est gros, plus il peut développer une grande force. Différents paramètres agissent sur le volume d'un muscle. Le premier est la quantité de fibres ou de cellules musculaires, déterminée génétiquement : par exemple, la plupart des hommes ont plus de fibres musculaires que les femmes. Le second est l'augmentation de la taille des fibres musculaires (hypertrophie), qui peut se produire grâce à l'entraînement. En outre, la récupération, la nutrition, certaines hormones comme la testostérone et l'hormone de croissance, et certains suppléments alimentaires ou substances dopantes comme les stéroïdes anabolisants ont aussi une influence sur la grosseur du muscle.

Le volume du muscle peut augmenter légèrement en raison de l'épaississement de son enveloppe, mais ce type d'hypertrophie, nommée hypertrophie non fonctionnelle, n'occasionne pas un gain en force. Une accumulation de sang localisée au niveau du muscle pendant ou après l'entraînement musculaire, qui provoque une augmentation temporaire de la grosseur du muscle, n'augmente pas non plus la force musculaire maximale.

Le type de fibres musculaires

Le muscle se compose de différents types de fibres musculaires aux propriétés diverses : les fibres de type I, IIa et IIx. La proportion de chacun des types de fibres est déterminée par l'hérédité : elle varie selon les individus et selon les muscles. Malgré cette détermination génétique, la fibre musculaire peut s'adapter grâce à un entraînement musculaire prolongé et ainsi modifier ses propriétés. Par exemple, un individu qui s'entraîne exclusivement en force musculaire maximale fera augmenter la force de ses fibres de type I. Toutefois, les personnes qui sont naturellement fortes bénéficient d'un avantage génétique : elles sont dotées d'une proportion plus importante de fibres de type II.

Le poids corporel

Lorsqu'on ne tient pas compte du poids corporel, la force maximale est nommée *force maximale absolue*. Mais lorsque la force maximale est exprimée par rapport au poids corporel, elle est appelée *force maximale relative*. Par exemple, l'haltérophile turc Naim Süleymanoğlu a soulevé 190 kg (418 lb) à l'épaulé-jeté (la barre est soulevée au-dessus de la tête en deux mouvements) aux Jeux olympiques de Séoul en 1988. Surnommé « l'Hercule de poche », Süleymanoğlu pesait alors seulement 60 kg (132 lb). Cela signifie qu'il a soulevé plus de trois fois le poids de son corps à l'épaulé-jeté. À titre comparatif, Hossein Reza Zadeh, qui pesait 163 kg (358,6 lb), détient le record du monde toutes catégories pour le même mouvement, avec 263 kg (580 lb). Malgré une force absolue prodigieuse, l'haltérophile iranien n'est même pas parvenu à soulever l'équivalent de deux fois son poids corporel. Cet exemple illustre l'importance de la force maximale relative pour la réalisation d'une traction à la barre. Comme la charge soulevée correspond à la quasi-totalité du poids corporel, les petits gabarits sont généralement avantagés.

Le taux de gras

Le taux de gras influence particulièrement la capacité de réaliser des tractions à la barre. Comme la graisse n'est pas utile à la réalisation du mouvement, elle constitue une masse superflue. Par conséquent, une personne avec un surplus de graisse peut avoir plus de difficultés avec les *chin-ups*. Par ailleurs, si l'on compare deux personnes de même poids, celle avec un taux de gras plus faible aura probablement plus de facilité à réaliser des tractions, car la masse musculaire du haut de son corps sera certainement plus importante.

La longueur des bras

Lorsqu'on compare la force musculaire maximale des individus, il ne faut pas négliger la longueur des membres. Par exemple, les haltérophiles d'élite ont souvent les bras plus courts que la moyenne des gens : des leviers plus courts constituent un avantage mécanique permettant de lever des charges plus lourdes. Lorsqu'une personne qui a des longs bras effectue une traction à la barre, la distance à couvrir pour exécuter une répétition est plus grande, ce qui augmente la difficulté.

La coordination intramusculaire

Le muscle se compose de fibres qui sont stimulées par des cellules nerveuses. Le système nerveux a donc un effet sur la force musculaire maximale : il agit sur le nombre de fibres qui participeront à la contraction musculaire. La capacité du corps à solliciter un maximum de fibres musculaires de manière synchronisée est déterminante pour la force. On peut améliorer cette capacité par un entraînement spécifique en force maximale, c'est-à-dire par la réalisation d'exercices avec charges élevées qui limitent le nombre de répétitions maximales à 6.

L'inhibition autogène est le nom donné à un réflexe qui protège le muscle, les tendons et les os lors de la production d'une grande force. Ce réflexe limite le nombre de fibres musculaires participant à la contraction. Encore une fois, l'entraînement avec une lourde charge peut atténuer ce réflexe, autorisant le muscle à générer une plus grande force. En outre, comme les fibres musculaires se contractent en réponse à un influx nerveux, plus ce dernier est intense, plus la contraction sera forte.

Le Britannique Stephen Hyland détient le record mondial du plus grand nombre de *pull-ups* et de *chin-ups* en une heure, avec respectivement 1009 et 993 tractions. D'ailleurs, il a déjà réussi à faire 4020 *pull-ups* en 7 h 50 min.

Le Tchèque Jan Kareš, quant à lui, détient le record du plus grand nombre de *chin-ups* sans lâcher la barre. Il en a réalisé 232 en 36 minutes !

La coordination intermusculaire

La coordination intermusculaire représente la capacité du corps à synchroniser efficacement les divers muscles ou groupes musculaires qui permettent le mouvement et la stabilisation de certaines articulations. Par exemple, la coordination intermusculaire sera déterminante pour effectuer la technique complexe du mouvement de l'arraché en haltérophilie (la barre est soulevée au-dessus de la tête en un seul mouvement très dynamique). Par contre, si le mouvement est aussi simple qu'une poignée de main, la coordination intermusculaire sera peu décisive.

L'un des facteurs influençant la coordination intermusculaire est la contraction simultanée des muscles agonistes et antagonistes lors de mouvements complexes ou à vitesse explosive. Lorsque l'agoniste (muscle principal qui permet le mouvement) se contracte, l'antagoniste (muscle qui permet le mouvement opposé à celui créé par l'agoniste) doit se relâcher pour favoriser la contraction. Par exemple, lors d'un *chin-up,* pour que les biceps se contractent efficacement, une partie des triceps doit se relâcher. L'entraînement en force maximale occasionnerait une diminution de l'activation ou de la contraction du muscle antagoniste, ce qui aurait pour effet d'augmenter la force musculaire maximale.

Pour les puristes, une traction à la barre doit se faire avec les coudes en extension complète en début de mouvement et avec le menton à la hauteur de la barre en fin de mouvement. De plus, le corps doit rester droit et se déplacer sur un axe vertical. Il est tout de même possible de modifier la technique de mouvement afin de rendre l'exercice plus aisé. Par exemple, faire un mouvement de « vague » du corps, fléchir les genoux et les hanches et avoir une intention de vitesse explosive lors de la traction rendra l'exercice moins difficile si la coordination entre les muscles est adéquate.

Réussir à faire plus de tractions

Nous vous proposons un choix d'exercices au prochain thème (Les *chin-ups* : impossibles pour les filles !) afin de vous aider à augmenter le nombre maximal de tractions à la barre.

Plusieurs sportifs ayant amélioré leur force maximale peuvent réaliser des tractions à la barre en ajoutant une charge supplémentaire à leur poids corporel. Certains peuvent même soulever leur propre corps à l'aide d'une seule main.

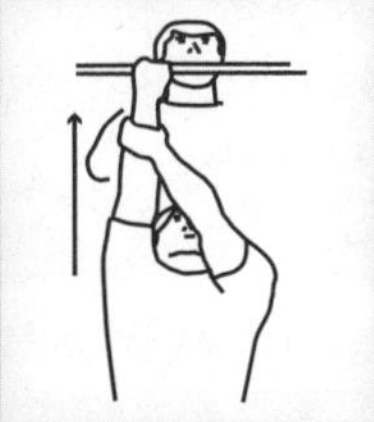

LA RÉALITÉ EN BREF

La réalisation de quelques tractions à la barre exige effectivement une force suffisamment grande. Cette capacité d'exécuter des *chin-ups* ou des *pull-ups* est déterminée par un ensemble de facteurs tels que le volume musculaire, le type de fibres musculaires, le poids corporel, le taux de gras, la longueur des bras ainsi que la coordination intramusculaire et intermusculaire. Contrairement aux exercices avec poids libres ou sur appareils, les tractions à la barre nécessitent une grande force relative afin d'exécuter plusieurs répétitions.

Vous avez aimé ce sujet ? Lisez :

- Les *chin-ups*: impossibles pour les filles ! (p. 69)
- Le *deadlift*: le meilleur exercice pour devenir fort comme un bœuf (p. 88)
- Point de salut hors de la salle d'entraînement ! (p. 148)

MYTHE ? LES *CHIN-UPS* : IMPOSSIBLES POUR LES FILLES !

Les exercices de traction à la barre exigent une force relativement grande, ce qui les rend plus ardus pour les femmes que pour les hommes. Pourquoi est-ce le cas ? Par quels moyens peut-on les rendre moins difficiles ou tout simplement possibles, autant pour les hommes que pour les femmes ?

Le jeu des comparaisons

Le jeu des comparaisons entre les sexes, en ce qui concerne différentes qualités physiques telles que l'aptitude aérobie, la flexibilité, ainsi que la force et la puissance musculaires maximales, suscite la curiosité. À titre d'exemple, il est bien connu que la consommation maximale d'oxygène (VO_2max) de l'homme, lorsqu'elle est exprimée en ml/kg/min, est environ 20 % plus élevée que celle de la femme. Cette différence d'aptitude aérobie s'explique en partie par une quantité plus importante de graisse chez la femme, toutes proportions gardées. En effet, une quantité plus importante de graisse doit être supportée et déplacée par le corps, ce qui augmente la difficulté d'un exercice aérobie. De plus, les hommes ont une quantité plus élevée de globules rouges, éléments transporteurs de l'oxygène, ce qui leur confère un autre avantage génétique en ce qui concerne le VO_2max. Finalement, les hommes ont, en moyenne, un débit cardiaque (quantité de sang expulsée par le cœur en une minute) supérieur aux femmes, ce qui permet de transporter plus d'oxygène aux muscles actifs.

D'un autre côté, les femmes sont dotées d'une meilleure flexibilité que les hommes. Cette différence varie selon l'articulation mesurée. L'un des tests les plus communément utilisés pour mesurer la flexibilité est celui de la flexion du tronc en position assise : les femmes se révèlent être de 10 à 15 % plus flexibles que les hommes à ce test. En général, les femmes sont plus flexibles pour des raisons de structure osseuse (comme celle du bassin) ainsi que de raideurs musculaires et tendineuses moins importantes. En outre, elles s'étirent plus fréquemment que les hommes et elles pratiquent aussi plus souvent des activités physiques qui améliorent la flexibilité (ex. : yoga).

Maintenant, quelles sont les différences entre les hommes et les femmes quant à la capacité de réaliser un *chin-up* ou un *pull-up* ?

Une masse musculaire moins importante chez les femmes

Le nombre moyen de répétitions maximales de *chin-ups* chez un homme de 20 ans est de 5, tandis que chez une femme du même âge il est d'une seule. Cette différence de performance est compréhensible : la force maximale absolue du haut du corps est environ 40 % plus grande chez l'homme que chez la femme. Cette inégalité est principalement attribuable à la masse musculaire des hommes, qui est plus importante. En effet, ils naissent avec une plus grande quantité de fibres musculaires, sécrètent davantage d'hormones stimulant la croissance musculaire comme la testostérone et l'hormone de croissance, et privilégient davantage l'entraînement de la force en musculation.

> L'Américaine Alicia Weber détient les records mondiaux féminins du plus grand nombre de *chin-ups* et de *pull-ups* réussis en 1, 3 et 60 minutes. Avec 39 *chin-ups* en 1 minute, elle a de quoi faire rougir plus d'un homme passionné de musculation.

Un taux de gras plus élevé chez les femmes

Comme l'exécution du *chin-up* exige de soulever son propre poids en le tirant vers le haut, la force maximale par rapport au poids corporel (force maximale relative) a plus d'importance que la force maximale absolue. Comme les femmes sont en moyenne moins lourdes que les hommes, elles devraient pouvoir tirer profit de cette caractéristique lors d'exercices où la charge à soulever représente la quasi-totalité du poids du corps. En effet, lorsque la force maximale est exprimée par rapport au poids corporel, la différence entre les sexes n'est plus que de 25 %, comparativement à 40 % pour la force maximale absolue. Cette différence qui persiste entre les hommes et les femmes est principalement due à un taux de gras plus élevé chez ces dernières. Comme presque tout le poids du corps doit être soulevé lors d'une traction, la graisse n'y fait pas exception. Évidemment, plus la quantité de graisse est importante, plus l'exercice du *chin-up* est difficile à réaliser. Soulignons aussi que contrairement aux muscles, la graisse ne peut pas produire de force : c'est une charge inerte qui ne participe pas à l'effort requis pour faire la traction.

Voici les estimations du poids corporel ainsi que de la masse grasse et musculaire pour l'homme et la femme de 20 à 24 ans, selon Behnke :

	Homme 20-24 ans	Femme 20-24 ans
Poids corporel (kg)	70	57
Taux de gras (%)	15	27
Masse grasse (kg)	10,5	15
Taux de masse musculaire (%)	45	36
Masse musculaire (kg)	31	20

Les *chin-ups* et les *pull-ups* : difficiles, mais pas impossibles

Pour certaines femmes, il est très difficile, voire impossible, de réaliser une seule traction à la barre. Grâce à un entraînement adéquat, il est possible d'augmenter la force maximale afin d'améliorer la performance à cet exercice. Voici des exemples d'exercices qui permettront d'atteindre cet objectif s'ils sont réalisés régulièrement :

- *chin-up* ou *pull-up* assisté avec pieds en appui ;
- *chin-up* ou *pull-up* assisté par un partenaire ;
- *chin-up* ou *pull-up* avec impulsion ;
- *chin-up* ou *pull-up* classique.

LA RÉALITÉ EN BREF

Les exercices de traction à la barre sont difficiles pour la plupart des sportifs, car la quasi-totalité du poids corporel doit être tirée vers le haut. Généralement, la réalisation d'un *chin-up* ou d'un *pull-up* est encore plus difficile pour une femme que pour un homme. Cette différence s'explique par le fait que la femme a en moyenne une masse musculaire plus petite et par conséquent une force maximale inférieure à celle de l'homme. De plus, comme la femme a, toutes proportions gardées, davantage de graisse, elle doit soulever une masse inactive supplémentaire lors d'un *chin-up*. Bien que les exercices de traction soient plus difficiles pour les femmes que pour les hommes, ils ne sont pas impossibles pour la plupart des sportives qui s'entraînent et qui intègrent des exercices de force à leur séance.

Vous avez aimé ce sujet ? Lisez :

- Je ne suis pas assez fort pour faire des *chin-ups* (p. 63)
- Pas de musculation pour Sophie, elle ne veut pas de gros muscles (p. 29)
- Trop de musculation = de petits seins (p. 36)

MYTHE? LE *SQUAT*: LE MEILLEUR EXERCICE POUR LES JAMBES

Le *squat*, ou l'accroupissement, ou encore la flexion sur jambes, est considéré par plusieurs sportifs et entraîneurs comme le meilleur exercice de musculation pour les membres inférieurs. Certes, le *squat* est fort populaire dans les salles d'entraînement, mais est-il vraiment le meilleur exercice pour les jambes? Quelles sont les caractéristiques du *squat* qui le rendent si intéressant? Quels sont les points techniques clés pour maîtriser son exécution? Beaucoup de questions pour un seul exercice, mais qui méritent qu'on s'y attarde.

La forme la plus commune du *squat*

Il existe plusieurs variantes du *squat*, mais sa forme la plus commune est le *squat* avec barre en appui sur le dos. Voici quelques points clés concernant la position de départ et la technique de mouvement pour cet exercice.

Position de départ

- Pour plus de sécurité, l'exercice est réalisé à l'intérieur d'une cage d'entraînement où il est possible de positionner des barres de protection permettant de déposer la charge si le sportif est incapable de la soulever.
- La barre est positionnée sur les trapèzes et non sur les vertèbres cervicales (cou). Il est possible d'utiliser un coussin protecteur entourant la barre si elle cause un inconfort.
- Le corps est droit. Les genoux sont à peine fléchis.
- Les pieds au sol sont positionnés un peu plus écartés que la largeur du bassin et sont légèrement orientés vers l'extérieur.

Il est préférable pour ceux désirant soulever de lourdes charges d'écarter les pieds un peu plus larges que les épaules.

Technique de mouvement

- Dès le début de la descente, faire une flexion simultanée aux hanches, aux genoux et aux chevilles.
- Le poids du corps et de la charge est réparti entre le milieu des pieds et les talons. Le transfert de poids vers l'avant du pied est une erreur d'exécution technique qui peut même faire soulever les talons, augmentant la pression sur l'articulation du genou, ce qui accroît le risque de blessures.
- La tête reste droite et le regard fixé vers l'avant tout au long du mouvement.
- L'amplitude de mouvement recommandée est un angle de 90° aux genoux. On peut aussi atteindre un point où les cuisses sont parallèles au sol. Il est également possible pour les sportifs expérimentés d'atteindre un point où le bassin est plus bas que les genoux.
- Les genoux doivent rester alignés avec les pieds et ne doivent pas trop dépasser les orteils. Attention à ce que les genoux ne soient pas orientés vers l'intérieur.
- Les courbes naturelles de la colonne vertébrale, en forme de « S », doivent être maintenues tout au long du mouvement.
- L'action fréquemment utilisée pour décrire le mouvement est celle de s'asseoir sur un banc.

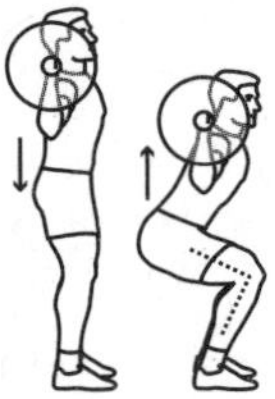

Le *squat*, un exercice global

Le *squat* est un exercice pluriarticulaire, car il implique plusieurs articulations telles que les chevilles, les genoux et les hanches. C'est donc un exercice global, car il sollicite plusieurs muscles. Voici la liste des muscles ou des groupes musculaires qui sont les plus sollicités au cours du *squat*.

Muscles principaux ou agonistes

- Quadriceps
- Ischio-jambiers
- Grands fessiers

Muscles secondaires ou synergiques

- Extenseurs du tronc au niveau de la portion lombaire (bas du dos)
- Adducteurs de la hanche (selon la largeur de la base d'appui et l'ouverture des pieds au sol)
- Moyens et petits fessiers (portions postérieures)
- Triceps suraux (mollets)

Muscles stabilisateurs

- Abdominaux
- Adducteurs de la hanche
- Moyens et petits fessiers
- Muscles de la ceinture scapulaire (deltoïdes, coiffes des rotateurs, trapèzes, etc.)
- Muscles profonds du bas du dos

Dans nos vies occupées, où le temps nous semble compté, un exercice global comme le *squat* permet de réduire la durée d'une séance d'entraînement. En effet, au lieu d'effectuer un exercice pour les quadriceps, suivi d'un autre pour les fessiers, d'un de plus pour les ischio-jambiers et enfin d'un dernier pour les extenseurs du tronc de la portion lombaire, l'exécution seule du *squat* sollicitera chacun de ces muscles. De toute évidence, le *squat* n'est pas équivalent à tous ces exercices combinés, mais il sollicite tout de même, à sa façon, ces différents muscles.

Le *squat*, un exercice fonctionnel

Le *squat* est un exercice fonctionnel, car il reproduit partiellement aussi bien des actions de la vie quotidienne que des gestes sportifs. Pour les premières, citons monter les escaliers, s'asseoir sur une chaise ou dans une voiture, plier les genoux lorsqu'on soulève un objet lourd ou un enfant, etc. Dans le domaine sportif, le *squat* reproduit en partie toute forme de saut, le coup de pédale en vélo, la position penchée en ski alpin, la poussée en patinage ou en ski de fond, plusieurs mouvements du judo, etc. Cette particularité du *squat* justifie, à elle seule, son utilisation en entraînement pour la majorité des individus.

Le *squat*, peu importe l'objectif

Que ce soit pour l'augmentation de la force, de la puissance, de l'endurance ou de la masse musculaire, le *squat* est un excellent choix d'exercice. Il suffit d'adapter la charge, le nombre de répétitions ou encore la vitesse d'exécution en fonction de l'objectif. Lorsqu'on veut augmenter la dépense calorique, le *squat* est idéal, car il sollicite de nombreux muscles comme le font les exercices aérobies. Il est même possible d'améliorer l'équilibre et la coordination en exécutant certaines de ses nombreuses variantes. L'utilisation d'une planche d'équilibre ou l'ajout d'un mouvement supplémentaire, tel que le développé au-dessus des épaules, permet l'entraînement de ces qualités musculaires.

Les variantes du *squat*

Il est possible de réaliser plusieurs variantes du *squat* en utilisant différents équipements tels qu'un appareil, des haltères, des *kettlebells,* des élastiques, des chaînes, un ballon d'exercice, un BOSU® (demi-ballon d'exercice), des coussins ou une planche d'équilibre. On peut aussi modifier la position d'appui de la barre, le type d'appui au sol (varier la distance entre les pieds ou se tenir sur un pied), l'amplitude et la technique de mouvement, ou combiner l'une ou l'autre de ces variations. Puisque ces dernières sont quasi innombrables, elles permettent d'adapter l'exercice en fonction des objectifs et des capacités des sportifs. Nous porterons notre attention sur quelques-unes de ces variantes.

Squat *avant* (front squat)

Au cours de cet exercice, la barre est positionnée sur les épaules à l'avant du corps. Il est possible de croiser les bras ou non, en pointant les coudes vers l'avant. Comme la charge se situe en avant du corps, le tronc ne peut pas fléchir autant que lors d'un *squat* ordinaire. Cette diminution du degré de flexion du tronc est compensée par une augmentation de la flexion aux chevilles, projetant les genoux un peu plus vers l'avant. Contrairement à une opinion répandue, des études ont démontré que la contribution des muscles sollicités au cours du *squat* avant et arrière est sensiblement identique. Il faut noter que lors de l'exécution de cette variante, la position de la charge peut être inconfortable.

Squat *avec ballon au mur (*wall squat*)*

Lors de cet exercice, le ballon est positionné contre le bas du dos. Au cours de l'exécution, le tronc peut demeurer droit tout au long du mouvement. On peut utiliser des haltères pour augmenter la charge. La position droite du tronc accentue le travail des quadriceps et diminue celui des grands fessiers, des ischio-jambiers et des extenseurs du tronc. L'exercice est parfaitement adapté à ceux qui souffrent de douleurs au dos.

Squat *à une jambe* (one leg squat*)*

Lorsque le *squat* est réalisé sur un seul pied d'appui, le maintien de l'équilibre est plus difficile. Les muscles qui stabilisent la cheville, le genou et la hanche sont davantage sollicités afin de maintenir l'équilibre et de conserver un alignement adéquat de la jambe entraînée. De plus, lorsque la barre en appui sur le dos cause un inconfort, cette variante est tout indiquée. Toutefois, compte tenu de l'instabilité qu'elle engendre, ce n'est pas la meilleure pour favoriser une augmentation de la force maximale et de la masse des muscles impliqués.

Le Finlandais Jonas Rantanen a battu en 2011 le record mondial au *squat* en soulevant une charge de 575 kg (1268 lb). Du côté féminin, c'est l'Américaine Becca Swanson qui le détient, avec une charge de 388 kg (855 lb).

Les inconvénients du *squat*

Le principal inconvénient du *squat* est la position de la charge. En créant une force vers le bas, la charge peut comprimer différentes structures du dos. Par exemple, en cas d'atteinte du nerf sciatique, la charge peut occasionner une compression de ce nerf et accentuer les douleurs. De plus, comme le tronc est fléchi vers l'avant lors de la descente, le travail des muscles du bas du dos et des abdominaux est accru, de manière à stabiliser le tronc. Le risque de blessures au bas du dos, comme une élongation musculaire ou une entorse lombaire, augmente si le travail exigé des muscles qui stabilisent le tronc n'est pas adéquat. Par conséquent, les sportifs débutants, relativement âgés, déjà blessés, ou avec un historique de blessures au dos ou aux genoux devraient l'effectuer avec des charges légères ou privilégier l'une de ses variantes, qui les exposera moins à une blessure.

Au cours de l'exécution du *squat,* certains sportifs ont tendance à transférer le poids du corps sur les orteils. Cette erreur, qui augmente le risque de blessures aux genoux, peut être due à un manque de coordination, mais aussi à un manque de flexibilité des muscles des mollets ou un manque de mobilité de la cheville. Dans ce cas, il est recommandé d'effectuer des exercices qui augmenteront la flexibilité de ces muscles ou la mobilité de cette articulation. À plus court terme, il est possible lors de l'exécution de réduire le degré de flexion aux genoux ou de rehausser légèrement les talons à l'aide d'une planche mince, ce qui augmente l'extension aux chevilles. Comme le *squat* est un exercice sollicitant plusieurs articulations, il exige une coordination technique que certains prendront du temps à maîtriser. Dans ce cas, il est essentiel que l'exercice soit réalisé avec une charge légère jusqu'à ce que le mouvement soit bien contrôlé. Pour ceux qui ont des problèmes d'équilibre, il est possible de réaliser l'exercice sans charge en s'appuyant avec une ou deux mains sur un mur ou un objet stable.

Malgré tous les avantages que peut comporter un exercice global comme le *squat,* l'entraînement en musculation doit idéalement comprendre un ensemble d'exercices sollicitant différents muscles et différentes portions de ceux-ci, tout en variant le type de résistance ainsi que les angles et les amplitudes de mouvement. Par exemple, le *squat* ne peut améliorer autant la force des fléchisseurs des hanches et des muscles des mollets que d'autres exercices plus ciblés.

Une étude américaine datant des années 1960 fut la première à suggérer que le *squat* puisse être néfaste pour les ligaments des genoux. Bien que critiqués par plusieurs spécialistes, les résultats de cette étude encouragèrent certaines divisions de l'armée américaine à cesser d'employer toute forme de *squat* dans les programmes de musculation de leurs militaires.

LA RÉALITÉ EN BREF

Le *squat* ne peut porter le titre de meilleur exercice. D'ailleurs, aucun exercice ne peut avoir ce statut. Néanmoins, il a plusieurs qualités : c'est un exercice global, fonctionnel et qui comporte d'innombrables variantes. Ainsi, il est un choix sensé pour la majorité des sportifs qui désirent atteindre différents objectifs. Toutefois, comme disent certains entraîneurs : « Le meilleur des exercices est celui que vous ne faites pas. » Un seul exercice de musculation est insuffisant pour atteindre les objectifs qu'on s'est fixés, il faut plutôt varier les groupes musculaires sollicités, le type de résistance ainsi que les angles et les amplitudes de mouvement.

Vous avez aimé ce sujet ? Lisez :

- Je ne suis pas assez fort pour faire des *chin-ups* (p. 63)
- Le *bench press*: le meilleur exercice pour le haut du corps (p. 80)
- Le *deadlift*: le meilleur exercice pour devenir fort comme un bœuf (p. 88)

MYTHE ? LE *BENCH PRESS*: LE MEILLEUR EXERCICE POUR LE HAUT DU CORPS

Au même titre que le *squat* pour les jambes, le développé-couché avec barre, communément nommé *bench press,* est considéré par plusieurs comme le meilleur des exercices pour le haut du corps. De nombreux sportifs considèrent le *bench press,* qui est d'ailleurs l'exercice de prédilection des hommes en salle d'entraînement, comme l'exercice de référence pour évaluer leur force maximale et la comparer avec celle des autres. Ainsi, il n'est pas rare de voir un sportif attendre pour avoir accès aux bancs, si aucun n'est disponible, ou décider de faire un autre exercice par dépit si l'attente est trop longue. Mais le *bench press* est-il aussi efficace que populaire ?

Le *bench press*, une exécution simple

Le développé-couché avec barre est relativement simple d'exécution. La principale difficulté technique réside dans le maintien de la stabilité de la barre. Contrairement à la version de l'exercice sur appareil, la barre n'est pas guidée. Normalement, quelques séries suffiront au débutant pour bien contrôler le déplacement de la barre. Voici quelques points clés pour la position de départ et la technique de mouvement de cet exercice.

Position de départ

- La barre, qui repose sur les supports prévus à cet usage, est au-dessus des yeux.
- Les pieds sont en appui au sol. Pour ceux qui ont des douleurs au dos, il est possible de déposer les pieds sur un appui surélevé ou directement sur le banc.

- Les mains sont positionnées de façon symétrique sur la barre et la distance entre elles est plus large que la largeur des épaules. Des repères visuels sur la barre facilitent une prise adéquate.

Technique de mouvement

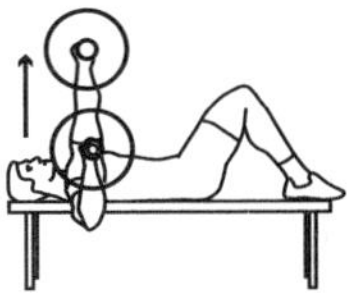

- La barre est descendue et effleure la poitrine avant d'être repoussée vers sa position de départ, au-dessus des clavicules. Il est possible de réduire l'amplitude du mouvement en cas de blessure ou d'inconfort à l'articulation de l'épaule.
- La barre ne doit pas rebondir sur la poitrine.
- Afin de diminuer le risque de blessures au bas du dos, celui-ci doit demeurer en appui sur le banc.

Le *bench press*, un exercice global

Tout comme le *squat*, le *bench press* est un exercice pluriarticulaire ou global, impliquant les épaules, les coudes et les poignets, en plus de divers muscles. Voici une liste des muscles qui sont les plus sollicités au cours du développé-couché :

Muscles principaux ou agonistes

- Grands pectoraux
- Triceps brachiaux

Muscles secondaires ou synergiques

- Deltoïdes (portions antérieures)

Muscles stabilisateurs

- Abdominaux
- Deltoïdes (portions moyennes)
- Dentelés antérieurs
- Coiffes des rotateurs des épaules
- Muscles de la portion lombaire (bas du dos)

L'exécution du *bench press* peut s'avérer fort utile lorsque le temps alloué à l'entraînement en musculation doit être écourté. En effet, en plus de solliciter fortement les pectoraux, cet exercice implique les muscles des épaules et les triceps. Ainsi, il peut remplacer en partie des exercices ciblant séparément ces différents muscles.

Le *bench press*, un exercice fonctionnel

Le *bench press* peut être qualifié d'exercice fonctionnel – quoique dans une moindre mesure que le *squat*. Il reproduit partiellement des actions de la vie quotidienne comme pousser un meuble lourd ou de la neige avec une pelle. Dans un contexte sportif, le développé-couché avec barre s'apparente aux poussées et aux blocs au football américain, aux directs à la boxe, au lancer du poids en athlétisme, à la poussée lors du départ au bobsleigh et même au double échec au hockey !

Aussi décevant cela soit-il pour plusieurs sportifs, certaines variantes du *bench press* s'avèrent plus fonctionnelles que l'exercice original. Par exemple, la simple utilisation d'haltères réduit les compensations causées par une asymétrie de la force entre chaque côté du corps et exige une plus grande stabilité des épaules. Aussi, peu importe que l'exercice soit réalisé avec des haltères ou une barre, l'inclinaison du banc impose un angle de travail qui mime mieux certains des gestes sportifs mentionnés précédemment comme les poussées, les plaquages ou les blocs au football américain.

Le *bench press*, peu importe l'objectif

Le *bench press* est un exercice judicieux pour augmenter la force, la puissance, l'endurance et la masse musculaires du haut du corps. Pour ce faire, il suffit d'adapter la charge, le nombre de répétitions ou la vitesse d'exécution en fonction de l'objectif. De plus, le développé-couché avec barre constitue un exercice intéressant lorsque l'objectif d'entraînement est l'augmentation de la dépense calorique. En effet, on a mesuré la dépense énergétique au *squat* et au *bench press* de sujets ayant un niveau élevé d'entraînement en musculation. Lorsqu'ils utilisaient une charge correspondant à 65 % de leur force maximale pour 15 à 20 répétitions et qu'ils enchaînaient les deux exercices, leur dépense énergétique équivalait approximativement à 15 kcal par minute. À ce rythme, un entraînement d'une heure permettrait une dépense énergétique de 900 kcal, soit environ 200 kcal de plus que la dépense moyenne obtenue par un entraînement aérobie de même durée ! Bien entendu, peu de sportifs peuvent réaliser un entraînement aussi intense. Finalement, on peut même améliorer la coordination, l'équilibre et la proprioception (perception du corps) en exécutant certaines des variantes du *bench press*.

Les variantes du *bench press*

Il est possible de réaliser plusieurs variantes du *bench press* en utilisant différents équipements tels que des haltères, des élastiques, un appareil, un système TRX®[3], une barre de plus grand diamètre ou un ballon d'exercice. Il est également possible de n'utiliser que le poids du corps (*push-up*), de modifier l'angle du banc, la largeur ou le type de prise sur la barre, l'amplitude ou la technique de mouvement, ainsi que de combiner l'une ou l'autre de ces variations. Les variantes du développé-couché avec barre sont très nombreuses, ce qui permet de les choisir pertinemment en fonction de leurs particularités et des capacités du sportif. Portons notre attention sur quelques-unes d'entre elles.

Développé-couché avec barre sur banc incliné (incline bench press)

Le banc utilisé au cours de cet exercice est incliné tête vers le haut. Le mouvement s'exécute avec la même technique, sauf que la barre est positionnée au-dessus de la portion supérieure des pectoraux, soit un peu plus bas que les clavicules. La barre doit être

3. Le système TRX® est un accessoire d'entraînement constitué de sangles ajustables qui permet la réalisation d'exercices musculaires en utilisant le poids corporel comme résistance. Pour en savoir plus, voir le thème : « Oubliez les élastiques. Le système TRX®, c'est encore mieux ! » (p. 144).

déplacée sur un axe vertical. L'inclinaison du banc occasionne une sollicitation plus importante de la portion supérieure des pectoraux et des muscles situés à l'avant des épaules (deltoïdes), la portion inférieure des pectoraux est donc moins sollicitée.

Développé-couché avec haltères sur banc décliné en prise neutre* (decline dumbbell press*)

Le banc utilisé au cours de cet exercice est décliné, c'est-à-dire que la tête est positionnée vers le bas. Le mouvement s'exécute avec la même technique, sauf que les haltères sont positionnés au-dessus de la portion inférieure des pectoraux. Au cours de l'action, la direction des haltères doit toujours demeurer verticale. La déclinaison du banc occasionne une sollicitation plus marquée de la portion inférieure des pectoraux et moins importante de la portion supérieure. L'utilisation d'haltères minimise les compensations possibles causées par une asymétrie de la force entre chaque côté du corps. D'autre part, l'utilisation d'haltères sollicite davantage les muscles qui stabilisent les épaules et permet une plus grande liberté quant aux angles de mouvement. Finalement, les haltères peuvent être tournés face à face en fin de mouvement, ce qui augmente légèrement le travail de la portion sternale (interne) des pectoraux.

Pompes* (push-ups*) avec les mains en appui sur un demi-ballon d'exercice

Le *push-up* sollicite les mêmes muscles agonistes et synergiques que le *bench press,* mais il sollicite plus de muscles qui se contractent pour stabiliser le corps. Au cours d'un *push-up,* les muscles du tronc (abdominaux, muscles de la portion lombaire du dos) et ceux des membres inférieurs (fessier, quadriceps, ischio-jambiers) doivent se contracter pour maintenir une posture idéale. Si l'on appuie les mains sur un demi-ballon d'exercice, cela augmente de beaucoup l'instabilité, accentuant ainsi le travail des muscles qui doivent stabiliser le corps. Soulignons que pour toute forme de *push-up,* il est plus difficile d'augmenter ou de diminuer la charge.

Le *bench press*, pour être plus fort

Voici quelques techniques clés, qui s'adressent particulièrement aux mordus du *bench press,* pour aider à soulever de lourdes charges lors de la réalisation de cet exercice.

- Les pieds doivent absolument être au sol et solidement en appui pour faciliter la poussée de la barre.
- Il est possible d'arquer le dos et de sortir la poitrine, mais nous le déconseillons fortement compte tenu de l'augmentation du risque de blessures au bas du dos. Cette manœuvre permet d'augmenter la charge soulevée grâce à une sollicitation plus grande de la portion inférieure des pectoraux et à une réduction de l'amplitude de mouvement. Elle est largement utilisée par les athlètes qui participent à des épreuves de force.
- La tête sert d'appui ainsi que les pieds, les fesses et le haut du dos. La tête doit être solidement appuyée sur le banc et légèrement inclinée vers la poitrine. Il est recommandé de suivre la barre des yeux au cours du mouvement.
- La prise doit être très large si le sportif a de longs bras et qu'il est très fort des muscles pectoraux. Elle doit être un peu plus étroite si le sportif a les bras plus courts et si ses muscles des épaules et des triceps sont très forts.
- Il est essentiel de contrôler la vitesse de la barre lors de sa descente. Si elle descend trop vite, il devient plus difficile de l'arrêter et d'amorcer la remontée. Il est aussi difficile d'amorcer la remontée si la barre descend trop lentement.
- Le début de la poussée de la charge est la portion la plus difficile du mouvement. La force utilisée au cours de cette portion est cruciale et fait fréquemment la différence entre une répétition réussie ou non.
- Au moment de la poussée, il est impératif d'avoir une intention de vitesse rapide.
- Au moment de la poussée, il est possible de bloquer la respiration afin de rigidifier le tronc. L'inspiration se fait alors durant la descente de la barre et l'expiration, vers la fin de la poussée.

- Afin de sécuriser l'exécutant, l'assistance d'une autre personne est essentielle. De plus, elle permet de diminuer le stress imposé aux épaules lors de la prise et du dépôt de la barre sur les supports.

> Ryan Kennely détient le record du monde au *bench press* avec assistance, ayant soulevé 488 kg (1075 lb). L'Américain a soulevé cette charge grâce à un chandail rigide conçu pour améliorer la performance lors de cet exercice. Le record du monde sans l'utilisation de ce type de vêtement est de 324 kg (715 lb), un record que détient Scott Mendelson. À titre comparatif, en 1898, le record du monde au *bench press* était de 164 kg (361 lb).

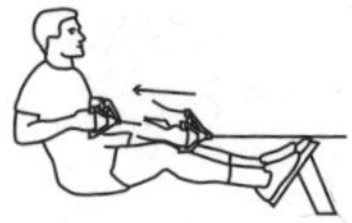

Les inconvénients du *bench press*

Le principal inconvénient du développé-couché est qu'il est associé à un risque de blessures à l'épaule. En général, les exercices de poussée, comme le développé-couché avec barre, sont à tort préférés aux exercices de traction, comme le tirage à la poulie en position assise. Dans ce cas, le renforcement des muscles stabilisateurs des épaules, comme ceux de la portion supérieure du dos, est souvent négligé. Par ailleurs, les sportifs croient souvent que le *bench press* leur permet de se surpasser en utilisant des charges très lourdes. En fait, en plus de blessures à l'épaule, le risque de blessures au muscle pectoral augmente lors de l'utilisation d'une charge se rapprochant de celle qui exige une force maximale, et lorsque l'amplitude de mouvement est grande ainsi que la prise très large.

LA RÉALITÉ EN BREF

Le *bench press* ne peut pas porter le titre de meilleur exercice du haut du corps puisqu'il ne peut pas entraîner à lui seul toute cette musculature. Pas plus qu'aucun autre exercice. Par ailleurs, selon les activités quotidiennes ou sportives accomplies, le *bench press* n'est pas nécessairement le plus fonctionnel. En fait, pour atteindre ses objectifs d'entraînement, il est essentiel de varier les exercices réalisés. Il n'en demeure pas moins qu'il est un exercice global comportant un grand nombre de variantes. Ces caractéristiques en font un exercice de qualité pour la plupart des sportifs, et ce, peu importent leurs objectifs.

Vous avez aimé ce sujet? Lisez:

- Je ne suis pas assez fort pour faire des *chin-ups* (p. 63)
- Le *squat*: le meilleur exercice pour les jambes (p. 73)
- Le *deadlift*: le meilleur exercice pour devenir fort comme un bœuf (p. 88)
- Un *spot*, c'est juste pour le *bench press* (p. 246)

MYTHE? | LE *DEADLIFT*: LE MEILLEUR EXERCICE POUR DEVENIR FORT COMME UN BŒUF

Le *deadlift*, ou soulevé de terre en français, est facilement associé à l'entraînement de la force musculaire maximale. La plupart des sportifs qui réalisent cet exercice en salle d'entraînement utilisent de lourdes charges qui ne permettent qu'un petit nombre de répétitions. Le soulevé de terre est-il l'exercice de choix pour augmenter la force maximale? La réalisation de cet exercice devrait-elle être limitée à la seule amélioration de cette qualité?

Le soulevé de terre, pas si facile que ça

L'exécution du soulevé de terre comporte certaines difficultés techniques qu'un débutant peut avoir du mal à maîtriser. Lors de l'apprentissage de cet exercice, il est important d'être encadré par un kinésiologue ou un entraîneur expérimenté, et surtout, d'utiliser des charges légères afin de réduire le risque de blessures au dos. Voici quelques points clés pour la position de départ et la technique de mouvement de cet exercice.

Position de départ

- La barre est au-dessus des orteils.
- Les pieds sont un peu plus écartés que la largeur du bassin et légèrement orientés vers l'extérieur.
- Les genoux sont fléchis.
- Le tronc est penché vers l'avant, les courbures naturelles en forme de «S» de la colonne vertébrale sont maintenues. Il est possible de légèrement accentuer les courbures lombaire (bas du dos) et cervicale (cou).

- La prise de la barre est environ de la largeur des épaules.
- La prise peut être réalisée avec les paumes des mains face à soi (pronation) ou avec la paume d'une main face à soi et l'autre, dos à soi (mixte ou inversée).

Technique de mouvement

- Au début du soulèvement de la charge, les genoux doivent se déplier suffisamment pour laisser passer la barre.
- Lorsque la barre arrive près des genoux, l'extension du tronc est amorcée. À partir de ce moment, les extensions aux genoux, aux hanches et du tronc sont réalisées simultanément jusqu'au redressement complet du corps.
- Les bras ne tirent pas la charge. Ils sont stabilisés afin d'éviter que les épaules s'enroulent vers l'avant.
- La barre doit demeurer près du corps tout au long du mouvement.
- Le regard est porté vers l'avant et fixe un point tout au long du mouvement.
- Il est primordial de ne jamais arrondir le dos.
- La descente s'exécute en respectant les mêmes points techniques.
- Il est possible de déposer ou non la charge entre chaque répétition.
- Pour les sportifs avancés qui utilisent une lourde charge, il est possible de bloquer la respiration tout en contractant les abdominaux lors du début de la montée de la barre afin de rigidifier le tronc.

Le soulevé de terre, un exercice global pour développer la force

On a vu que le *squat* et le *bench press* étaient des exercices globaux, car ils sollicitent plusieurs muscles. Le soulevé de terre en sollicite encore davantage. Voici les principaux:

Muscles principaux ou agonistes

- Quadriceps
- Ischio-jambiers
- Grands fessiers
- Extenseurs du tronc au niveau de la portion lombaire (bas du dos)

Muscles secondaires ou synergiques

- Moyens et petits fessiers (portions postérieures)
- Adducteurs de la hanche
- Triceps suraux (mollets)

Muscles stabilisateurs

- Abdominaux
- Muscles profonds du bas du dos
- Moyens et petits fessiers
- Grands dorsaux
- Trapèzes
- Rhomboïdes
- Deltoïdes
- Coiffes des rotateurs des épaules
- Muscles des mains et des avant-bras responsables de la préhension

Le soulevé de terre sollicite un nombre impressionnant de muscles. En fait, presque tous les muscles des membres inférieurs doivent se contracter pour permettre la montée et la descente de la charge. Les muscles du tronc sont partagés entre un rôle d'action et un rôle de stabilisation. Pendant que les grandes masses musculaires du bas du dos permettent de redresser le tronc, les abdominaux et les muscles profonds du dos le stabilisent. Les contractions de plusieurs muscles du haut du corps permettent de soutenir la charge et de stabiliser différentes articulations. Par exemple, les muscles de la portion arrière des épaules (deltoïdes postérieurs) ainsi que certains muscles proches des épaules (coiffes des rotateurs) se contractent afin d'empêcher les épaules de s'arrondir vers l'avant. Les muscles stabilisateurs peuvent se fatiguer et limiter la poursuite de l'exercice. En plus d'être nombreux, la plupart des muscles contractés au cours de cet exercice sont volumineux. En outre, comme le soulevé de terre est global, il crée une augmentation du stress métabolique. Cette réaction du corps se traduit par une perturbation importante et temporaire des fonctions corporelles, dont une augmentation de la production d'hormones qui pourrait stimuler la croissance musculaire et augmenter la force. Évidemment, une amélioration importante de la force maximale nécessite l'utilisation d'une charge suffisamment lourde qui ne permet qu'un petit nombre de répétitions.

À l'époque de Louis Cyr, les concours d'hommes forts n'incluaient pas les exercices traditionnels de *deadlift*, de *squat* ou de *bench press*. À la fin du XIXe siècle, l'homme fort du Québec aurait quand même soulevé, devant juges et témoins, une charge de 860,5 kg (1897 lb) à plusieurs centimètres du sol. Officiellement, c'est l'Islandais Benedikt Magnusson qui détient l'actuel record du monde au *deadlift*, avec une charge de 460 kg (1015 lb).

Le soulevé de terre, un exercice pour tous

Certes, le soulevé de terre est un excellent exercice pour développer la force maximale, mais il peut aussi être employé avec autant d'efficacité afin d'atteindre des objectifs variés comme la diminution du risque de maux de dos, l'augmentation de la dépense énergétique ainsi que l'amélioration de l'endurance et des autres qualités musculaires.

Le soulevé de terre est fonctionnel, car il reproduit partiellement des actions de la vie quotidienne telles que soulever des boîtes, pelleter ou transporter des sacs dans ses mains. Il mime aussi en partie certains mouvements typiques de sports comme l'aviron ou le vélo, surtout en montée. En plus d'une certaine force, toutes ces actions exigent un certain niveau d'endurance musculaire. Tous les exercices de musculation, incluant le soulevé de terre, peuvent être réalisés dans le but d'améliorer l'endurance musculaire. Pour ce faire, il suffit d'utiliser une charge plus légère et d'effectuer un plus grand nombre de répétitions. D'ailleurs, le fait d'exécuter plusieurs répétitions au soulevé de terre est excellent pour renforcer les muscles du tronc et des jambes de manière à prévenir certaines blessures au bas du dos. De plus, comme cet exercice sollicite d'importantes masses musculaires, il permet d'augmenter la dépense calorique au cours de l'entraînement. Il peut aussi améliorer l'équilibre, la proprioception et la coordination (par exemple, on peut le faire en appui sur un seul pied).

Finalement, il peut même améliorer la flexibilité des muscles situés à l'arrière de la cuisse, surtout lorsqu'il est exécuté avec les genoux en extension ou légèrement fléchis.

Le nom anglais du soulevé de terre est *deadlift*. Ce terme, qui peut être perçu comme macabre, est partiellement responsable de la faible popularité de l'exercice auprès de plusieurs sportifs en salle d'entraînement. Pour remédier à la situation, les entraîneurs devraient peut-être employer le nom de l'appareil datant des années 1860 et considéré comme l'ancêtre du *deadlift*: le *health lift*!

Les variantes du soulevé de terre

Comme pour le *squat* et le *bench press,* il existe plusieurs variantes du soulevé de terre. Nous porterons notre attention sur quelques-unes d'entre elles.

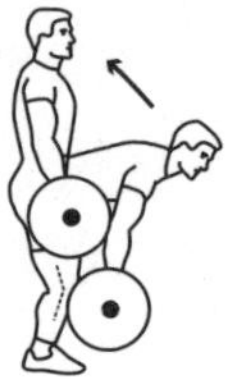

Le soulevé de terre roumain (romanian deadlift*)*

Cet exercice débute en position debout et est exécuté en maintenant une légère flexion aux genoux tout au long du mouvement. La charge utilisée est plus légère, pour un nombre de répétitions identique, compte tenu de la contribution beaucoup moins importante des quadriceps. De plus, la position étirée des ischio-jambiers limite également la force et accentue les possibilités de courbatures des muscles sollicités. Une bonne flexibilité des ischio-jambiers est nécessaire, afin de permettre une grande amplitude de mouvement tout en évitant d'arrondir le dos.

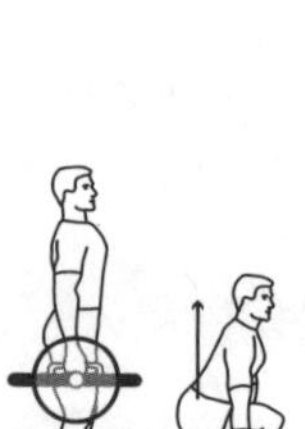

Le soulevé de terre avec barre hexagonale (hex bar deadlift*)*

La forme de la barre permet de se positionner à l'intérieur de celle-ci, donc la charge est alignée avec les hanches au début de la levée (avec une barre droite, la charge se situe en avant du corps). Cette différence importante réduit la tension exercée sur les muscles, les vertèbres, les ligaments et les autres structures du bas du dos, réduisant ainsi le risque de blessures à cette partie du corps. Bien que la charge soit tenue par les mains, l'action des jambes et du tronc ressemble plus à celle effectuée lors du *squat*.

*Le soulevé de terre sumo (*sumo deadlift*)*

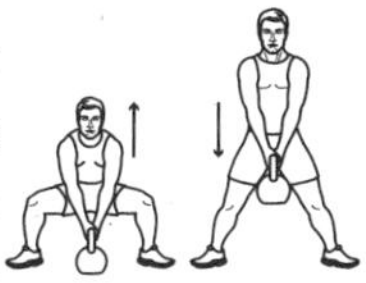

Au cours de l'exécution de cette variante, les orteils et les genoux sont clairement orientés vers l'extérieur et les pieds plus écartés que la largeur des épaules. Cette position peut réduire la tension au bas du dos, car le tronc demeurera dans une orientation plus verticale que lors du soulevé de terre conventionnel. Cette variante accentue l'implication des muscles quadriceps et adducteurs situés respectivement à l'avant et à l'intérieur des cuisses. Ajoutons que cet exercice nécessite une certaine mobilité aux hanches pour être exécuté avec aisance.

Les inconvénients du soulevé de terre

Malgré ses nombreuses qualités, le soulevé de terre n'a pas le statut d'exercice parfait. En effet, le risque de blessures est réel. Une proportion importante des blessures qui surviennent en musculation se produisent au bas du dos. La réalisation de cet exercice lors de l'entraînement peut se révéler une arme à double tranchant. D'un côté, il peut renforcer les muscles des jambes et du tronc, de manière à prévenir les blessures au dos, mais de l'autre, il peut aussi provoquer ce type de blessures, habituellement en raison d'une technique inadéquate ou d'une charge trop lourde (la combinaison des deux facteurs augmentant d'autant plus ce risque). L'erreur technique qu'il faut absolument éviter est d'arrondir le dos : il est essentiel de maintenir les courbures naturelles de la colonne vertébrale. Par ailleurs, une technique inadéquate se traduira par des gains musculaires moins prononcés.

LA RÉALITÉ EN BREF

Le soulevé de terre est fort probablement l'un des meilleurs exercices pour solliciter un ensemble de muscles, des orteils jusqu'à la tête. Il est non seulement excellent pour améliorer la force maximale, mais aussi pour augmenter la masse musculaire. En outre, il peut permettre l'amélioration de l'endurance, de la puissance, de la coordination, de l'équilibre, de la proprioception et même de la flexibilité. D'ailleurs, de nombreux sportifs qui n'osent pas l'intégrer à leur entraînement y gagneraient beaucoup. Il peut être réalisé à moindre risque avec des charges légères permettant un nombre de répétitions supérieur à 12.

Vous avez aimé ce sujet? Lisez:

- Je ne suis pas assez fort pour faire des *chin-ups* (p. 63)
- Le *squat*: le meilleur exercice pour les jambes (p. 73)
- Le *bench press*: le meilleur exercice pour le haut du corps (p. 80)

MYTHE ? DES ABDOMINAUX D'ACIER POUR UN DOS EN BÉTON

Le mal de dos est considéré comme le mal du siècle. Selon l'Organisation mondiale de la santé, environ 80 % des gens souffriront d'un mal de dos invalidant au cours de leur vie. Or, en plus d'attirer les regards à la plage, les muscles abdominaux sont reconnus pour avoir un effet protecteur sur le bas du dos. Est-il vrai que le fait d'avoir des abdominaux forts réduit le risque de blessures et de maux de dos ? D'autres muscles doivent-ils entrer en jeu pour conserver un dos en bonne santé ? Quels exercices augmentent le risque de blessures au dos et lesquels les préviennent ?

Un peu d'anatomie

Les abdominaux sont constitués de différents muscles. Voici une brève description de chacun d'entre eux.

Grand droit de l'abdomen

Le grand droit est le muscle le plus superficiel de l'abdomen, c'est-à-dire celui qui se situe le plus près de la peau. Qualifié familièrement de *six pack,* ce muscle est apparent chez les individus ayant peu de gras qui l'ont suffisamment développé. L'action principale du grand droit est de permettre la flexion du tronc et du bassin. Dans une moindre mesure, il participe à la stabilisation du tronc.

Obliques externes et internes

Les muscles obliques sont orientés en diagonale et sont situés de chaque côté de l'abdomen. Leurs actions principales sont la rotation, la flexion, l'inclinaison sur le côté et la stabilisation du tronc. Les obliques externes sont plus superficiels que les obliques internes.

Transverse

Le muscle transverse est le muscle le plus profond de l'abdomen. Son rôle fondamental est la stabilisation du tronc. C'est ce muscle qui comprime l'abdomen lorsqu'on « rentre » le ventre, qu'on tousse ou qu'on expire de façon forcée.

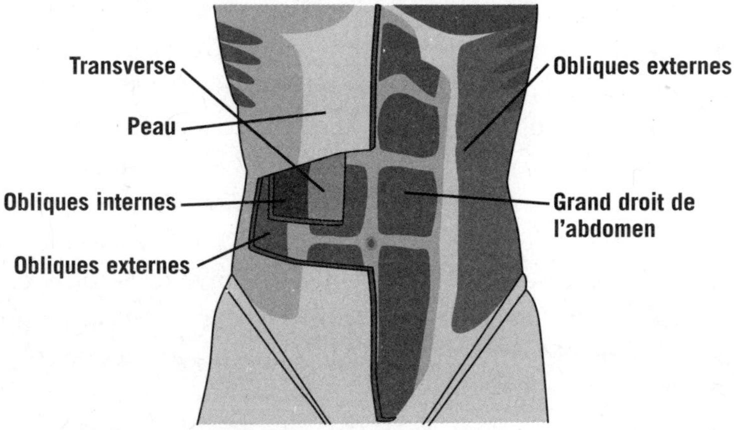

Les abdominaux protègent le dos

Lorsque le diaphragme et les muscles profonds du tronc, comme le transverse et les obliques internes, sont contractés, il y a augmentation de la pression à l'intérieur de la cavité abdominale. Cette augmentation de pression à l'intérieur du thorax aide à stabiliser la colonne vertébrale et à réduire les risques de blessures aux ligaments, aux disques et aux autres structures du dos.

En outre, lorsque les abdominaux se contractent, ils peuvent permettre de limiter la bascule du bassin vers l'avant. Celle-ci entraîne l'accentuation de la lordose lombaire, la courbure du bas du dos. Lorsque le dos est arqué, les portions arrière des vertèbres lombaires se rapprochent, tandis que les portions avant s'éloignent les unes des autres. Cette modification de posture, jumelée à un accroissement des forces exercées sur le bas du dos au cours d'un exercice de musculation, augmente le risque de blessures. Par exemple, pendant le développé au-dessus des épaules debout ou le développé-couché, si la lordose lombaire est accentuée à cause d'une activation insuffisante des muscles abdominaux, le risque de blessures au bas du dos augmente.

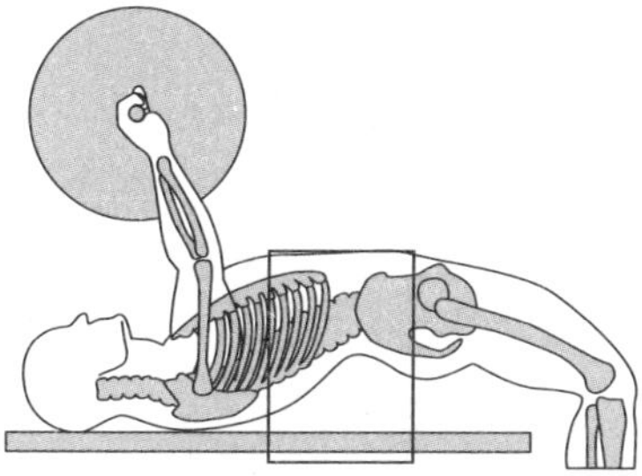

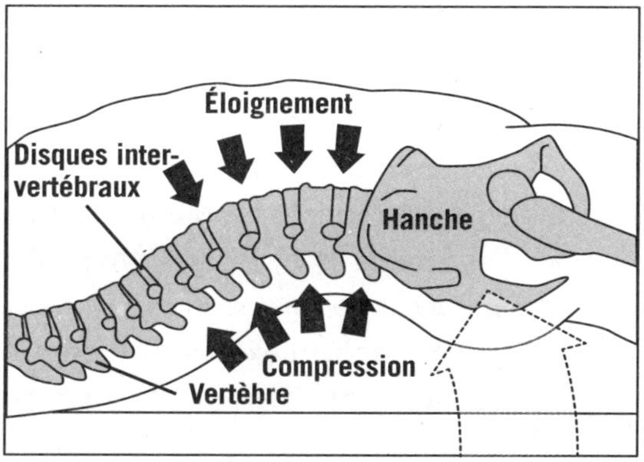

Au-delà des abdominaux, les muscles du centre du corps (*core*)

Les muscles abdominaux ont un effet protecteur sur le bas du dos. Par contre, il serait réducteur de croire que ce sont les seuls muscles qui jouent un rôle dans la santé du dos. Les spécialistes de la santé préfèrent parler de la contribution efficace de l'ensemble des muscles du centre du corps, ou plus communément du *core,* pour maintenir un dos sain : ceux-ci rendent possible la stabilisation, ainsi que les mouvements du tronc et du bassin. Bien entendu, les abdominaux en font partie, mais le *core* est également constitué d'autres muscles. Parmi ceux-ci, mentionnons les multifides, les iliocostaux, les longs dorsaux, les carrés des lombes, les grands fessiers, les moyens et petits fessiers, les iliopsoas, les muscles du plancher pelvien et les adducteurs de la hanche. D'ailleurs, des analyses informatisées ont démontré qu'une diminution de l'activation des muscles profonds du dos pouvait être l'une des causes des maux de dos.

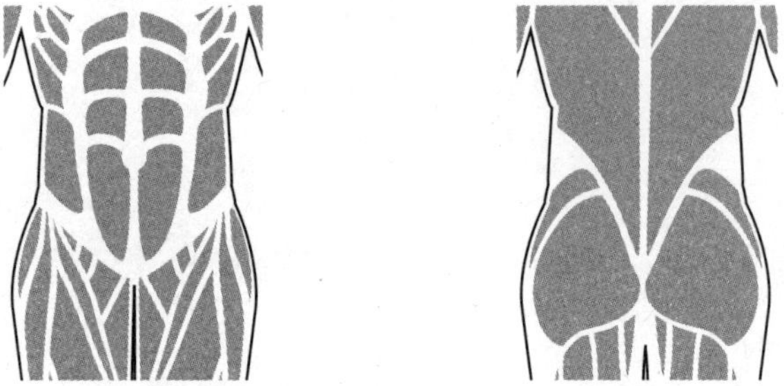

Muscles du centre du corps (*core*)

Des exercices pour un dos en santé

Le choix d'exercices musculaires visant à réduire le risque de blessures au dos ou à diminuer les douleurs à cette partie du corps n'est pas simple. Les exercices choisis doivent activer et renforcer les muscles du *core* sans toutefois créer d'inconfort ou d'irritation au bas du dos. Il est recommandé d'exécuter différents exercices localisés et globaux qui solliciteront l'ensemble des muscles de cette région.

Voici une liste d'exercices pouvant activer et renforcer les muscles du *core*. Il est essentiel de ne pas ressentir d'inconfort trop important ou de douleur pendant ou après leur exécution. Sinon, il est recommandé de ne pas les faire. Différentes variantes sont proposées, mais il est préférable de maîtriser l'exercice de base avant de les exécuter.

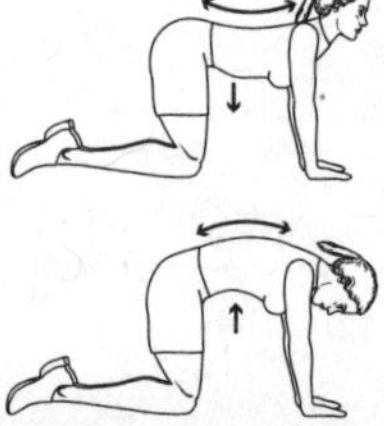

Dos creux - dos rond

Cet exercice peut être réalisé au cours de l'échauffement, car il permet de mobiliser le dos. En appui sur les genoux et les mains, enrouler lentement le dos vers le haut et ensuite vers le bas, en alternant.

- Nombre de répétitions suggéré : 10 à 20.
- Variante : Maintenir les positions pendant 15 secondes (environ 5 répétitions).

Activation du transverse

En position couchée sur le dos, essayer de « rentrer » le ventre en gardant le bassin stable et en dirigeant le nombril vers le plancher tout en expirant.

› Nombre de répétitions suggéré : 20.

Bascule du bassin

En position couchée sur le dos, effectuer une bascule du bassin en essayant de « rentrer » le ventre en dirigeant le nombril vers le plancher. Il est possible d'expirer en même temps que la bascule du bassin.

› Nombre de répétitions suggéré : 10 à 15, en maintenant la contraction pendant 3 à 5 secondes à chaque répétition.
› Variantes :
  - Bascule du bassin avec une jambe surélevée.
  - Bascule du bassin précédée d'une adduction des cuisses avec ballon.

Planche abdominale

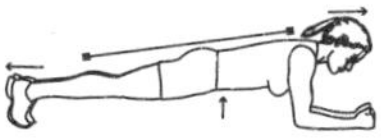

Le corps est droit, face au sol, avec les avant-bras et les orteils en appui au sol. Maintenir une contraction volontaire des abdominaux afin d'éviter de cambrer le bas du dos. Il est possible de surélever l'appui des avant-bras, sur un banc ou une table, pour faciliter l'exécution.

› Maintenir la position 30 à 60 secondes.
› Variantes :
  - Planche abdominale avec soulèvement en continu d'un bras ou d'une jambe.
  - Planche abdominale avec les avant-bras en appui sur un ballon d'exercice.

Planche abdominale sur le côté ou latérale

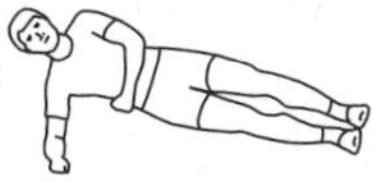

Le corps est soutenu par un appui sur les pieds et sur un avant-bras. Le bassin ne doit jamais être plus bas que le reste du corps. Il est possible de prendre appui sur les genoux afin de rendre l'exercice plus facile.

› Maintenir la position 20 à 60 secondes.
› Variantes :
  - Planche abdominale avec mouvement. Monter et descendre le bassin 15 à 20 fois.
  - Planche abdominale avec abduction de la cuisse.

Groupé avec un ballon d'exercice

Le corps est droit, face au sol, avec les mains en appui au sol et les chevilles sur le ballon. Le ballon est rapproché vers l'abdomen en effectuant une flexion aux genoux et aux hanches sans soulever les fesses.

› Nombre de répétitions suggéré : 10 à 15.

› Variantes :
  - Groupé oblique avec ballon.
  - Groupé à une jambe avec ballon.

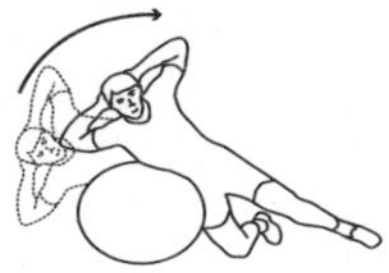

Flexion latérale sur un ballon d'exercice

Le corps est couché sur le côté et enroulé sur le ballon d'exercice, les pieds sont en appui au sol et contre un mur. Fléchir le tronc sur le côté jusqu'à dépasser légèrement l'alignement avec les jambes.

› Nombre de répétitions suggéré : 10 à 15.

› Variantes :
  - Flexion latérale statique (20 à 60 secondes).
  - Flexion latérale avec bras au-dessus de la tête (avec ou sans charge).

Extension dorsale controlatérale sur un ballon d'exercice

À plat ventre, le corps est enroulé sur le ballon avec les mains et les pieds en appui au sol. Soulever le tronc en même temps qu'un bras et une jambe opposés.

› Nombre de répétitions suggéré : 10 à 12 de chaque côté, en alternant.

› Variantes :
  - Extension dorsale avec un seul appui.
  - Extension dorsale statique sans appui.

Squat *sur un demi-ballon d'exercice*

Debout sur la surface arrondie du demi-ballon, faire une flexion simultanée aux chevilles, aux genoux et aux hanches.

› Nombre de répétitions suggéré : 12 à 15.

› Variantes :
  - *Squat* sur la surface plane du demi-ballon.
  - *Squat* jumelé à une adduction des cuisses contre un ballon.

Les exercices musculaires, c'est bien, ajouter des étirements, c'est mieux

Idéalement, des étirements devraient s'ajouter aux exercices d'activation et de renforcement musculaire. En effet, il est reconnu qu'un manque de flexibilité de certains muscles, comme ceux situés à l'arrière du corps (ex. : ischio-jambiers), augmente le risque de développer des douleurs au bas du dos. Voici quelques exercices d'étirement efficaces pour aider à maintenir un dos en bonne santé.

Les personnes souffrant de maux de dos craignent souvent d'être actives, de peur d'empirer leur état. Pourtant, l'inactivité physique risque d'allonger la durée de guérison, ou même d'accentuer la douleur au dos. C'est ce que l'Institut national de la recherche scientifique (INRS) nomme *le cercle vicieux de la douleur.*

Des exercices abdominaux qui comportent certains risques

Les exercices abdominaux sollicitant aussi les muscles fléchisseurs de la hanche peuvent comporter un risque de blessures au dos. L'exemple le plus commun est l'élévation des jambes en position couchée (*leg raise*). Pour faire cet exercice, on monte les jambes tendues jusqu'à ce qu'elles soient perpendiculaires au sol, puis on les redescend près du sol. Aussi surprenant que cela puisse paraître, les muscles qui rendent possible ce mouvement de montée et de descente des jambes ne sont pas les abdominaux. Ce sont les fléchisseurs des hanches, dont l'ilio-psoas, qui sont responsables de cette action. Les muscles abdominaux se contractent tout de même fortement au cours de cet exercice, mais leur rôle se limite à la stabilisation du tronc, qui risque de faire défaut si le sportif ne sait pas exécuter adéquatement l'exercice ou si ses abdominaux ne sont pas assez forts pour éviter que son dos ne s'arque. Si les abdominaux ne parviennent pas à maintenir le dos dans une posture adéquate pendant la descente des jambes vers le sol, le risque de blessures au dos augmente. En outre, l'exercice est plus difficile si les jambes sont amenées tout près du sol, ou pire encore, lorsqu'un partenaire pousse les jambes dans cette direction. Ces variantes augmentent encore davantage le risque de blessures au dos. Néanmoins, ceux qui sont capables d'éviter de creuser le bas du dos courent un risque moins important.

Le légendaire hockeyeur Mario Lemieux a souffert de maux de dos chroniques qui ont nui à sa carrière. À la suite d'un entraînement personnalisé qui intégrait des exercices thérapeutiques et posturaux axés sur le *core*, il a retrouvé un dos en bonne santé, ce qui lui a permis de poursuivre sa carrière prolifique.

Des *crunchs* discutables

Un autre exercice discutable est le redressement assis partiel (*crunch*). Cet exercice fréquemment réalisé est peu fonctionnel, car il n'est pas associé à une action de la vie quotidienne. En effet, le tronc fléchit rarement vers l'avant dans la vie de tous les jours. En outre, cet exercice place le corps dans une posture qui augmente le risque d'inconfort ou de blessures au dos. En effet, l'exécution d'un redressement assis partiel occasionne un enroulement de la colonne vertébrale et des épaules vers l'avant : cette posture du corps est celle que plusieurs individus adoptent déjà, à tort, devant un écran. Alors pourquoi la renforcer avec ce type d'exercice ? Par ailleurs, lorsque le redressement assis est exécuté avec les pieds bloqués, il sollicite fortement les fléchisseurs des hanches, ce qui accentue le risque de blessures au dos. Le *crunch* n'est pas nécessairement à proscrire, mais il n'est pas non plus un exercice idéal pour renforcer le *core*. Par conséquent, il ne devrait pas être l'exercice à privilégier si l'objectif est la santé du dos.

Des exercices exigeants pour les muscles du *core*

Certains exercices nécessitent de fortes contractions des muscles du *core* pour exécuter le mouvement ou stabiliser les articulations. Si la force de ces muscles est insuffisante ou s'il y a un manque de synchronisme entre ceux-ci, le risque de blessures augmente. Voici quelques exercices qui peuvent renforcer les muscles du *core,* mais qui peuvent aussi augmenter le risque de blessures au dos. Ils s'adressent principalement aux sportifs qui ont une certaine expérience en musculation.

- Le soulevé de terre (*deadlift*)
- L'épaulé (*power clean*)
- La traction verticale avec barre (*bent over row)*
- Le développé militaire debout (*military press*)
- La planche abdominale avec roue (*abdominal plank with wheel*)
- Le lancer du ballon lesté (*medicine ball throw*)

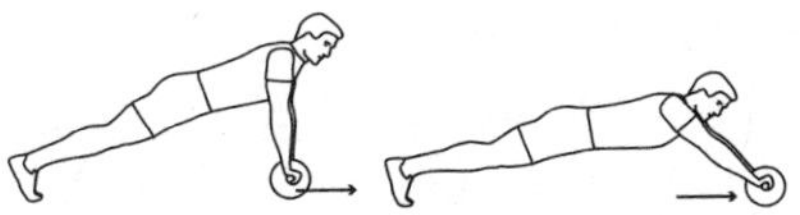

L'utilisation d'une charge lourde lors de la réalisation de ce type d'exercices accentue le risque de blessures au dos si les muscles du *core* ne s'activent pas suffisamment ou encore si la technique de mouvement est inadéquate.

Une mise en garde doit être faite concernant l'utilisation régulière de la ceinture de musculation au cours de l'entraînement. Porter fréquemment ce type de ceinture lors de mouvements comme le *squat* peut diminuer l'efficacité de certains muscles stabilisateurs du tronc, comme le transverse et les obliques. Ainsi, lorsque la ceinture n'est plus utilisée, le risque de blessures au bas du dos peut augmenter.

LA RÉALITÉ EN BREF

Il est vrai que le renforcement des abdominaux aide à protéger le dos contre certaines blessures, mais il est simpliste de croire que pour un «dos en béton», il suffit d'avoir des «abdos d'acier». L'ensemble des muscles qui permettent les mouvements ainsi que la stabilisation du tronc et du bassin exerce une influence sur la santé du dos. Ceux qu'on appelle les muscles du *core* doivent être entraînés au moyen d'une variété d'exercices localisés, globaux, statiques et dynamiques. D'ailleurs, certains exercices comme le *squat* ou le soulevé de terre exigent des muscles du *core* une force suffisante et une activation synchronisée pour être sûrs et efficaces. Il est conseillé d'éviter d'utiliser une charge trop lourde et de s'assurer de maîtriser l'exécution technique de ce type d'exercices.

Vous avez aimé ce sujet? Lisez:

- Pas facile d'avoir des abdos découpés au couteau! (p. 105)
- Une bonne séance de musculation se termine par des «abdos» (p. 263)

MYTHE ? PAS FACILE D'AVOIR DES ABDOS DÉCOUPÉS AU COUTEAU !

Malheureusement, le rêve d'avoir des abdominaux « découpés au couteau » est loin d'être une réalité pour la plupart des sportifs, et ce, malgré tous les efforts déployés. Pourquoi est-ce si difficile d'avoir des abdominaux bien définis ? Quels sont les meilleures méthodes d'entraînement et les exercices les plus efficaces pour atteindre cet objectif ?

Un facteur déterminant : la quantité de graisse sous la peau

La définition musculaire se traduit par la saillie des structures du muscle qui se retrouvent sous la peau et la graisse (tissu adipeux sous-cutané). Le facteur principal qui limite la définition des abdominaux, comme celle des autres muscles superficiels, est la présence plus ou moins importante d'une couche de tissu adipeux sous-cutané. En effet, c'est la quantité de gras situé par-dessus les muscles de l'abdomen et sous la peau qui détermine si ceux-ci sont visibles ou non.

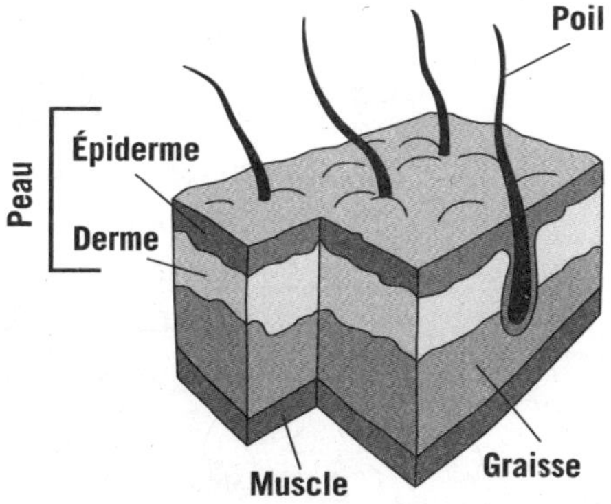

En plus de dépendre de facteurs génétiques, le taux de gras est influencé par l'apport et la dépense caloriques. Que ce soit au niveau de l'abdomen ou de n'importe quelle autre partie du corps, la meilleure stratégie pour perdre un surplus de graisse est d'augmenter la dépense tout en réduisant l'apport de calories.

Cependant, pour certains, il pourrait être plus efficace de privilégier l'un ou l'autre. Accordons une attention particulière à l'augmentation de la dépense calorique causée par l'entraînement.

Afin de maximiser la dépense énergétique pour diminuer son taux de graisse, il est recommandé de pratiquer des exercices aérobies comme la course à pied, le vélo ou la natation. La fréquence des entraînements aérobies doit être régulière et leur intensité ne devrait pas limiter la durée de la séance de façon trop importante. Le choix du type, de la méthode, de la fréquence, de la durée et de l'intensité de l'exercice aérobie devra favoriser le maintien à long terme des habitudes d'activité physique. Combinées avec une alimentation saine et équilibrée, ces habitudes sont la clé pour perdre éventuellement de la graisse et définir de façon apparente les muscles abdominaux.

Un mythe qui a la vie dure en entraînement physique suggère qu'une perte de graisse localisée est possible grâce à des exercices ciblés comme le redressement assis. Malheureusement pour les sportifs et les compagnies qui tentent d'en tirer profit, ce n'est bel et bien qu'un mythe. Pour perdre de la graisse au niveau de l'abdomen, il est inutile d'exécuter des redressements assis pendant 30 minutes chaque jour. La dépense énergétique d'un exercice sollicitant uniquement les abdominaux est très faible et la graisse de cette région ne sera pas une source d'énergie assez importante pour permettre une perte de tissu adipeux à l'abdomen. À l'opposé, la dépense calorique d'un exercice cardiovasculaire est plus élevée et la graisse de tout le corps, incluant celle de la région du ventre, sert de carburant énergétique.

Même si le potentiel de perte de graisse de l'entraînement musculaire est moins élevé que celui de l'entraînement cardiovasculaire, il est possible d'augmenter significativement la dépense calorique au cours d'une séance en musculation. Pour y arriver, il faut choisir des exercices sollicitant de grandes masses musculaires et réduire le plus possible le temps de repos entre les séries. De plus, une bonne condition physique favorisera ce type d'entraînement en permettant d'utiliser des charges plus lourdes, ou de faire un plus grand nombre de répétitions, ce qui engendrera une plus grande dépense d'énergie.

Certains professionnels en arts martiaux mixtes, comme le champion du monde Georges St-Pierre, ont les abdominaux très « découpés ». Leur type d'entraînement, leur génétique favorable ainsi que leurs habitudes de vie les aident à maintenir un taux de gras assez faible et une masse musculaire assez développée pour que les muscles de l'abdomen soient apparents.

Un facteur secondaire : le volume musculaire

Le volume musculaire, jumelé à un faible pourcentage de graisse, vient augmenter l'apparente saillie des muscles. Toutefois, il ne faut pas surestimer la contribution du volume musculaire dans l'obtention d'abdominaux bien définis. En fait, la définition musculaire demeure surtout dépendante de la quantité de graisse sous-cutanée. Par exemple, un culturiste qui n'est pas en période de concours aura un taux de graisse plus élevé : souvent, son imposante masse musculaire ne sera pas suffisante, à elle seule, pour donner l'impression d'un « découpage ». Par contre, en compétition, il présentera une définition musculaire remarquable, et ce, grâce à diverses stratégies qui lui auront permis d'abaisser son pourcentage de graisse et son taux d'hydratation, donnant ainsi l'impression d'une peau plus mince.

Lorsque la personne est mince et que les abdominaux sont apparents, l'entraînement peut être axé sur le grossissement de ces muscles pour en augmenter l'apparence. Si l'on veut maximiser l'augmentation de la masse musculaire des abdominaux, ceux-ci doivent être soumis à un type d'entraînement qui favorise leur hypertrophie.

Idéalement, l'entraînement de l'ensemble des muscles doit être fractionné sur plusieurs séances afin de maximiser la croissance musculaire. Les abdominaux ne sont pas différents des pectoraux, des quadriceps ou des biceps. Pour stimuler leur croissance, il est préférable de réaliser plusieurs séries d'exercices d'abdominaux au cours d'une même séance. En effet, lorsque l'hypertrophie est l'objectif d'entraînement, il est préférable de faire 8 à 12 séries d'exercices sollicitant fortement les abdominaux, 2 à 3 fois par semaine, plutôt que 3 à 5 séries par séance. Voici un exemple d'entraînement fractionné lors d'une semaine type :

	Jour 1 (lundi)		Jour 2 (mardi)			Jour 3 (jeudi)		Jour 4 (vendredi)	
Muscles agonistes ou partie du corps	Pectoraux	Abdominaux	Haut du Dos	Triceps	Bas du dos	Jambes	Abdominaux	Épaules	Biceps
Nombre d'exercices	3	3	3	4	1	5	2	3	3
Nombre de séries par exercice	5	4	5	3	3	4	4	5	4
Nombre total de séries	15	12	15	12	3	20	8	15	12
Nombre total de séries pour la séance	27		30			28		27	

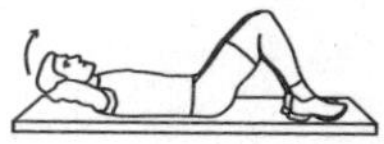

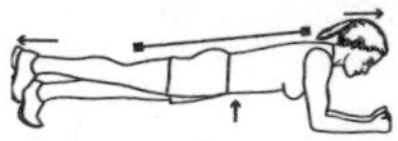

En outre, les exercices d'abdominaux choisis doivent être suffisamment difficiles pour ne permettre que 6 à 15 répétitions, ou une durée maximale de contraction des muscles comprise entre 30 et 50 secondes par série. Par exemple, le redressement assis partiel au sol est un exercice que la plupart des sportifs peuvent effectuer plus de 20 fois. Ce nombre de répétitions est trop grand pour maximiser la prise de masse musculaire. Lors d'un *crunch,* l'utilisation d'une charge tenue au-dessus de la tête ou derrière celle-ci peut augmenter le niveau de difficulté, de sorte que le nombre de répétitions maximal n'excède pas 12. La planche abdominale présente un autre exemple typique de cette problématique. Les sportifs qui sont capables de maintenir la position de planche pendant plus d'une minute devraient exécuter une variante de l'exercice. Par exemple, la difficulté de l'exercice augmente lorsque les avant-bras sont avancés. Avec cette position, le sportif pourrait faire 5 répétitions de 10 secondes chacune, au lieu d'une seule d'une durée de 75 secondes.

En plus des exercices ciblant principalement les abdominaux, les entraînements devraient inclure des exercices globaux qui sollicitent également les muscles de l'abdomen. Ce choix d'exercices permet d'accentuer l'entraînement des abdominaux, et ainsi, de stimuler encore plus leur croissance. Citons par exemple des exercices comme le *squat,* le développé au-dessus des épaules debout ou le lancer de ballon lesté, qui solliciteront différents muscles du corps, dont ceux de l'abdomen.

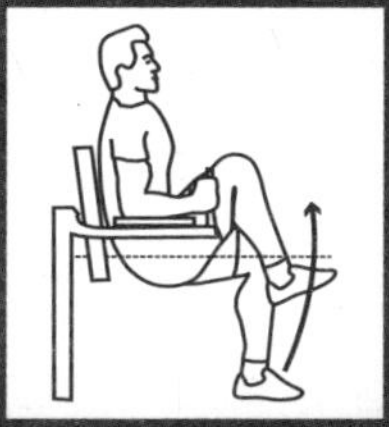

Augmenter la définition de la portion inférieure des abdominaux représente un défi pour plusieurs sportifs compte tenu de la quantité plus importante de tissu adipeux au bas de l'abdomen. Même s'ils ne permettent pas de réduire la quantité de graisse, certains exercices solliciteront davantage la portion inférieure de ces muscles, permettant d'hypertrophier cette région. En voici deux exemples :

- Élévation des hanches sur banc (*hip raise*).
- Flexion aux hanches sur appareil (*knee raise*)

Finalement, les abdominaux peuvent aussi être entraînés avec les méthodes avancées de musculation, telles que l'excentrique lent, les super séries, les séries forcées et même les séries trichées. L'utilisation de ces méthodes peut s'avérer efficace pour maximiser l'hypertrophie des muscles de l'abdomen. Pour plus d'information sur ces méthodes, référez-vous à la section intitulée « L'entraînement en musculation : les méthodes » (p. 221).

Un facteur à considérer : la structure anatomique du grand droit

Le grand droit est le muscle qui peut être le plus visible sur l'abdomen. Ce muscle, qui est familièrement comparé à une tablette de chocolat à cause de sa forme compartimentée, comprend des surfaces constituées de fibres musculaires séparées par une membrane fibreuse (aponévrose). Lorsque, pour des raisons génétiques, l'espace est réduit entre l'aponévrose et les compartiments de fibres musculaires, la définition du muscle peut être moins apparente.

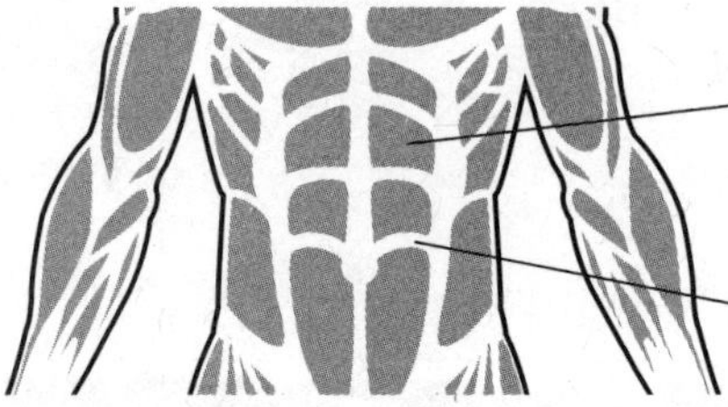

LA RÉALITÉ EN BREF

Il est tout à fait juste d'affirmer qu'il est difficile d'avoir des abdominaux «découpés au couteau». Le facteur primordial qui détermine le niveau de définition musculaire est la quantité de graisse se situant entre la peau et les muscles de l'abdomen. Cette quantité de graisse est principalement déterminée par la génétique ainsi que par l'alimentation et la pratique d'activités physiques. La grosseur des muscles abdominaux peut également influencer leur définition, mais seulement chez ceux qui n'ont pas une quantité trop importante de graisse au niveau de l'abdomen. Dans ce cas, pour favoriser l'augmentation du volume des abdominaux, l'entraînement doit être axé sur l'hypertrophie. Finalement, l'espacement entre les groupes de fibres musculaires du grand droit de l'abdomen peut aussi en modifier la définition.

Vous avez aimé ce sujet? Lisez:

- Faire grossir ses muscles en perdant du gras: mission impossible (p. 194)
- Avoir des fesses de fer: encore plus difficile! (p. 111)
- Pour perdre du poids: la musculation, toujours avant le cardio (p. 206)
- Une bonne séance de musculation se termine par des «abdos» (p. 263)

MYTHE ? AVOIR DES FESSES DE FER : ENCORE PLUS DIFFICILE !

Popularisée par Jane Fonda au cours des années 1980, l'expression *buns of steel* (fesses de fer) ciblait un objectif d'entraînement répandu. Les années ont passé, mais le désir de plusieurs femmes d'avoir des fesses plus fermes demeure. Est-ce si difficile de raffermir cette partie du corps ? Quelle est la recette pour durcir ses fesses ?

Des fesses de fer : les ingrédients

Les fesses sont essentiellement constituées de peau, de graisse et de muscles superposés. Chacun de ces tissus exerce une influence sur la fermeté des fesses.

La peau est un tissu extensible qui perd de son élasticité, et donc de sa fermeté, avec l'âge. Lorsqu'elle est trop étirée comme lors de gains et de pertes de poids importants et successifs, la peau devient plus flasque. Un peu comme pour les seins, la peau doit soutenir les fesses. Lorsque la peau perd de son élasticité et de sa fermeté, les fesses sont moins soutenues et subissent davantage les effets de la gravité, ce qui donne l'impression qu'elles sont moins dures.

Une certaine quantité de graisse (tissu adipeux) se trouve sous la peau et par-dessus les muscles fessiers. La qualité première du tissu adipeux n'étant pas sa fermeté, une quantité importante de graisse dans la région des fesses les rend moins dures.

Même lorsque les muscles ne sont pas contractés, ils sont plus fermes que la graisse. Cette fermeté est principalement due au tonus musculaire, qui est un état de faible tension des muscles. Même si un muscle est au repos, il maintiendra un certain niveau de contraction permanent, correspondant au tonus. Comme c'est le cas pour tous les muscles du squelette, lorsque les fessiers se contractent, la tension augmente et les fesses se durcissent: c'est à ce moment-là qu'elles sont les plus fermes. Notons aussi que le muscle est environ 20 % plus dense que la graisse, ce qui contribue également à sa plus grande fermeté.

Différents muscles composent les fessiers. Ceux qui peuvent être visibles sont les grands et les moyens fessiers.

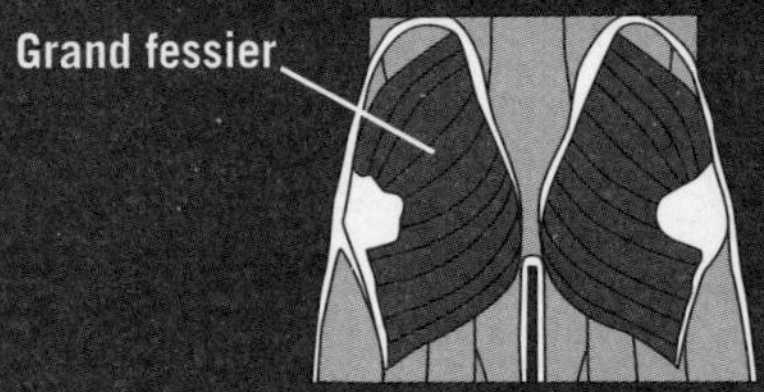

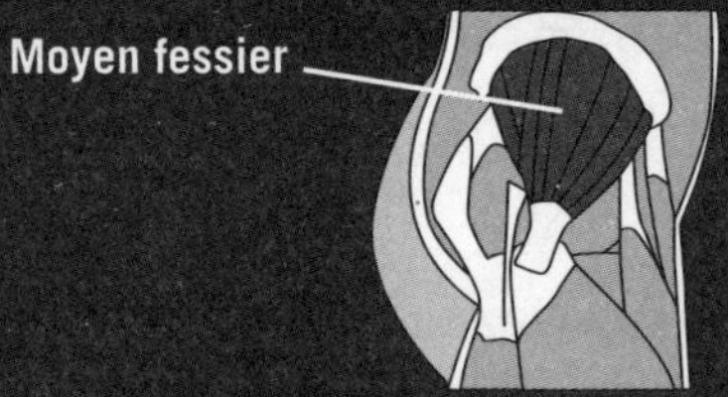

La recette pour des fesses de fer

Pour modifier la forme et la fermeté des fesses, les exercices qui sollicitent les fessiers doivent être axés sur l'hypertrophie. En fait, l'entraînement n'agira que sur certains des facteurs mentionnés précédemment: il n'aura pas d'effet sur les propriétés élastiques de la peau et probablement que très peu sur le tonus des muscles fessiers. La quantité de graisse et de masse musculaire de la région des fesses est partiellement déterminée génétiquement, mais elle l'est aussi par le mode de vie, tel que l'alimentation et la pratique d'activités physiques. Idéalement, les activités aérobies sont recommandées afin de maximiser la dépense calorique. Néanmoins, il est aussi possible d'obtenir une dépense énergétique satisfaisante au cours d'un entraînement en musculation en choisissant des exercices globaux et en réduisant le plus possible la période de repos entre les séries: n'en déplaise à certaines sportives, les exercices de musculation sollicitant les fessiers n'auront aucun effet sur la perte de graisse dans cette région du corps. Toutefois, l'entraînement des fessiers peut augmenter leur masse musculaire, ce qui pourra aider à raffermir les fesses et à rendre leur galbe plus arrondi.

L'entraînement en musculation visant à raffermir les fesses doit être axé sur l'hypertrophie, c'est-à-dire qu'il est important que plusieurs séries d'exercices soient réalisées au cours d'une seule séance et qu'ils soient répétés régulièrement. Les exercices choisis seront globaux et localisés, et comprendront des charges permettant un nombre de répétitions maximal compris entre 6 et 12. Il faut ajouter que l'augmentation de la masse des muscles augmente aussi légèrement l'épaisseur de l'enveloppe fibreuse (fascia) qui les recouvre. Cela peut également contribuer, quoique faiblement, à l'obtention de fessiers plus fermes. Voici quelques exercices sollicitant les muscles des fessiers que nous conseillons à celles et ceux qui désirent les raffermir :

- *Squat*
- Fente (*lunge*)
- Développé des cuisses sur appareil (*leg press*)
- Montée sur banc (*step-up*)
- Extension à la hanche sur appareil (*hip extension*)
- Abduction des cuisses sur appareil

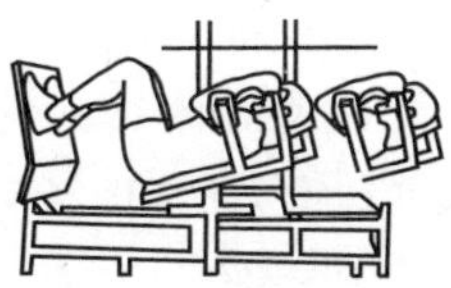

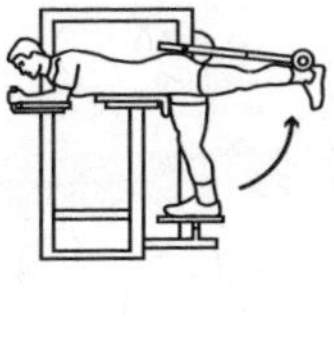

À ce jour, le moyen le plus radical pour avoir des fesses bien fermes et arrondies est la chirurgie esthétique. L'une de ces interventions consiste à insérer des implants entre les tissus des grands fessiers. Elle vous coûtera la modique somme de 6000 à 12 000 $.

LA RÉALITÉ EN BREF

Voici les ingrédients de la recette pour avoir des fesses bien fermes : une peau élastique et tonique qui soutient les fesses, une faible quantité de graisse sous la peau de cette région, un tonus musculaire avantageux (déterminé génétiquement) ainsi qu'une musculature développée. De bons choix d'entraînement peuvent aider à augmenter la masse des muscles fessiers et à réduire la quantité de graisse, ce qui participe à ce raffermissement. Le secret demeure la contraction volontaire des muscles des fesses. À ce moment-là, elles deviennent plus dures et peuvent même donner l'illusion d'être en fer !

Vous avez aimé ce sujet ? Lisez :

- Pas de musculation pour Sophie, elle ne veut pas de gros muscles (p. 29)
- Trop de musculation = de petits seins (p. 36)
- Pas facile d'avoir des abdos découpés au couteau ! (p. 105)
- Faire grossir ses muscles en perdant du gras : mission impossible (p. 194)
- Pour perdre du poids : la musculation, toujours avant le cardio (p. 206)

MYTHE ? ON NE FAIT JAMAIS ASSEZ D'EXERCICES POUR LES BICEPS

Avec le développé-couché sur banc (*bench press*), la flexion aux coudes (*biceps curl*) est probablement l'exercice favori des hommes en salle d'entraînement. Pourquoi ce type d'exercice est-il si populaire auprès des hommes ? Cette popularité est-elle justifiée ?

Le biceps et ses assistants

Le biceps brachial, communément nommé biceps, n'est pas le seul muscle du bras entraîné lors de l'exercice de flexion aux coudes. Le muscle brachial, situé sous le biceps, permet aussi cette action. Comme il est plus large que le biceps, il peut être apparent sur le côté externe du bras. De plus, le muscle brachio-radial, dont la plus grande portion se trouve sur l'avant-bras, assiste aussi le biceps lors de cet exercice.

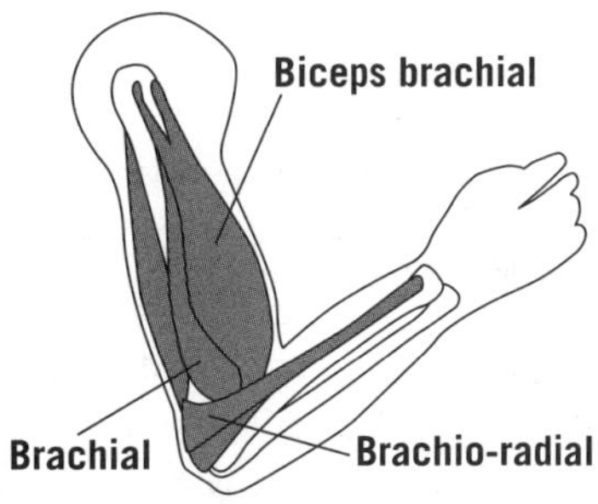

Une question de gros bras

De nombreux hommes mordus de musculation ont comme objectif l'augmentation de leur masse musculaire. Lorsque cet objectif se précise, le haut du corps est souvent privilégié, puis, de façon encore plus spécifique, les bras. Lorsque l'augmentation de la masse musculaire des bras est bel et bien l'objectif premier de l'entraînement, il est nécessaire d'entraîner les biceps et leurs assistants fréquemment et intensément. En plus de ces muscles, les triceps et les deltoïdes, qui sont aussi des muscles reliés aux bras, devront également faire l'objet d'un entraînement sérieux.

> La majorité des salles d'entraînement sont munies de miroirs. Lorsque le choix d'exercices est particulièrement orienté sur les muscles du devant du corps, il s'agit possiblement de la conséquence d'un « entraînement miroir », c'est-à-dire que le sportif entraîne davantage les muscles qu'il voit dans le miroir.

Pour avoir de gros bras, on doit faire beaucoup de séries d'exercices

L'entraînement fractionné est indiqué lorsque l'objectif est l'hypertrophie musculaire. Dans le cas où le sportif privilégie le développement du haut du corps, en particulier les bras, la répartition des groupes musculaires doit être planifiée en ce sens. En outre, il doit faire plusieurs séries d'exercices sollicitant ces muscles. Par exemple, le même nombre de séries d'exercices pourrait solliciter les biceps, les triceps, les deltoïdes et les muscles du haut du dos, tandis qu'on pourrait faire moins de séries pour solliciter les muscles des jambes et du tronc. Notons qu'il serait judicieux de choisir différents exercices de traction pour entraîner les muscles du haut du dos, car ils impliquent aussi fortement les biceps.

Ce type de fractionnement n'est pas celui que nous recommandons, car il n'entraîne pas de façon équilibrée l'ensemble de la musculature, il n'en demeure pas moins qu'il est commun et approprié pour les hommes visant essentiellement l'hypertrophie du haut du corps. En voici un exemple :

	Jour 1			Jour 2		Jour 3		
Muscles agonistes ou partie du corps	Pectoraux	Biceps	Abdo-minaux	Haut du dos	Triceps	Jambes	Épaules	Avant-bras
Nombre d'exercices	3	3	1	3	3	3	3	2
Nombre de séries par exercice	4	5	4	5	5	4	5	3
Nombre total de séries	12	15	4	15	15	12	15	6
Nombre total de séries pour la séance	31			30		33		

Les avant-bras, une astuce négligée pour de gros biceps

Voici un conseil pour ceux qui ont atteint un plateau et cherchent à le briser afin d'augmenter la masse musculaire de leurs biceps. Le renforcement des avant-bras par des exercices localisés, comme la flexion ou l'extension aux poignets, est une avenue intéressante. En effet, le renforcement des muscles des avant-bras pourrait permettre d'augmenter le nombre de répétitions maximales lors de l'exécution d'exercices globaux ou localisés sollicitant les biceps. Prenons par exemple l'exercice du *chin-up.* Au cours de cet exercice, les biceps sont fortement sollicités. Cependant, si les avant-bras ne sont pas assez forts, ils se fatiguent rapidement et limitent la capacité à se tenir fermement à la barre, diminuant du même coup le nombre de répétitions: les biceps ne travailleront alors pas autant qu'ils le pourraient. En plus des exercices localisés sollicitant les avant-bras, l'utilisation de barres ou d'haltères avec des prises au diamètre plus large peut aussi aider à renforcer les avant-bras pour éviter qu'ils ne limitent le travail des biceps.

Et si l'objectif était différent?

Si l'objectif n'est pas uniquement axé sur l'augmentation de la masse du haut du corps, mais sur l'ensemble de la musculature, la répartition des groupes musculaires et le nombre de séries d'exercices associé doivent être différents. En voici un exemple:

	Jour 1		Jour 2		Jour 3			
Muscles agonistes ou partie du corps	Jambes	Bas du dos	Pectoraux	Haut du dos	Épaules	Biceps	Triceps	Abdominaux
Nombre d'exercices	6	1	3	3	3	2	2	2
Nombre de séries par exercice	4	4	5	5	4	3	3	3
Nombre total de séries	24	4	15	15	12	6	6	6
Nombre total de séries pour la séance	28		30		30			

L'Égyptien Moustafa Ismail est reconnu pour avoir les plus gros biceps du monde. En 2012, il a fait son entrée dans le *Livre Guinness des records* avec des bras d'une circonférence de 79 cm (31 po), soit davantage que le tour de taille de bien des gens ! Ses énormes biceps sont-ils le résultat d'un entraînement acharné, d'implants, de la prise de substances dopantes ou d'une malformation ? À vous de décider.

Vous remarquerez qu'avec ce type de fractionnement, le nombre total de séries d'exercices sollicitant les muscles des membres inférieurs est quatre fois plus élevé que le nombre de séries sollicitant les biceps (24 contre 6). La raison en est simple : les membres inférieurs comportent plusieurs muscles qui doivent être entraînés par plusieurs séries d'exercices. Il est normal que l'entraînement combiné des quadriceps (muscles de l'avant de la cuisse), des ischio-jambiers (muscles de l'arrière de la cuisse), des fessiers et des muscles des mollets nécessite un nombre de séries nettement plus élevé que celui des biceps. Par ailleurs, lors de l'entraînement des muscles du haut du dos, les biceps sont mis à contribution au cours d'exercices comme la traction à la poulie (*lat pulldown*) ou la traction du corps mains en supination (*chin-up*). Cela est également vrai pour les triceps lors d'exercices de développés entraînant les muscles de la poitrine et des épaules. Quoique la sollicitation des biceps ou des triceps, qui agissent comme muscles synergiques au cours de ces exercices, ne soit pas maximale, elle peut tout de même contribuer à leur croissance.

LA RÉALITÉ EN BREF

Toutes proportions gardées, le nombre de séries d'exercices que les hommes effectuent pour entraîner les biceps comparativement aux autres muscles du corps, notamment ceux des membres inférieurs, est souvent trop élevé. Par exemple, les muscles de la face antérieure du bras, le biceps et le brachial, n'ont pas une masse musculaire plus imposante que les quadriceps. Pourtant, rares sont les sportifs qui accordent autant d'attention au développement des quadriceps qu'à celui des biceps. Évidemment, l'entraînement combiné des muscles des membres inférieurs nécessite beaucoup plus de séries que celui des biceps. Néanmoins, lorsque l'objectif principal d'entraînement est d'avoir de gros bras, le nombre de séries d'exercices sollicitant les muscles des bras comme agonistes ou synergiques doit être important.

Vous avez aimé ce sujet? Lisez:

- Le *bench press*: le meilleur exercice pour le haut du corps (p. 80)
- Pour prendre du muscle, il faut lever des gros poids (p. 169)
- Pour être musclé en 20 minutes, il suffit d'être intense (p. 183)

L'ENTRAÎNEMENT EN MUSCULATION : LES ÉQUIPEMENTS

Il existe tellement d'équipements de musculation qu'il est facile de s'y perdre. Ceux qui les conçoivent et les vendent les présentent parfois comme des produits « miracles » permettant d'obtenir des résultats inespérés. Les entraîneurs et les sportifs optent pour tel appareil ou tel accessoire pour leurs séances de musculation, souvent persuadés qu'ils font le meilleur choix. Quel équipement est le plus approprié pour atteindre votre objectif ? Haltère ou électrostimulateur ? Appareil de musculation ou ballon d'exercice ? Élastique ou système TRX®? Après avoir lu cette section, vous serez en mesure de faire un choix éclairé parmi toutes ces possibilités et de les utiliser de façon efficace.

MYTHE ? LES POIDS LIBRES SONT BIEN PLUS EFFICACES QUE LES APPAREILS

Il n'est pas rare que les sportifs et les entraîneurs affirment que les poids libres sont nettement plus efficaces que les appareils pour atteindre des objectifs en musculation. Certains poussent même l'audace jusqu'à prétendre que les appareils sont inutiles et que seuls les poids libres devraient être utilisés. Certes, comme nous le verrons, les poids libres ont plusieurs avantages que les appareils de musculation n'ont pas. Si tel est le cas, à quoi servent les appareils ? Les poids libres sont-ils vraiment plus efficaces ?

Les poids libres et les appareils

Un poids libre peut être un haltère, une barre à charge fixe ou variable, ou encore un poids en forme de bouilloire, plus communément nommé *kettlebell*.

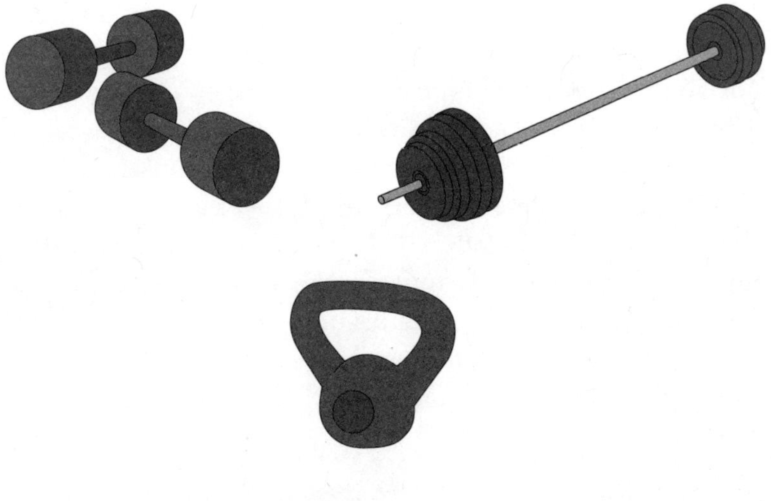

La plupart des appareils de musculation ont une charge tirée à l'aide d'une poulie. Ce type d'appareil peut aussi être muni d'une came. D'autres, moins communs, comportent une résistance qui peut être hydraulique ou à air comprimé. Finalement, certains appareils requièrent l'ajout de poids en forme de disque, comme ceux qui permettent les exercices de développé des cuisses (*leg press*) et de la traction sur appareil.

Pour des exercices fonctionnels

Dans la plupart des cas, les exercices avec poids libres sont plus fonctionnels que les exercices sur appareils. Un exercice est dit *fonctionnel* parce qu'il simule partiellement une activité de la vie quotidienne ou un geste sportif, ou encore qu'il nécessite une coordination relativement complexe. En effet, ce type d'exercice sollicite des groupes musculaires similaires ainsi que des angles, des amplitudes et une vitesse de mouvement qui ressemblent à ceux d'une activité de la vie de tous les jours ou d'une action sportive. Par exemple, un soulevé de terre (*deadlift*) prépare mieux le corps à pelleter de la terre qu'un exercice sur appareil comme le développé des cuisses (*leg press*). Le soulevé de terre est un exercice fonctionnel pour le pelletage, car il sollicite les muscles des cuisses, du tronc, ainsi que ceux du haut du corps d'une façon relativement similaire à cette activité.

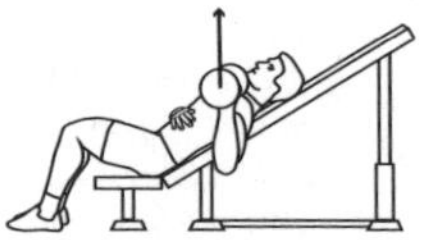

Le développé-couché avec haltère à une main (*one arm dumbbell press*) est plus fonctionnel pour les joueurs de football américain ou de rugby que le développé sur appareil : en effet, le joueur ne poussera jamais son adversaire des deux bras de façon symétrique. Un *dumbbell press* à une main oblige les muscles du tronc à se contracter pour le stabiliser. De plus, cet exercice oblige une stabilisation de l'articulation de l'épaule par les muscles qui l'entourent. Les contractions musculaires obtenues avec un poids libre simulent donc davantage les mouvements du football américain ou du rugby que celles produites avec un appareil de poussée où le mouvement est guidé.

Comme on vient de le voir, un avantage important des poids libres, sur le plan fonctionnel, est qu'ils sollicitent plus les muscles qui stabilisent le tronc, les hanches et les autres articulations. À titre d'exemple, au cours d'un *squat* à une jambe sur bloc, les muscles qui stabilisent le tronc et la hanche sont nettement plus sollicités qu'au cours d'un *leg press* à une jambe. Par conséquent, en exécutant le *squat* à une jambe, il sera possible d'améliorer davantage l'équilibre, la proprioception, ainsi que la coordination entre les différents muscles concernés par le mouvement et la stabilisation du corps.

Toutefois, il faut noter qu'il existe certains appareils qui sont plus fonctionnels que les poids libres. Ces appareils spécialisés et peu répandus peuvent mimer des gestes sportifs comme un élan au golf, un lancer ou un service au tennis.

Pour un entraînement maison

Pour ceux ou celles qui désirent s'entraîner en musculation à la maison, il va de soi qu'il est préférable de privilégier les poids libres plutôt que les appareils. En effet, les poids libres sont nettement moins dispendieux, prennent beaucoup moins d'espace et permettent un éventail d'exercices beaucoup plus large.

Pour des raisons de commodité quant à l'espace utilisé et de variété d'exercices, il est préférable de privilégier les haltères aux barres et aux *kettlebells.* Certains haltères sont recouverts d'un caoutchouc qui protège les planchers de la maison. De plus, il est possible de se procurer une seule paire d'haltères avec charges interchangeables. Ces haltères sont munis d'un mécanisme simple qui permet de sélectionner la charge désirée pouvant aller, selon les modèles, de 2 à 40 kg (≈ 5 à 90 lb). Toutefois, ils sont tout de même relativement coûteux.

Pour plus de variété

Comme on l'a vu auparavant, les poids libres permettent une plus grande variété d'exercices que les appareils. Malgré cela, l'emploi combiné de poids libres et d'appareils offre une gamme d'exercices encore plus variée. Or, la variété en entraînement permet de stimuler le corps différemment afin de favoriser la progression. De plus, la variété peut s'avérer essentielle pour rehausser la motivation de ceux qui se lassent rapidement de l'entraînement en musculation.

Pour des exercices impossibles autrement

La raison principale pour laquelle les appareils seront toujours utiles en musculation est qu'il est difficile, voire impossible, de réaliser certains exercices avec des poids libres. Pour illustrer cette possibilité, observons l'anatomie des pieds et des mains. Avec les mains, il est facile de prendre des haltères et d'exécuter un exercice comme la flexion aux coudes. Toutefois, on ne peut pas en dire autant des pieds ! Il est impossible de prendre un haltère ou une barre avec les orteils et d'exécuter un exercice qui cible un groupe musculaire des membres inférieurs. Ces exercices sont plus facilement réalisables avec des appareils qui permettent la flexion et l'extension aux genoux, ainsi que la flexion, l'extension, l'adduction et l'abduction aux hanches.

Par contre, certains exercices avec poids libres ne pourront jamais être faits avec des appareils. Citons par exemple les mouvements d'haltérophilie tels que l'épaulé, l'épaulé-jeté ou l'arraché, qui ne s'effectuent qu'avec des poids libres. En outre, il est possible de combiner des exercices avec les poids libres tels qu'un développé au-dessus des épaules et un *squat,* ou une élévation frontale des bras et une fente. Ce type d'exercice sollicitant plusieurs groupes musculaires est impossible à réaliser sur un appareil.

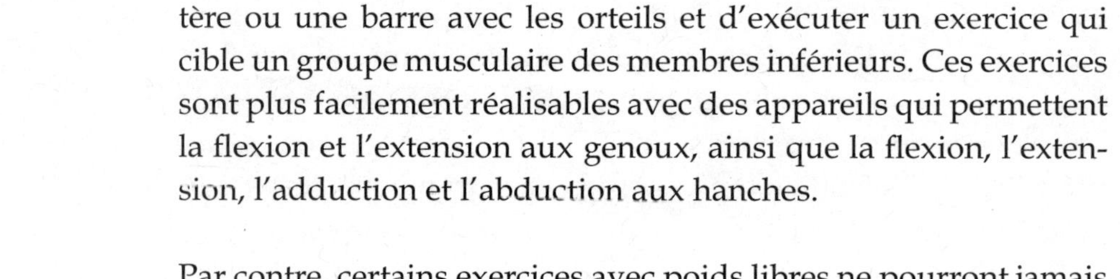

Épaulé-jeté

Pour des exercices adaptés à la force du muscle

La force maximale que peuvent produire les muscles lors d'un exercice varie selon les angles de mouvement. Par exemple, lorsqu'un muscle est étiré, sa capacité à produire une grande force est réduite. Cette propriété des muscles fait en sorte qu'un exercice de musculation sera plus facile ou plus difficile selon l'amplitude du mouvement. Illustrons ce fait à l'aide du *squat*: il est nettement plus difficile au cours de cet exercice de soulever la charge lorsque les cuisses sont parallèles au sol qu'au moment où les genoux se rapprochent d'une extension complète. Certains appareils munis d'une came ont été conçus dans le but d'ajuster le degré de difficulté de l'exercice au cours du mouvement. Ces appareils visent à rendre l'exercice plus difficile aux angles de mouvement où les muscles sont plus forts. Malgré l'ingéniosité de l'idée qui a mené à la conception de ce type d'appareil, les cames parviennent rarement à leurs fins de façon efficace.

La compagnie Nautilus a été fondée dans les années 1960 par l'Américain Arthur Jones. Dans les années 1970, elle se démarqua par la conception des premiers appareils de musculation munis de cames, ayant pour objectif d'adapter le degré de difficulté de l'exercice selon la force du muscle, qui change aux différents angles de mouvement. Les cames de musculation ont la forme de la coquille d'un mollusque qui porte le nom de *nautile*, d'où le nom de la compagnie.

Pour des exercices sûrs et moins intimidants

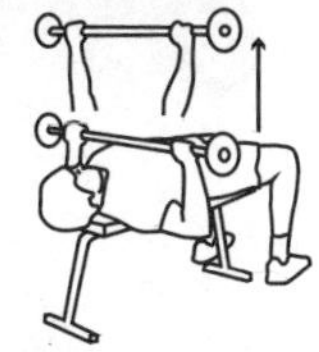

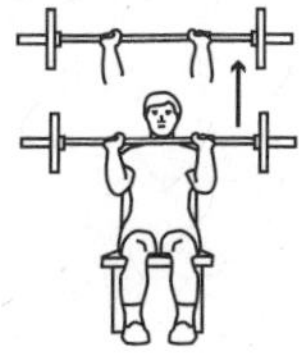

Un autre avantage que possèdent les appareils sur les poids libres est qu'ils sont, en général, plus sûrs. L'appareil guide le mouvement, ce qui rend l'exécution technique plus facile. Avec les poids libres, la liberté de mouvement oblige le sportif à connaître et à maîtriser la technique adéquate de l'exercice afin de diminuer le risque de blessures. De plus, certains exercices avec poids libres, comme le développé-couché et le développé militaire assis comportent un risque de blessures lorsqu'ils sont réalisés seuls.

En plus de la complexité technique de leur exécution, les exercices avec poids libres peuvent être intimidants. En effet, certaines femmes, ainsi que plusieurs débutants et aînés, sont intimidés par les mordus de musculation se trouvant dans la zone des salles d'entraînement réservée aux poids libres. Pour remédier à cette situation, on peut privilégier des exercices avec appareils et introduire progressivement ceux qui s'effectuent avec poids libres.

LA RÉALITÉ EN BREF

Les poids libres présentent des avantages incontournables quand on les compare aux appareils de musculation. Ils permettent, entre autres, la sollicitation plus importante de muscles qui stabilisent les articulations, la reproduction d'un mouvement plus fonctionnel, ainsi qu'une plus grande variété d'exercices. De plus, les poids libres sont un excellent choix pour un entraînement à la maison, car ils prennent moins d'espace et sont moins coûteux. D'un autre côté, les appareils peuvent être plus sûrs, moins intimidants et cibler plus facilement un groupe de muscles. N'oublions pas que l'avantage indéniable des appareils est qu'ils facilitent l'exécution de plusieurs exercices ciblant des muscles des membres inférieurs puisqu'il est impossible de prendre des poids libres avec les pieds.

Vous avez aimé ce sujet ? Lisez :

- Le *squat*: le meilleur exercice pour les jambes (p. 73)
- Le *bench press*: le meilleur exercice pour le haut du corps (p. 80)
- Oubliez les élastiques. Le système TRX®, c'est encore mieux ! (p. 144)
- Pour prendre du muscle, il faut lever des gros poids (p. 169)
- Pour être musclé en 20 minutes, il suffit d'être intense (p. 183)

MYTHE ? LA GROSSEUR DU BALLON D'EXERCICE DÉPEND DE LA TAILLE DU SPORTIF

Le ballon d'exercice, souvent nommé « ballon suisse », a été inventé en 1963 par Aquilino Casani, un fabricant de plastique italien. L'appellation « ballon suisse » tire son origine du pays qui fut le premier à l'utiliser, et ce, dans un but thérapeutique. C'est au cours des années 1990 que le ballon d'exercice est devenu populaire en tant qu'outil d'entraînement en musculation. Aujourd'hui, il demeure couramment utilisé par les sportifs en salle d'entraînement et à la maison.

Que ce soit à la suite des conseils d'un ami sportif, d'un entraîneur ou d'un vendeur d'équipements de conditionnement physique, la personne désireuse de s'entraîner avec un ballon d'exercice le choisira la plupart du temps adapté à sa taille. Est-ce que la taille est le meilleur élément à considérer pour déterminer la grosseur idéale d'un ballon que l'on veut utiliser à l'entraînement ?

La grosseur recommandée par rapport à la taille

La grosseur d'un ballon d'exercice est indiquée en centimètres. Cette grosseur équivaut au diamètre du ballon gonflé. Les grosseurs les plus communes sont 55, 65 et 75 cm, mais certains sont plus petits (30 ou 45 cm) et d'autres plus gros (85, 95, 105 ou 120 cm).

Comme dans le tableau ci-dessous, on se base la plupart du temps sur la taille du sportif pour déterminer la grosseur idéale d'un ballon d'exercice. Cette association se justifie tout à fait lorsqu'on n'utilise qu'un seul ballon, comme c'est généralement le cas quand on s'entraîne à la maison.

Diamètre du ballon d'exercice (cm)	Taille du sportif (m [pi-po])
45	1,40 - 1,52 (4'7"- 5')
55	1,53 - 1,68 (5' - 5'6")
65	1,69 - 1,85 (5'7"- 6'1")
75	1,86 - 2,03 (6'2"- 6'8")
85	2,04 et + (6'9" et +)

La grosseur recommandée selon l'exercice

L'exercice effectué ainsi que le niveau de difficulté recherché peuvent aussi influencer le choix du ballon. Voici quelques exemples d'exercices qui illustrent ces facteurs.

Squat *avec ballon au mur*

Pour cet exercice, la grosseur du ballon influence la surface de contact entre le dos et le ballon. Puisque ce dernier roule dans le dos pendant le mouvement, plus il est gros, plus il assure un bon support du dos et plus il peut rendre l'exercice confortable pour certains participants.

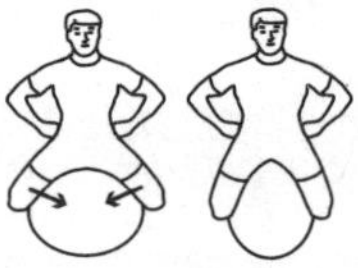

Adduction sur ballon

Pour cet exercice, la grosseur du ballon détermine l'angle de travail des muscles adducteurs, qui permettent de rapprocher les cuisses l'une vers l'autre. Puisque cet exercice est isométrique, c'est-à-dire que les muscles contractés demeurent de la même longueur, plus le ballon est grand, plus les adducteurs sont sollicités dans une position allongée. Ainsi, la grosseur du ballon peut être choisie dans le but d'entraîner les adducteurs à un angle de mouvement précis.

*Pompe (*push-up*) avec pieds en appui sur le ballon*

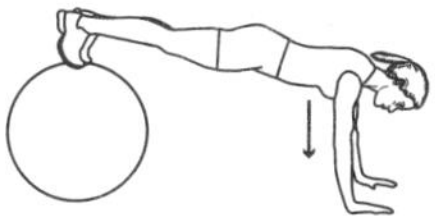

Pour cet exercice, la grosseur du ballon influence l'angle du corps lors de l'exécution du mouvement. Un gros ballon se traduit par un angle plus prononcé, ce qui peut augmenter la difficulté de l'exercice. Cet angle occasionne aussi une sollicitation plus importante des muscles des épaules et de la portion supérieure des pectoraux. Il peut aussi limiter l'amplitude de mouvement, car la tête est plus proche du sol dès le début du mouvement. La taille du ballon exerce également une influence sur l'équilibre lors de l'exercice. Un ballon plus petit réduit la base de support au sol, ainsi que la largeur d'appui pour les pieds, ce qui augmente l'instabilité.

*Redressement assis partiel (*crunch*) sur ballon*

Pour cet exercice, la taille du ballon joue sur la surface de contact du dos. Un petit ballon permet une plus grande amplitude de mouvement lors de la descente du tronc. De plus, l'appui peut être plus près des fesses, ce qui allonge le levier. Ces deux facteurs augmentent la difficulté de l'exercice.

Squat *debout sur ballon*

Pour cet exercice, qui est déjà difficile à réaliser, la taille du ballon influence la surface d'appui au sol. Plus le ballon est petit, plus cette dernière est petite et plus l'exercice sera instable. La taille du ballon a aussi un effet sur la distance entre les pieds. Un ballon trop petit obligera le sportif à placer ses pieds très rapprochés l'un de l'autre, ce qui n'est pas l'idéal pour avoir une base stable et maintenir un alignement adéquat des membres inférieurs.

D'autres outils d'entraînement ressemblent aux ballons d'exercice, mais ont des formes différentes. Le plus connu et le plus utilisé est le demi-ballon, nommé BOSU®. En plus du BOSU®, le ballon double, le ballon en forme d'œuf ou de beignet, le ballon tactile avec épines arrondies, ainsi que le ballon sur banc à roulettes sont tous inspirés du modèle original.

LA RÉALITÉ EN BREF

La taille d'une personne est souvent utilisée comme critère pour déterminer la grosseur de ballon à employer au cours de l'entraînement. Pourtant, il faudrait idéalement tenir compte de trois facteurs : la taille de la personne, le choix de l'exercice ainsi que le niveau de difficulté recherché. Ainsi, il serait idéal d'avoir à sa disposition au moins deux ballons de grosseurs différentes pour pouvoir s'adapter à ces trois facteurs.

Vous avez aimé ce sujet ? Lisez :

- Le ballon d'exercice : un incontournable pour améliorer l'équilibre (p. 133)
- Les élastiques, ça remplace tous les poids (p. 140)
- Oubliez les élastiques. Le système TRX®, c'est encore mieux ! (p. 144)
- Point de salut hors de la salle d'entraînement ! (p. 148)

MYTHE ? LE BALLON D'EXERCICE : UN INCONTOURNABLE POUR AMÉLIORER L'ÉQUILIBRE

Le ballon d'exercice est l'accessoire le plus fréquemment utilisé par les sportifs qui désirent améliorer leur équilibre puisque sa forme sphérique peut occasionner de l'instabilité. Est-ce l'accessoire le plus efficace pour le faire ? Existe-t-il d'autres moyens pour entraîner l'équilibre ? Dans ce thème, différentes astuces et quelques exemples d'exercices vous sont présentés afin d'inclure des éléments d'instabilité dans vos entraînements.

Qu'est-ce que l'équilibre ?

En entraînement, l'équilibre se définit comme la capacité du corps à maintenir son centre de gravité (centre de masse) au-dessus de sa base de support en restant le plus stable possible. La base de support peut varier selon le nombre et le type d'appuis (appui sur un ou deux pieds, une ou deux mains, un ballon d'exercice, un demi-ballon d'exercice ou une planche d'équilibre). L'équilibre est une qualité indispensable dans plusieurs disciplines sportives telles que la danse, la gymnastique, le judo ou même le hockey. En outre, il est primordial pour favoriser le maintien de l'autonomie et réduire le risque de chutes chez les aînés. Lorsque l'objectif en musculation est d'entraîner l'équilibre, l'exercice doit engendrer de l'instabilité lors de son exécution, ce qui permet, entre autres, d'entraîner les muscles dans leur rôle de stabilisation des articulations.

Les funambules sont passés maîtres dans l'art de l'équilibre. En 1974, le Français Philippe Petit s'est déplacé sur un câble tendu à plus de 400 mètres de hauteur entre les sommets des tours jumelles du World Trade Center de New York.

Créer de l'instabilité

En musculation, il existe plusieurs moyens d'augmenter le degré d'instabilité durant un exercice. Néanmoins, avant d'ajouter ce type de difficulté, l'exécution technique du mouvement devrait d'abord être maîtrisée. Ensuite, si on le désire, on peut graduellement augmenter le niveau d'instabilité.

Varier le nombre d'appuis

En réduisant le nombre d'appuis, il est possible d'augmenter le niveau d'instabilité.

- Tirage avec haltères sur un pied plutôt que les deux.
- Planche abdominale sur une main plutôt que sur les deux.
- Extension dorsale sur ballon d'exercice sans appui des pieds et des mains, plutôt qu'avec l'appui d'une main et du pied opposé.

Varier le type de surface d'appui

Le type de surface sur laquelle le sportif est en appui peut créer un déséquilibre. Une surface mobile ou plus molle que le plancher augmente la difficulté d'un exercice. Différents accessoires peuvent être utilisés pour que la surface d'appui soit moins stable : un ballon ou un demi-ballon d'exercice, un ou des disques d'équilibre, une planche d'équilibre, un mini-trampoline, des tapis de sol empilés, un ou des disques rotatifs, une planche à roulettes, etc.

- Développé au-dessus des épaules debout sur un demi-ballon d'exercice plutôt que sur le plancher.
- Fente sur place avec le pied avant sur une planche d'équilibre plutôt que sur le plancher.
- Redressement assis partiel (*crunch*) sur un ballon d'exercice plutôt que sur un tapis d'exercice.
- Pompe (*push-up*) avec les mains en appui sur une planche d'équilibre plutôt que sur le plancher.

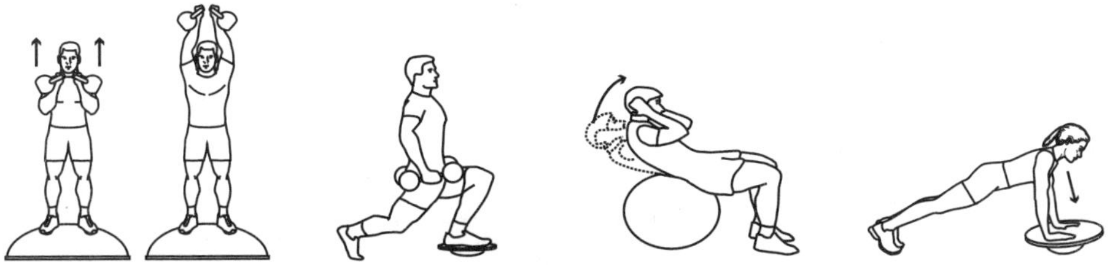

Varier la grandeur de la surface d'appui

La grandeur de la surface d'appui peut influencer la stabilité. Plus la surface d'appui est limitée, plus elle peut engendrer de l'instabilité.

- Écarté à une main avec haltère (*one arm dumbbell fly*) sur un ballon d'exercice avec les pieds rapprochés l'un de l'autre plutôt qu'éloignés.
- « Groupé » sur un ballon d'exercice de 30 cm de diamètre plutôt qu'un ballon de 65 cm de diamètre.

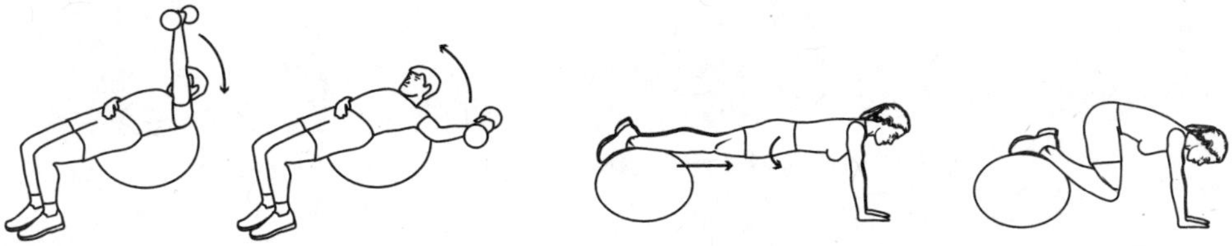

Varier les informations visuelles

Les informations sensorielles envoyées au cerveau grâce à la vision aident au maintien de l'équilibre. Fermer les yeux, déplacer le champ de vision ou encore éviter de fixer un point devant soi permet d'augmenter le niveau d'instabilité.

- Rotation du tronc en équilibre sur un ballon d'exercice. Le regard suit le ballon tenu dans les mains au lieu d'être fixé vers l'avant.
- Extension dorsale sur un ballon d'exercice avec appui d'une main et du pied opposé au sol, les yeux fermés.
- *Squat* sur un pied. Le regard est au sol lorsque le genou est fléchi, puis au plafond lorsque le genou est en extension.

Ajouter un mouvement à l'exercice

L'ajout d'un mouvement supplémentaire à un exercice peut rendre la coordination plus complexe. Il devient ainsi plus difficile de se concentrer seulement sur le maintien de l'équilibre. Le mouvement doit être ajouté à un exercice minimalement instable.

- Élévation frontale des bras ajoutée à une fente sur place.
- Extension aux coudes au-dessus de la tête ajoutée à un équilibre à genoux sur un demi-ballon d'exercice.

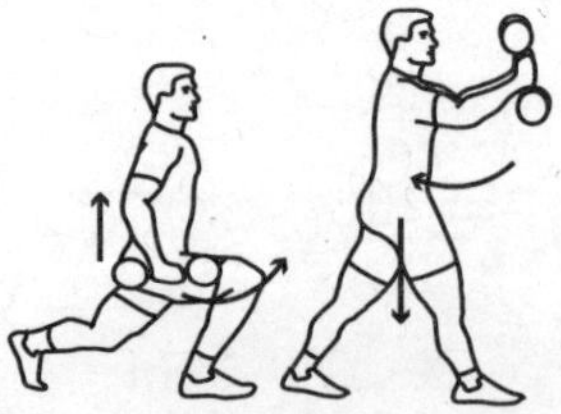

Varier la vitesse d'exécution

La plupart du temps, l'augmentation de la vitesse d'exécution accroît l'instabilité. La vitesse d'exécution doit être augmentée pour un exercice qui est au préalable minimalement instable.

- Développé au-dessus des épaules sur un pied sur un demi-ballon d'exercice. Vitesse d'exécution très rapide.
- Redressement assis partiel (*crunch*) avec flexion à une hanche sur un demi-ballon d'exercice. Vitesse d'exécution dynamique.

Ajouter une force externe

Au cours de l'exercice, l'ajout d'une force externe peut créer de l'instabilité. Par exemple, un partenaire peut donner de légères poussées sur le participant ou sur l'accessoire utilisé.

- Planche abdominale sur un ballon d'exercice avec un partenaire qui pousse légèrement le ballon.
- Équilibre sur un pied avec lancer et réception d'un ballon lesté.

Utiliser une charge asymétrique

Avec des poids libres, comme une barre ou des haltères, il est facile de rendre la charge utilisée asymétrique, ce qui peut augmenter l'instabilité.

- Fente avec une barre positionnée derrière la tête. Utiliser une charge différente de chaque côté de la barre ou positionner celle-ci de façon inégale derrière la tête.
- Écarté incliné aux poulies (*pulleys incline fly*) avec des charges différentes.

Combiner les variations

Pour le sportif de haut niveau ou pour celui qui veut relever des défis, il est possible de combiner plusieurs sources d'instabilité afin de rendre l'exercice encore plus difficile.

- *Squat* sur une jambe, sur un demi-ballon d'exercice, en fermant les yeux lors de la descente de la charge. La vitesse d'exécution doit être rapide lors de la remontée de la charge.
- *Push-up* avec un pied sur un ballon d'exercice, ajouté à un « groupé » à une jambe sur le ballon, les yeux fermés. Les mains, au sol, doivent être assez rapprochées l'une de l'autre.

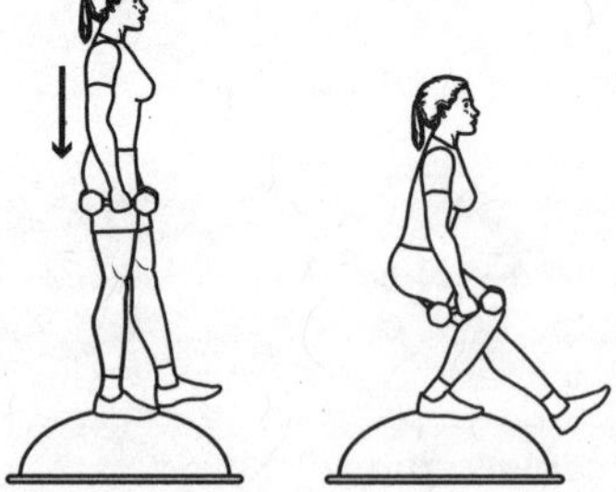

L'ex-championne du monde de ski alpin Mélanie Turgeon incluait des exercices d'équilibre lors de ses entraînements en musculation. Un reportage télévisé montrait la Québécoise exécutant un exercice extrêmement instable : elle se maintenait en position de skieuse sur une planche montée sur un cylindre. Pour ajouter à la précarité de la position, le cylindre se trouvait sur un chariot poussé par son entraîneur !

LA RÉALITÉ EN BREF

Le ballon d'exercice est un accessoire fort utile pour ceux qui désirent améliorer leur équilibre. Cependant, dans ce but, il est aussi possible d'exécuter des exercices autrement qu'avec un ballon. L'important, c'est de savoir comment créer de l'instabilité en musculation. On peut y arriver en variant le nombre d'appuis, la largeur de la surface d'appui, la vitesse d'exécution ainsi que les informations visuelles, ou en ajoutant un mouvement à l'exercice ou une force externe. Finalement, l'utilisation d'une charge asymétrique ainsi qu'une combinaison de ces différentes variations peuvent aussi être considérées.

Vous avez aimé ce sujet ? Lisez :

- La grosseur du ballon d'exercice dépend de la taille du sportif (p. 129)
- Oubliez les élastiques. Le système TRX®, c'est encore mieux ! (p. 144)
- L'entraînement en musculation, rien de plus monotone (p. 223)

MYTHE ? LES ÉLASTIQUES, ÇA REMPLACE TOUS LES POIDS

En musculation, différents équipements permettent d'offrir une résistance lors de l'exécution des exercices. Parmi ceux-ci, les poids libres et les appareils demeurent les plus utilisés en salle d'entraînement. Les élastiques, qu'on trouve parfois en gymnase, se distinguent des poids libres et des appareils parce qu'ils sont très légers et qu'ils prennent très peu d'espace. Ces distinctions semblent faire des élastiques un accessoire portatif idéal pour la musculation en voyage, à l'extérieur et surtout à la maison. Mais la seule utilisation de cet accessoire est-elle suffisante pour que l'entraînement en musculation soit efficace ?

Les élastiques, sous quelle forme ?

Les élastiques peuvent prendre la forme d'un tube ou d'une bande. Le tube élastique, le plus employé, a l'avantage d'être muni de poignées qui facilitent la prise. De plus, il est parfois recouvert d'un tissu qui protège l'utilisateur si jamais il se déchire brusquement lorsqu'il est étiré. La bande élastique est quant à elle généralement moins coûteuse, mais n'a pas de poignées. Le tube et la bande élastiques existent aussi sous forme de boucle. Que ce soit sous forme de tubes ou de bandes, la résistance des élastiques se reconnaît à leur couleur.

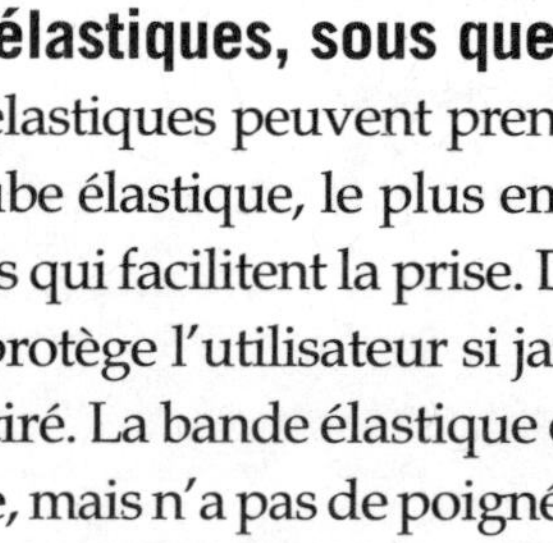

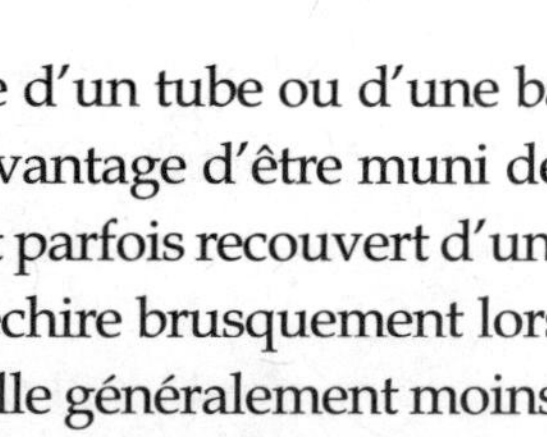

Les élastiques, une résistance distincte

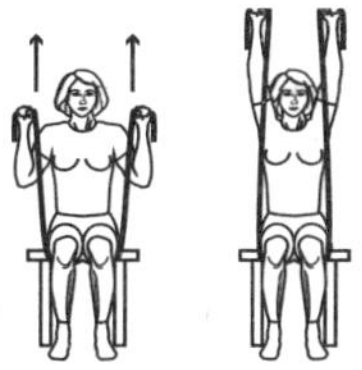

Contrairement à celle des poids libres, la résistance des élastiques n'est pas constante. En fait, elle augmente avec l'amplitude de mouvement, c'est-à-dire que plus l'élastique est étiré, plus sa résistance est grande. Cette propriété lui confère des avantages et des inconvénients par rapport aux poids libres et aux appareils. Le principal avantage d'une résistance qui croît avec l'amplitude de mouvement, c'est qu'elle permet de la variété par rapport aux exercices traditionnels. Par exemple, lors d'un développé des épaules avec un élastique, la résistance augmente au cours de la montée des mains et atteint son maximum lorsque les coudes sont en extension. Par contre, avec des poids libres, la charge demeurera constante tout au long du mouvement. Étant donné que le niveau de difficulté d'un exercice varie selon les angles de mouvement, il est plus difficile de soulever les haltères ou la barre en début de mouvement qu'à la fin. En tenant compte de ce facteur, la résistance croissante de l'élastique est intéressante, car elle peut permettre une sollicitation plus importante des muscles en fin de mouvement.

Le VertiMax est un dispositif composé d'une plate-forme munie d'élastiques qu'on attache à la taille et aux poignets du sportif. Ainsi, elle permet d'entraîner la puissance des jambes en exécutant des sauts contre une résistance.

La résistance progressive de l'élastique n'a pas que des avantages. En effet, la résistance est souvent trop faible en début de mouvement pour stimuler efficacement les muscles sollicités, surtout lorsque l'exercice permet une grande amplitude. Un autre inconvénient est la difficulté technique à contrôler la contraction excentrique. Ce problème se pose surtout pour les débutants ou ceux qui manquent d'expérience avec ce type d'accessoire. L'exercice de flexion aux coudes permet d'illustrer cet inconvénient: lorsque la descente des avant-bras est amorcée, la résistance de l'élastique est à son maximum. Si l'utilisateur relâche trop la contraction de ses muscles, l'élastique va faire descendre les avant-bras brusquement. De toute évidence, cette situation diminue l'efficacité de l'exercice.

Les élastiques, une charge impossible à quantifier

Alors qu'il est facile de connaître la charge soulevée ou tirée avec des poids libres ou un appareil, il est impossible de quantifier la charge utilisée avec les élastiques. Par ailleurs, l'augmentation ou la diminution de la charge avec des poids libres ou un appareil est beaucoup plus simple et nettement plus précise : il suffit par exemple d'ajouter ou de retirer du poids sur l'appareil. Malheureusement, modifier la résistance se fait avec beaucoup moins de précision avec les élastiques. Malgré tout, il existe divers moyens pour faire varier cette résistance. Le plus simple consiste à prendre un autre élastique qui offre une tension plus ou moins élevée. On peut aussi le raccourcir ou l'allonger, de manière à augmenter ou à diminuer la résistance au cours du mouvement. Par exemple, lors de l'élévation latérale des bras, l'élastique peut être placé sous un seul pied ou sous les deux. De plus, si l'élastique est positionné sous les deux pieds, la distance entre ces derniers peut varier. Finalement, il est possible d'utiliser plus d'un élastique à la fois lors d'un exercice de tirage, car cet exercice sollicite plusieurs muscles et permet donc d'utiliser une plus grande résistance.

> Le célèbre joueur de tennis Rafael Nadal utilise les élastiques pour faire divers exercices de rotation à l'épaule. Il exécute ces exercices sur les courts d'entraînement lors des tournois.

Petits, légers, économiques, portatifs, mais limités

L'utilisation des élastiques en musculation comporte certains avantages, mais elle demeure limitée quant au nombre d'exercices réalisables. Par exemple, il est plus difficile d'exécuter par ce moyen des exercices pour les membres inférieurs et le bas du dos, tels que le *squat,* la fente, l'extension ou la flexion aux genoux, l'extension dorsale ou encore le soulevé de terre. Il existe tout de même un dispositif plus sophistiqué qui relie un élastique à une barre et qui permet d'effectuer certains de ces exercices.

Les élastiques peuvent être employés en combinaison avec des poids libres ou des exercices qui utilisent comme charge le poids corporel. Voici trois exemples :

LA RÉALITÉ EN BREF

Compte tenu de ses caractéristiques, l'élastique est un accessoire fort utile pour ceux qui s'entraînent en voyage, à l'extérieur ou à la maison. Sa résistance progressive le distingue des poids libres et des appareils, ce qui en fait un accessoire intéressant pour créer de la variété en salle de musculation. L'élastique comporte tout de même certains inconvénients lorsqu'il est le seul équipement d'entraînement : une résistance souvent insuffisante en début de mouvement, le manque de variété d'exercices, l'impossibilité ou la plus grande difficulté à réaliser certains exercices ainsi qu'une résistance non quantifiable ou plus difficile à contrôler. Même s'il n'est pas impossible de réaliser un entraînement efficace à l'aide d'élastiques, le sportif avancé devrait idéalement s'en servir comme complément à l'utilisation d'autres équipements, tels que les poids libres ou les appareils.

Vous avez aimé ce sujet ? Lisez :

- Les poids libres sont bien plus efficaces que les appareils (p. 123)
- Oubliez les élastiques. Le système TRX®, c'est encore mieux ! (p. 144)
- Point de salut hors de la salle d'entraînement ! (p. 148)

MYTHE ? OUBLIEZ LES ÉLASTIQUES. LE SYSTÈME TRX®, C'EST ENCORE MIEUX !

Comme on l'a vu au thème précédent, l'élastique peut être un accessoire d'entraînement portatif intéressant. Mais un autre produit relativement récent gagne en popularité et vient le concurrencer : le système TRX®. Un peu comme l'élastique, le TRX® est fort utile pour l'entraînement en voyage, à l'extérieur, à la maison et même en salle de musculation. Sa popularité est-elle justifiée ? L'entraînement avec cet accessoire est-il aussi efficace que celui avec les poids libres et les appareils ?

Qu'est-ce que le système TRX® ?

Le système TRX®, dont l'acronyme signifie *Total body resistance exercise,* est constitué d'une courroie, de sangles ajustables, de poignées et de repose-pieds. Pour un emploi sûr et efficace, la courroie doit être ancrée solidement et à une hauteur suffisante. Elle peut être ancrée sur un support conçu pour le *squat,* un espalier, un cadre de porte, un mur, un arbre, etc. Cette obligation d'ancrer le système constitue un inconvénient. En effet, l'endroit approprié n'est pas toujours facilement accessible. Soulignons qu'il existe un autre modèle qui comprend des courroies munies d'anneaux comme ceux qu'on retrouve en gymnastique.

On doit à Randy Hetrick, commando de l'armée américaine, l'invention du prototype du système TRX®. Cherchant un moyen d'entraîner ses troupes peu importe l'endroit où elles se trouvaient, il eut l'idée, au cours d'un déploiement en Asie, d'attacher des sangles de parachute à un arbre et d'exécuter des exercices à partir de ce dispositif.

Avec le TRX®, la charge, c'est votre corps

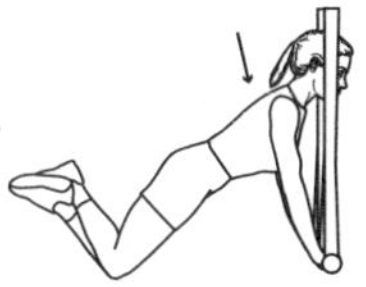

Le système TRX® n'offre pas en soi une charge ou une résistance comme un poids libre, un appareil ou un élastique. La charge associée aux exercices réalisés avec cet accessoire provient plutôt d'une portion plus ou moins importante du poids corporel. Un moyen de faire varier la résistance durant l'exercice est de modifier l'angle que forme le corps avec le sol. C'est le cas par exemple des pompes (*push-ups*) avec un TRX®. Au cours de cet exercice, lorsque les courroies sont allongées, le corps se rapproche du sol. Cette position augmente la difficulté de l'exercice. Un autre moyen de faire varier la résistance de l'exercice est de modifier l'emplacement de l'appui ou du pivot dans le but de varier la longueur du bras de levier. Toujours avec l'exercice des pompes, si le sportif est en appui sur les genoux, la portion du corps à soulever sera moindre que s'il est en appui sur les orteils. Ces deux moyens permettent de modifier le niveau de difficulté des exercices avec le TRX®. Malheureusement, un peu comme avec les élastiques, ces variations s'avèrent plus difficiles à gérer qu'avec des poids libres ou un appareil.

Le TRX®, un accessoire instable

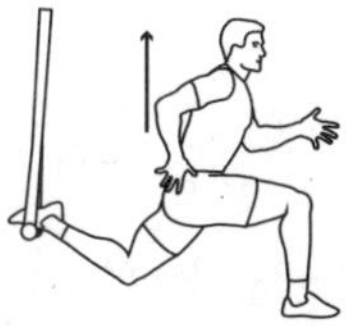

Le TRX® crée, la plupart du temps, de l'instabilité. Par conséquent, certains muscles seront davantage sollicités afin de stabiliser le corps que lorsqu'on exécute des exercices similaires de façon traditionnelle. Cette particularité est due aux courroies, qui sont mobiles dans toutes les directions, un peu comme les anneaux en gymnastique. Prenons par exemple le *squat* à une jambe avec un pied en appui dans le repose-pied. Ce pied étant mobile,

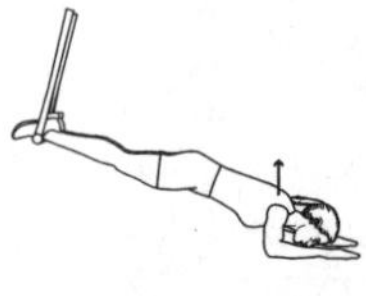

cela provoque plus d'instabilité que s'il était appuyé sur un banc d'exercice ou directement au sol. Un autre exemple est la planche abdominale avec les pieds dans les courroies. L'instabilité créée par cet appui mobile est plus grande que lorsque les pieds sont en appui sur un banc ou au sol. Cet exercice accentuera le travail des abdominaux, qui auront pour fonction de stabiliser le tronc et de le maintenir dans une position adéquate.

Dès la première année de son lancement sur le marché, en 2005, le système TRX® a enregistré des ventes de 20 millions de dollars.

Le TRX® se prête à une moins grande variété d'exercices

Comme pour les élastiques, la gamme d'exercices possibles avec le système TRX® n'est pas aussi variée qu'avec les poids libres. Il est notamment impossible de faire un soulevé de terre sur deux pieds avec ce seul accessoire. De plus, certains exercices, comme le développé au-dessus des épaules, l'élévation latérale des bras ainsi que l'abduction des cuisses, sont difficiles à réaliser. Notons aussi que d'autres exercices qui peuvent être exécutés avec le TRX®, comme le groupé à une jambe et l'extension aux coudes, sont trop difficiles pour des débutants.

LA RÉALITÉ EN BREF

Le système TRX® et les élastiques sont d'excellents accessoires d'entraînement portatifs. Pour faire un bon usage du TRX®, en particulier, il est essentiel de connaître un certain nombre d'exercices qui peuvent être réalisés avec cet équipement. De plus, il est primordial de savoir comment les exécuter adéquatement et de pouvoir les modifier dans le but d'adapter leur degré de difficulté. Par ailleurs, cet outil d'entraînement utilise une portion ou la totalité du poids corporel comme charge. Cette caractéristique peut être un inconvénient, car elle réduit le nombre d'exercices possibles et rend les variations plus complexes qu'avec les poids libres ou les appareils. En outre, contrairement aux élastiques, le TRX® doit être ancré et il n'est pas toujours facile de trouver un point d'ancrage. Par conséquent, pour un maximum d'efficacité, on utilise idéalement cet accessoire comme complément aux poids libres et aux appareils de musculation. Finalement, c'est une solution intéressante pour un entraînement efficace en voyage ou à l'extérieur : dans ces conditions, le TRX® et les élastiques constituent une combinaison gagnante.

Vous avez aimé ce sujet ? Lisez :

- Les élastiques, ça remplace tous les poids (p. 140)
- Point de salut hors de la salle d'entraînement ! (p. 148)

MYTHE ? POINT DE SALUT HORS DE LA SALLE D'ENTRAÎNEMENT !

L'entraînement en centre de conditionnement physique est de plus en plus populaire. Pourtant, certaines personnes ne désirent pas ou ne peuvent pas s'entraîner en salle. Peut-on faire de la musculation à la maison et espérer atteindre les mêmes objectifs ? Est-ce aussi efficace que de s'entraîner dans un centre de conditionnement physique ?

Le temps, l'argent et les désagréments

Une des raisons pour lesquelles les personnes s'entraînent à la maison est l'économie d'argent. Les tarifs exigés par un centre sportif (entre 350 et 700$ par année) ne sont pas accessibles à toutes les bourses, tandis que l'équipement de base pour s'entraîner à la maison peut ne coûter qu'une poignée de dollars, investissement qui suffira souvent pour des années. Pour certains, cela peut faire pencher la balance en faveur d'un entraînement dans le confort de la maison.

Le principal motif d'inactivité est le manque de temps. Or, l'entraînement à la maison permet d'en gagner. On pense notamment au trajet pour aller au centre sportif et pour en revenir, qui prend un temps précieux qui sera peut-être considéré comme perdu. Autant de risques d'effriter une motivation déjà fragile chez certaines personnes. Pour d'autres, le temps disponible est si rare que cette seule économie peut faire la différence entre la possibilité de s'entraîner ou non. De plus, à la maison, on peut choisir quand s'entraîner sans être à la merci des heures d'ouverture du centre sportif.

Finalement, l'entraînement en centre de conditionnement physique peut occasionner quelques désagréments : la salle peut être bondée, il faut composer avec les regards ou la présence des autres – ce qui peut être intimidant –, des vestiaires qui peuvent être malpropres ou encore avec des odeurs déplaisantes ! On évite ces désagréments en s'entraînant à la maison.

> Il est important d'être vigilant lors de l'achat d'équipements de musculation pour la maison. En effet, certains d'entre eux sont douteux, comme le « iGallop », appareil promettant de sculpter les abdominaux, le dos, les fesses et les cuisses au moyen d'un banc tournoyant qui veut donner l'impression de monter un cheval sauvage.

La variété, la motivation et des entraîneurs accessibles

Le principal inconvénient de la musculation à la maison est le manque d'équipement. En salle d'entraînement, on retrouve une variété d'appareils qui peuvent solliciter presque tous les muscles du corps, des barres et des haltères offrant une très grande variété de poids, des bancs d'exercice et une multitude d'accessoires. Même si on investit dans le but de diversifier les équipements à la maison, il sera pratiquement impossible d'être aussi bien équipé qu'un centre de conditionnement physique. Par conséquent, le choix des exercices et des charges sera plus restreint, ce qui constitue un inconvénient indéniable pour le sportif expérimenté.

Un second inconvénient est la baisse de motivation. En général, elle se produit plus souvent et plus rapidement à la maison qu'en salle d'entraînement : en effet, le manque d'interactions sociales et l'absence d'autres sportifs déployant des efforts peuvent nuire au maintien des habitudes d'entraînement à moyen et à long terme. En outre, le manque de matériel, de connaissances et d'imagination peut forcer à conserver la même routine d'entraînement pendant trop longtemps. Ce manque de variété risque de créer une certaine lassitude.

Finalement, les personnes s'entraînant à la maison font rarement appel à un kinésiologue ou à un entraîneur certifié. Or, le spécialiste de l'entraînement est en mesure d'élaborer un programme personnalisé qui répond aux objectifs individuels. Il peut établir la structure d'entraînement, choisir les exercices et s'assurer de varier adéquatement le contenu des séances. De plus, il peut expliquer, démontrer et corriger la technique des exercices. Bien que certains kinésiologues offrent ces services à domicile, il n'en demeure pas moins que ces professionnels sont plus facilement accessibles au centre de conditionnement physique.

Les clés du succès pour la musculation à la maison

Il est important de trouver des solutions aux inconvénients énoncés précédemment afin de rendre l'entraînement en musculation aussi efficace à la maison qu'au centre de conditionnement physique. De plus, ces solutions devront aussi stimuler la motivation dans le but de maintenir de bonnes habitudes.

L'équipement de musculation ne sera jamais aussi varié à la maison qu'en salle. Néanmoins, un investissement judicieux dans quelques bons équipements peut permettre la réalisation d'exercices diversifiés. Voici nos suggestions en fonction de l'expérience d'entraînement et du budget de chacun :

L'ensemble du débutant :

- Ensemble de 3 tubes élastiques de résistances différentes (≈ 20 $)
- Haltères avec charges interchangeables de 2 à 10 kg (≈ 5 à 25 lb) (≈ 100 $)
- 1 ballon d'exercice adapté à la taille de l'utilisateur (≈ 25 $)
- 1 tapis de sol (≈ 30 $)

Total : ≈ 175 $

L'ensemble de l'intermédiaire :

- Ensemble de 3 tubes élastiques de résistances différentes (≈ 20 $)
- Haltères avec charges interchangeables de 5 à 25 kg (≈ 10 à 50 lb) (≈ 250 $)

- 1 ballon d'exercice adapté à la taille de l'utilisateur (≈ 25$)
- 1 tapis de sol (≈ 30$)
- 1 barre de traction (≈ 30$)

Total: ≈ 350$

L'ensemble de l'avancé:

- Ensemble de 3 tubes élastiques de résistances différentes (≈ 20$)
- Haltères avec charges interchangeables de 5 à 25 kg (≈ 10 à 50 lb) (≈ 250$)
- Supplément de charges de 25 à 30 kg (≈ 50 à 70 lb) pour les haltères (≈ 130$)
- 2 tapis de caoutchouc pour protéger le plancher (≈ 50$)
- 2 ballons d'exercice de tailles différentes (≈ 50$)
- 1 tapis de sol (≈ 30$)
- 1 barre de traction (≈ 30$)
- 1 banc d'exercice (≈ 100$)
- 1 système TRX® (≈ 250$)
- 1 demi-ballon d'exercice (BOSU®) (≈ 150$)

T **Total: plus de 1000$**

> En 2008, la célèbre chanteuse Madonna a dépensé près de 23 millions de dollars pour transformer la demeure voisine de la sienne en une salle d'entraînement spacieuse et tout équipée. De toute évidence, la diva n'a nul besoin de se plaindre du manque d'équipement et d'espace généralement associé à l'entraînement à la maison.

Il est également recommandé à ceux qui s'entraînent à la maison de consulter un kinésiologue tous les 2 à 3 mois, ce qui les aidera à atteindre leurs objectifs et à maintenir leur motivation. Finalement, pour remédier au manque d'interactions sociales, invitez occasionnellement des amis ou des membres de votre famille à s'entraîner avec vous. Ainsi, vous trouverez peut-être un nouveau souffle.

S'entraîner chez soi sans dépenser un sou

Bien que les équipements d'entraînement soient fort pratiques, il est quand même possible de s'exercer en musculation en n'utilisant que son propre corps et des objets courants que l'on retrouve chez soi.

> La mythologie romaine raconte qu'Hercule a développé sa force légendaire en soulevant chaque jour le même veau, qui devenait de plus en plus lourd.

Une charge toujours présente : le poids du corps

Le poids corporel peut être utilisé comme charge pour la réalisation de différents exercices de musculation. Ces exercices possèdent toutefois deux inconvénients importants : le premier est le manque de variété ; le second obstacle est la difficulté à adapter et à faire varier la charge pour la réalisation d'un nombre défini de répétitions. Malgré tout, il est tout de même possible d'adapter et de modifier la charge d'un exercice avec poids corporel en variant la longueur du bras de levier. Prenons par exemple l'extension aux coudes sur banc (*reverse dips*). La difficulté de cet exercice s'accroît lorsqu'on dépose les pieds sur un banc ou une chaise. Pour la planche abdominale, la difficulté augmente quand on éloigne les avant-bras des pieds. Un moyen plus radical de modifier la résistance d'un exercice avec poids corporel est d'utiliser un seul membre au lieu des deux. Par exemple, il est possible d'exécuter le *squat* sur un seul pied, au lieu des deux comme on le fait habituellement. On peut aussi effectuer les pompes (*push-ups*) en appui sur une seule main au lieu de deux : un appui surélevé, comme une table, rendrait l'exercice réalisable pour plusieurs sportifs.

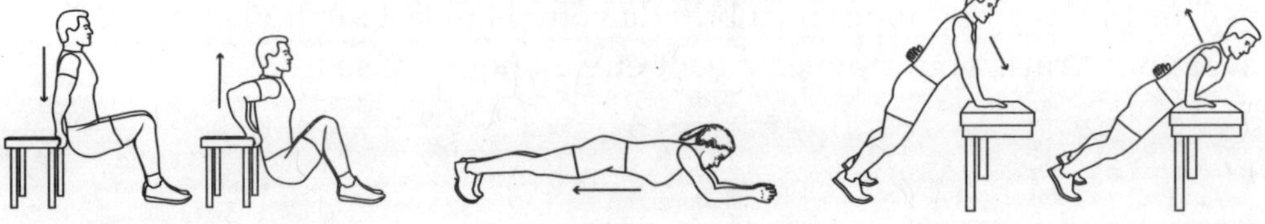

Dans la film *L'Ascension du chevalier noir*, Bruce Wayne, alias Batman, se remet en forme en faisant des pompes, des tractions et des redressements assis. Il parvient ainsi à s'échapper d'un immense puits dans lequel il était emprisonné.

Les boîtes de conserve : une charge suffisante ?

Différents objets usuels peuvent servir de charge lorsque aucun équipement de musculation n'est disponible. Bien que les boîtes de conserve nous viennent immédiatement à l'esprit, le poids d'une boîte de petits pois est insuffisant pour la majorité des individus ! Malgré tout, cet objet peut être utile pour certaines personnes qui ont très peu de force, comme les aînés, les blessés ou ceux qui sont en piètre condition physique. Ils pourront employer des boîtes de conserve pour les exercices qui sollicitent de petites masses musculaires, comme l'extension ou la flexion aux poignets, ou encore pour ceux qui comportent un long bras de levier, comme l'élévation latérale ou frontale des bras.

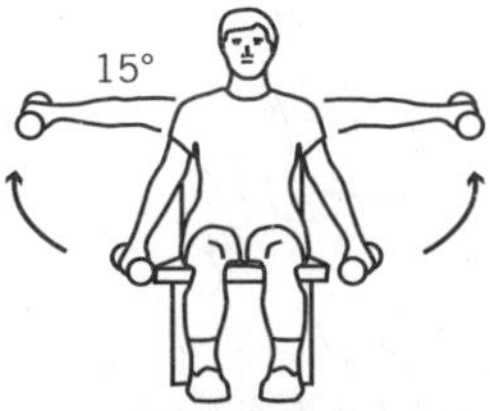

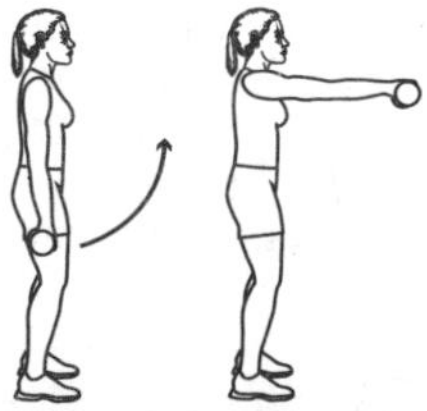

Dans le film *Misery*, un romancier blessé dans un accident de voiture est fait prisonnier par une infirmière psychopathe. Dans le but de s'échapper, il retrouve ses forces en s'entraînant en cachette avec la machine à écrire qu'elle le forçait à utiliser pour composer une histoire.

Le sac à dos rempli : une charge pratique

Un objet courant fort utile quand on s'entraîne sans équipement de musculation est le sac à dos. Il est possible d'augmenter la charge du sac en le remplissant d'objets lourds tels que des livres, des pierres ou des briques. Il est également possible d'utiliser différents sacs qui pourront offrir des charges variées. Le sac peut simplement être porté au cours de certains exercices qui sollicitent les muscles des jambes, des abdominaux ou du bas du dos. Des exercices comme le *squat*, la fente, la montée sur un banc ou sur une chaise, la planche abdominale et l'extension dorsale debout en sont de bons exemples. De plus, le sac peut aussi être tenu dans les mains à l'aide de ses poignées ou de ses bretelles. Le développé au-dessus des épaules, la flexion et l'extension aux coudes ainsi que l'extension aux épaules en position couchée sont des exemples d'exercices qui peuvent être réalisés en tenant un sac à dos chargé.

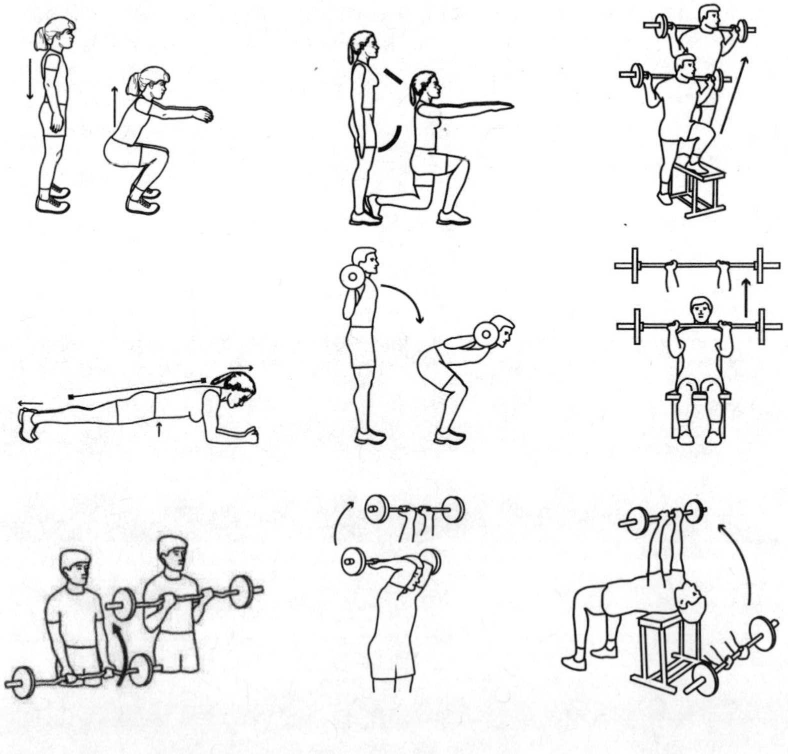

Au cinéma, le boxeur Rocky Balboa a utilisé, entre autres, des sacs de pierres, une poutre en bois, un chariot, un traîneau et des jeux de parc pour renforcer sa musculature en vue de ses combats. Ce sont toutefois les carcasses de viande, qui lui servaient de *punching bag*, qui ont marqué le plus l'imaginaire des fans.

LA RÉALITÉ EN BREF

Pour le sportif débutant ou intermédiaire, l'entraînement à la maison peut être aussi efficace que celui en salle. Par contre, en n'utilisant que le poids corporel ou des objets courants comme un sac à dos chargé, le manque de variété ainsi que la difficulté d'adapter et de modifier la charge peuvent être démotivants et limiter la progression. Afin d'atteindre ses objectifs, il est important d'investir un minimum d'argent dans de l'équipement et de consulter périodiquement un kinésiologue. Néanmoins, à moins de délier amplement les cordons de sa bourse, le sportif expérimenté profitera davantage de la variété des équipements qu'on trouve dans une salle de musculation.

Vous avez aimé ce sujet ? Lisez :

- Les poids libres sont bien plus efficaces que les appareils (p. 123)
- La grosseur du ballon d'exercice dépend de la taille du sportif (p. 129)
- Les élastiques, ça remplace tous les poids (p. 140)
- Oubliez les élastiques. Le système TRX®, c'est encore mieux ! (p. 144)

MYTHE ? LA SOLUTION FACILE EN MUSCULATION : L'ÉLECTRO-STIMULATION DANS MON SALON !

Depuis le XVIIIe siècle, on sait qu'un muscle peut se contracter lorsqu'il est soumis à une stimulation électrique. Ce n'est pourtant que dans les années 1950 que commencèrent les premières applications médicales de cette méthode, à l'aide de laquelle on traitait certains patients ayant subi un accident vasculaire cérébral (AVC) ou une lésion de la moelle épinière. De nos jours, l'électrostimulation musculaire est utilisée dans des contextes variés, dont l'entraînement physique.

C'est au début des années 1970 que les premiers scientifiques s'intéressent à la stimulation électrique dans le but d'améliorer les qualités musculaires. En 1975, le Canadien Michel Portmann fut l'un des premiers à utiliser cette méthode sur des sportifs d'élite. Aujourd'hui, après de nombreuses études sur le sujet, l'efficacité de l'électrostimulation pour améliorer les aptitudes physiques demeure toujours controversée. Quels sont ses effets sur la force, la puissance, l'endurance et l'hypertrophie ? Est-ce que cette méthode est aussi efficace que l'entraînement traditionnel ? Peut-on combiner l'électrostimulation à l'entraînement avec résistance dans le but d'obtenir des gains plus importants ?

Qu'est-ce que l'électrostimulation ?

L'électrostimulation musculaire, ou électromyostimulation, est la stimulation électrique d'un muscle ou d'un groupe de muscles à l'aide d'un appareil. Avec cette méthode, contrairement aux exercices traditionnels de musculation, aucune résistance n'est imposée aux muscles. En fait, l'électrostimulateur engendre des contractions réflexes des muscles stimulés. Ces dernières se distinguent de contractions intentionnelles par le fait qu'elles sont involontaires – le cerveau et la volonté n'interviennent pas pour contracter le muscle. Les stimulations électriques engendrent sa contraction, qu'on le veuille ou non.

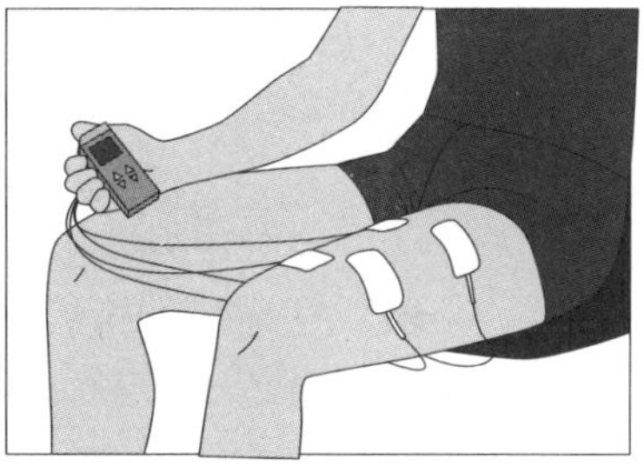

L'appareil qui stimule les muscles est composé d'électrodes, de fils qui conduisent le courant et d'un modulateur qui permet de régler, entre autres, le type, la fréquence (l'intensité) et la durée des impulsions électriques. Les électrodes sont positionnées directement sur la peau, à des endroits prédéterminés sur le muscle à contracter : par exemple, sur les portions externes et internes du quadriceps. Le type de contraction le plus souvent utilisé lors de l'électrostimulation est isométrique, c'est-à-dire que la longueur du muscle contracté reste inchangée. Il est d'ailleurs essentiel d'immobiliser l'articulation lorsque certains muscles, comme le quadriceps par exemple, sont stimulés.

Le prix d'un électrostimulateur de bonne qualité pouvant être utilisé pour l'entraînement de la force varie entre 1000 et 3000 $. Les modèles les plus dispendieux permettent des impulsions de plus grande intensité convenant aux athlètes qui sont forts et qui désirent l'être encore plus.

Une méthode, différentes façons de s'en servir

En entraînement, l'électrostimulation peut être employée de différentes façons. La méthode la plus passive consiste à utiliser seulement la stimulation électrique. De cette façon, aucun exercice traditionnel de musculation n'est nécessaire. On peut aussi combiner l'entraînement avec résistance et l'électrostimulation, et ce, de deux façons. Selon la première, l'électrostimulation s'ajoute à l'entraînement traditionnel, mais à des moments différents : on peut par exemple alterner les séances de musculation traditionnelle et les séances d'électrostimulation. Selon la seconde, des contractions produites volontairement et des contractions générées par le courant de l'électrostimulateur sont combinées au cours de certains exercices de musculation. Cela signifie que la stimulation électrique est effectuée en même temps qu'un exercice avec charge. Cette combinaison est moins commune que la première.

Une méthode efficace pour un blessé ?

Plusieurs études ont comparé les effets de l'entraînement par électrostimulation et les effets de l'entraînement en musculation avec résistance chez les personnes blessées. Les résultats indiquent que ces personnes gagnent plus en force et en masse musculaires à l'aide de l'électrostimulation seule qu'avec des exercices traditionnels. Dans ce cas, la stimulation musculaire électrique semble plus efficace pour prévenir la perte de force et de masse musculaires à la suite d'une période d'immobilisation. Pour les personnes blessées, l'électrostimulation est donc un choix intéressant, car elles sont souvent limitées dans leur capacité de réaliser des exercices de renforcement musculaire.

Une méthode efficace pour un sportif ?

Lorsque l'entraînement par électrostimulation est employé seul, il peut augmenter la force. Toutefois, cette augmentation est, en général, égale ou inférieure à celle obtenue au moyen de l'entraînement musculaire avec charges. Par contre, lorsque l'électrostimulation est combinée à l'entraînement avec résistance, la force peut augmenter davantage qu'avec l'entraînement traditionnel seul.

L'augmentation de la force à la suite d'entraînements utilisant l'électrostimulation peut être causée par des adaptations nerveuses. C'est-à-dire qu'elle peut être provoquée, entre autres, par le fait qu'un plus grand nombre de fibres musculaires sont sollicitées en même temps. Cette méthode peut également favoriser l'augmentation de la force parce qu'il se produit une hypertrophie des muscles stimulés. Ainsi, l'électrostimulation peut augmenter la force et la masse musculaires, qui peuvent aussi être responsables de l'amélioration de la puissance ou de l'endurance.

Quelle est la recette ?

Plusieurs paramètres restent à définir afin de déterminer quels protocoles d'électrostimulation améliorent le plus les qualités musculaires. Parmi eux, citons le nombre, la taille et le positionnement des électrodes, ainsi que le type, la fréquence et la durée des impulsions électriques. En dépit de ces incertitudes, les spécialistes recommandent d'utiliser des impulsions électriques d'une durée de 0,2 à 0,4 milliseconde à une fréquence de 50 à 100 hertz et des contractions d'une durée de 3 à 10 secondes. La fréquence, ou plus simplement l'intensité du courant, doit être augmentée graduellement au fil des séances afin de s'adapter à l'inconfort ou à la douleur. Normalement, une séance d'électrostimulation dure entre 10 et 30 minutes et peut être réalisée de 2 à 4 fois par semaine. Il est toutefois essentiel d'être conseillé et guidé par un spécialiste de cette méthode avant de l'employer.

Les inconvénients

À première vue, l'électrostimulation semble alléchante pour le sportif cherchant à progresser en fournissant moins d'efforts. Toutefois, elle comporte quand même des inconvénients qui sont à considérer. Lorsqu'on pratique un sport, l'amélioration de la coordination et du synchronisme entre les muscles qui se contractent et se relâchent lors de l'activité est primordiale. Or, cette composante de l'entraînement ne sera pas améliorée grâce à cette méthode, alors qu'elle peut l'être avec des exercices traditionnels.

Contrairement à ce qu'on pourrait imaginer, l'électrostimulation n'est pas plus agréable qu'un entraînement en musculation traditionnel. En effet, pour obtenir des améliorations notables de la force maximale, il est essentiel d'ajuster l'intensité des impulsions électriques jusqu'au seuil maximal que peut tolérer le sportif, ce qui est douloureux. De plus, pour plusieurs, l'intensité maximale tolérée provoque malheureusement une contraction qui génère une force inférieure à celle obtenue par la contraction volontaire maximale lors d'un exercice de musculation. En outre, plusieurs appareils d'électrostimulation ne génèrent pas un courant suffisamment intense pour mener à des contractions produisant une grande force. Dans les deux cas, le gain de force et l'hypertrophie seront réduits.

En 2002, la compagnie Thane, qui fabrique les électrostimulateurs Abtronic et Abtronic Pro, a dû rembourser ses clients car elle prétendait, à tort, que l'utilisation seule de ses appareils permettait de perdre du poids, d'obtenir un corps athlétique aux abdominaux bien définis et d'augmenter sa force.

Pour des raisons évidentes, l'électrostimulation n'est pas recommandée pour les personnes suivantes :

- celles qui ont des plaies ou des maladies de la peau ;
- celles qui sont allergiques au gel de contact ou aux électrodes ;
- les femmes enceintes ;
- les jeunes ;
- les épileptiques ;
- celles qui portent un stimulateur cardiaque.

De plus, les risques de blessures musculaires et de surentraînement sont bien réels lorsque la méthode n'est pas employée de façon adéquate. Par exemple, le fait de commencer une séance en utilisant une intensité de courant qui dépasse la capacité du muscle peut mener à une blessure.

La compagnie FITTnLEAN™ prétend que la technologie Adipotronics™ peut diminuer les tissus graisseux de façon localisée à l'aide de l'électrostimulation. Cette approche est basée sur le principe que certaines impulsions électriques pourraient stimuler les graisses de façon localisée dans le but de les utiliser comme source d'énergie au cours de l'activité physique.

LA RÉALITÉ EN BREF

À moins d'être blessé, l'électrostimulation dans son salon n'est pas la meilleure solution lorsqu'elle est employée seule. En effet, l'augmentation de la force maximale et de la masse musculaire est plus importante quand on utilise seulement l'entraînement traditionnel. En revanche, lorsque l'électrostimulation est combinée à l'entraînement avec charges, elle peut augmenter de façon plus marquée la force ou la masse musculaires que l'entraînement traditionnel seul. D'autres recherches sont toutefois nécessaires afin de mieux connaître les effets de l'électrostimulation musculaire dans le domaine de l'entraînement, ainsi que ses paramètres d'utilisation.

Vous avez aimé ce sujet? Lisez:

- Pour prendre du muscle, il faut lever des gros poids (p. 169)
- L'entraînement en musculation, rien de plus monotone (p. 223)

L'ENTRAÎNEMENT EN MUSCULATION : LES OBJECTIFS

L'entraînement en musculation permet d'atteindre divers objectifs. Les questionnements des sportifs concernant les meilleurs moyens de les atteindre sont aussi très variés. Faut-il absolument lever de gros poids pour gagner du muscle ? L'entraînement cardiovasculaire fait-il perdre du muscle ? Est-ce possible d'obtenir des résultats satisfaisants avec des séances de musculation de seulement 20 minutes ? La musculation peut-elle rendre plus flexible ? Dans cette section, vous trouverez les réponses à ces questions et à bien d'autres. Vous pourrez ensuite mettre en application les conseils et les méthodes que nous vous proposons pour atteindre vos objectifs personnels au moyen d'entraînements dynamiques, efficaces et stimulants.

POUR MIEUX COMPRENDRE LES OBJECTIFS

La subdivision des journées d'entraînement

Il existe deux façons de subdiviser les journées d'entraînement d'un programme de musculation.

L'**entraînement général** est consacré au travail de muscles de l'ensemble du corps au cours de la même séance. Par exemple, une journée composée d'exercices sollicitant à la fois des muscles du haut du corps, du tronc et du bas du corps.

L'**entraînement fractionné** signifie que le travail d'un certain nombre de muscles ou groupes musculaires se fait sur des journées différentes. Par exemple, une journée composée d'exercices sollicitant les muscles du haut du corps et une autre pour les muscles du bas du corps.

L'ordre d'exécution des séries d'exercices

Lors d'une séance de musculation, il est possible d'effectuer toutes les séries d'un même exercice selon trois modes d'exécution : **horizontal**, **vertical** ou **semi-vertical.**

Exemple d'exécution horizontale

Les 3 séries d'un exercice sont exécutées avant de passer au suivant

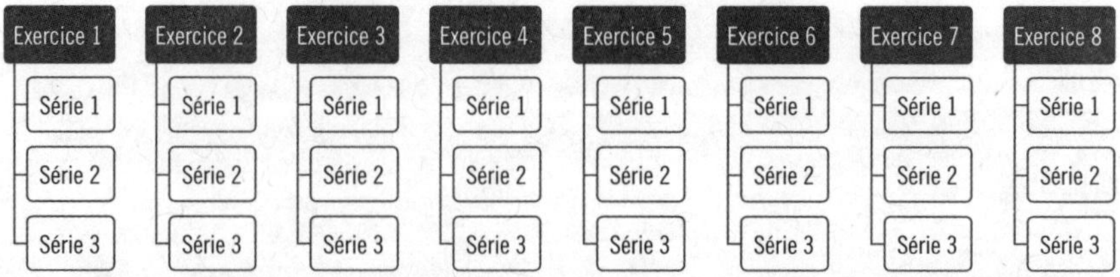

Exemple d'exécution verticale

Une première série de chaque exercice est exécutée avant de passer à la seconde, puis à la troisième.

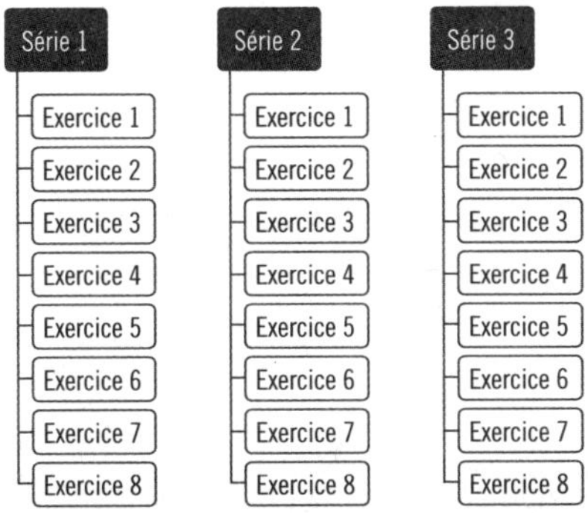

Exemple d'exécution semi-verticale

Les exercices sont répartis en blocs distincts. Une première série de chaque exercice d'un bloc est exécutée avant de passer à la seconde, puis à la troisième. Ensuite, le bloc suivant est effectué de la même façon.

Bloc 1
(exercices 1 à 4):

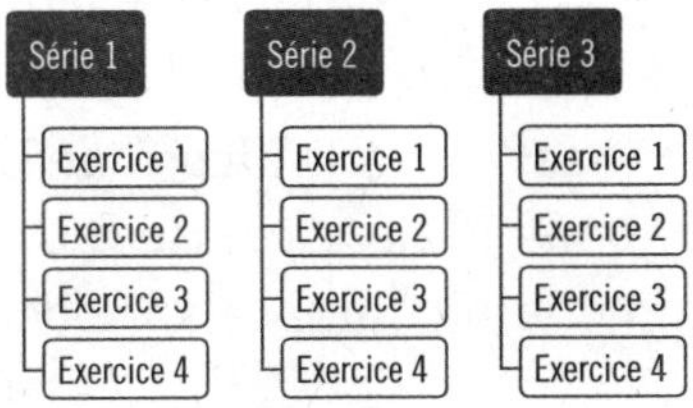

Bloc 2
(exercices 5 à 8):

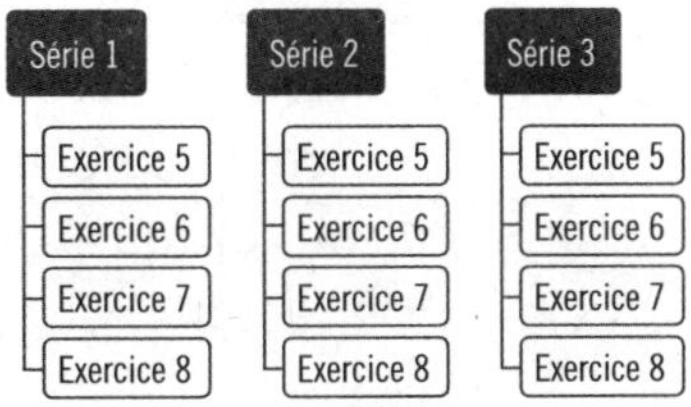

Les types d'exercices

Il est possible de classer les exercices de musculation selon le nombre d'articulations impliquées dans le mouvement. Un exercice de musculation peut impliquer une seule articulation : c'est un exercice **localisé** ou uniarticulaire (ex. : extension aux genoux sur appareil). Lorsque l'exercice comporte des mouvements qui impliquent plus d'une articulation, c'est un exercice **global** ou pluriarticulaire (ex. : *squat*). Un exercice global qui ressemble à un mouvement de la vie courante ou à un geste sportif, ou encore qui nécessite l'implication coordonnée de plusieurs parties du corps, est un exercice **fonctionnel**.

Les causes de l'hypertrophie en musculation

L'entraînement en musculation peut mener à l'**hypertrophie musculaire**, c'est-à-dire à l'augmentation de la grosseur des muscles. Ceux-ci augmentent en volume en raison de :

- l'augmentation de la grosseur de leurs fibres (il y a plus de filaments à l'intérieur des fibres et ces derniers sont plus gros) ;
- l'augmentation de l'épaisseur de leurs enveloppes.

Lors d'un entraînement en musculation, trois facteurs peuvent contribuer à l'hypertrophie :

- La **tension musculaire** est obtenue lorsqu'un muscle se contracte. En général, un nombre de répétitions maximales compris entre 6 et 12 correspond à un compromis idéal entre le degré et la durée de tension qui favorise l'augmentation de la masse musculaire. Ce facteur est considéré comme le plus important pour l'hypertrophie ;
- Les **microlésions musculaires** sont de légers dommages aux muscles qui peuvent être occasionnés, entre autres, par un exercice musculaire. Ces dommages stimulent la reconstruction des muscles et sont considérés comme étant la cause des courbatures ;
- Le **stress métabolique** est une perturbation importante et temporaire des fonctions du corps qui peut être occasionnée par une séance d'entraînement intense.

Le tableau suivant présente le nombre de répétitions, ainsi que les temps de repos selon les différents modes d'exécution afin d'atteindre divers objectifs en musculation.

Objectifs d'entraînement	Nombre de répétitions (RM = répétitions maximales)	Temps de repos entre les séries	
		Exécution horizontale	Exécution verticale ou semi-verticale
Hypertrophie	6 à 12* RM	1 à 2 min	30 s à 1 min
Force maximale	1 à 6 RM	3 à 5 min	90 s à 3 min
Endurance	12 RM et +	30 à 60 s	10 à 60 s
Puissance	4 à 20**	2 à 5 min	1 à 2 min
Dépense énergétique	10 et +	30 à 60 s	10 à 30 s

* Ce nombre de répétitions correspond également à un compromis entre l'amélioration de la force maximale et de l'endurance.

** Pour entraîner la puissance, les répétitions doivent être exécutées avec une intention de vitesse maximale.

MYTHE ? POUR PRENDRE DU MUSCLE, IL FAUT LEVER DES GROS POIDS

Pour augmenter la masse musculaire, les entraîneurs recommandent l'utilisation de charges relativement lourdes qui permettent la réalisation d'un nombre de répétitions maximales compris entre 6 et 12 pour chaque série d'exercices. Est-il toutefois possible d'augmenter la masse musculaire aussi efficacement en utilisant des charges plus légères qui permettent de faire plus de répétitions ?

Un peu de théorie

La littérature scientifique indique qu'en entraînement, trois facteurs importants favorisent l'augmentation de la masse musculaire.

La tension

La tension à laquelle les muscles sont soumis lors de l'entraînement est obtenue lorsqu'un muscle se contracte contre une résistance et même lorsqu'il s'étire. La tension musculaire dépend de deux caractéristiques de l'exercice : la charge utilisée et la durée de cette tension. Une charge lourde sollicitera un plus grand nombre de fibres musculaires qu'une charge légère, ce qui occasionnera une plus grande tension pour chaque répétition. Par ailleurs, un grand nombre de répétitions augmentera la durée pendant laquelle cette tension est exercée. En fait, la charge utilisée pour solliciter un maximum de fibres musculaires doit être suffisamment lourde pour permettre un nombre de répétitions maximales inférieur à 6. Néanmoins, si les contractions se font pendant un court laps de temps, comme lors d'un nombre de répétitions inférieur à 6, cela limite la durée de la tension musculaire. Un compromis est nécessaire entre la charge utilisée et le laps de temps pendant lequel le muscle est sous tension afin de maximiser la tension à laquelle le muscle est soumis. Il est reconnu que l'utilisation d'une charge permettant la réalisation d'un nombre de répétitions maximales compris entre 6 et 12 offre ce compromis idéal pour maximiser le degré et la durée de la tension. Ajoutons que l'exécution d'un nombre élevé de séries permet aussi d'augmenter la durée de la tension.

Sollicitation du nombre et du type de fibres musculaires en fonction de la charge utilisée

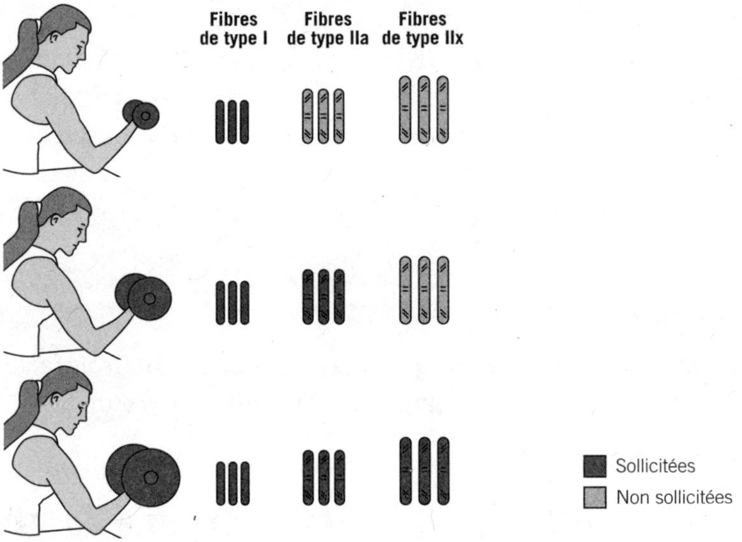

Les dommages musculaires

Les dommages musculaires sont un des facteurs stimulant l'hypertrophie. Les exercices de musculation peuvent provoquer des microlésions aux muscles qui se manifesteront souvent par des courbatures. À la suite de ces microlésions, la réponse inflammatoire augmente l'activité des cellules satellites responsables de la croissance des muscles – ces cellules ont pour rôle de réparer le muscle dans le but de maintenir sa masse, et éventuellement de l'augmenter. Une lourde charge permettant un nombre de répétitions maximales inférieur à 6 cause normalement moins de microlésions qu'une charge permettant au plus 6 à 12 répétitions. Une charge légère occasionne aussi des microlésions aux muscles, mais dans une moindre mesure. Des différents types de contractions musculaires possibles au cours d'un exercice, celles qui sont excentriques (lorsque les muscles s'allongent tout en se contractant) provoquent le plus de dommages aux muscles.

Le stress métabolique

Finalement, le stress métabolique produit au cours de l'entraînement est de plus en plus reconnu comme l'un des facteurs contribuant à l'hypertrophie musculaire. En effet, différentes substances méconnues du grand public (ions hydrogènes, lactate, phosphate inorganique, myokines, dérivés réactifs de l'oxygène) et des hormones (testostérone, hormone de croissance) sont produites par le corps en raison du stress que représente une séance de musculation intense. Le rôle du stress métabolique sur l'hypertrophie n'est pas encore bien défini. Toutefois, nous savons qu'il est augmenté par un nombre de répétitions maximales à l'entraînement compris entre 6 et 15, par des temps de repos plus courts entre les séries et par l'emploi de méthodes avancées (super séries, séries forcées, etc.). Ces dernières sont décrites dans la section intitulée « L'entraînement en musculation : les méthodes » (p. 299).

En résumé...

Une charge permettant un nombre de répétitions maximales compris entre 6 et 12, qui correspond à une durée de la série comprise entre 30 et 50 secondes, semble idéale pour favoriser l'hypertrophie, car elle a un effet appréciable sur les niveaux de tension musculaire, de microlésions aux muscles et de stress métabolique.

Des poids légers pour l'hypertrophie

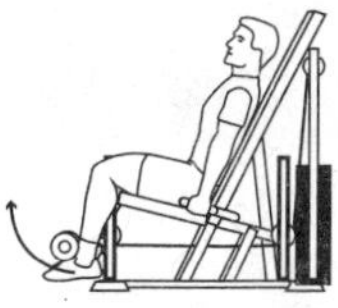

Selon les résultats d'une étude canadienne publiée en 2012, il est aussi possible d'augmenter la masse musculaire en utilisant une faible charge et en faisant un grand nombre de répétitions. Les sujets de l'étude se sont entraînés 3 fois par semaine pendant 10 semaines en exécutant l'exercice d'extension aux genoux sur appareil.

L'augmentation de la masse musculaire du quadriceps a été mesurée et comparée entre les sujets divisés en trois groupes distincts :

Niveau d'augmentation de la masse musculaire en fonction de différentes modalités d'entraînement

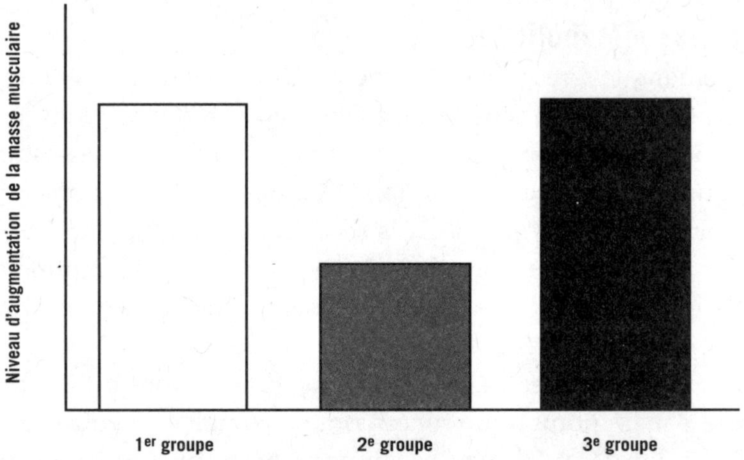

- **1er groupe** : 3 séries de 30 à 40 répétitions avec une charge correspondant à 30 % de la force maximale.
- **2e groupe** : 1 série de 10 à 12 répétitions avec une charge correspondant à 80 % de la force maximale.
- **3e groupe** : 3 séries de 10 à 12 répétitions avec une charge correspondant à 80 % de la force maximale.

L'augmentation de la masse musculaire était sensiblement la même pour les individus ayant réalisé 3 séries d'exercices par entraînement, et ce, que la charge utilisée ait été lourde (80 % de la force maximale) ou légère (30 % de la force maximale). Ces résultats sont appuyés par d'autres études qui suggèrent que l'entraînement avec des charges légères permettant un grand nombre de répétitions favorise l'hypertrophie musculaire. Dans l'étude citée plus haut, c'est le nombre de séries réalisées au cours de l'entraînement et non le nombre de répétitions qui provoquait la différence d'hypertrophie des quadriceps. En effet, lorsqu'une seule série était exécutée, l'augmentation de la masse musculaire était nettement moins importante.

Quoique surprenants et impressionnants, ces résultats peuvent tout de même être critiqués. Premièrement, ces études sont réalisées sur une période d'entraînement relativement courte, soit environ deux mois pour la plupart. Selon l'ensemble des données scientifiques, à plus long terme, le potentiel d'augmentation de la masse musculaire serait plus important avec des charges lourdes qu'avec des charges légères. Deuxièmement, la plupart de ces études ont été réalisées sur des individus peu ou pas entraînés. Or, la réponse du corps d'un sportif débutant à la suite de l'entraînement peut être différente de celle d'un sportif avancé. En troisième lieu, le nombre de séries réalisé par entraînement au cours de ces études varie entre 1 et 4. Ce nombre est peu représentatif de la réalité : en fait, les individus ayant comme objectif l'hypertrophie exécutent en général entre 10 et 15 séries par groupe musculaire au cours d'une séance. Ce nombre de séries est normalement obtenu en faisant de 2 à 5 exercices par groupe musculaire.

En résumé, bien que l'emploi de charges légères puisse occasionner un stress métabolique et un certain degré de microlésions aux muscles, la faible tension musculaire qu'elles génèrent peut limiter la croissance musculaire à long terme.

Dans les années 1970 et 1980, le populaire culturiste Tom Platz était reconnu pour ses énormes cuisses. Lors de ses entraînements, sans qu'on puisse qualifier ses charges de légères, il faisait régulièrement un grand nombre de répétitions. Il a déjà exécuté 52 répétitions au *squat* avec une charge de 160 kg (353 lb). À de nombreuses occasions, il a même fait plus de 100 répétitions avec une charge de 100 kg (220 lb) !

Une bonne idée dans certains cas

En plus de pouvoir faire augmenter la masse musculaire, l'utilisation d'une charge légère diminue le risque de blessures articulaires et musculaires. En moyenne, une charge permettant 8 répétitions est environ 25 % plus lourde que celle qui en permet 20. Par exemple, au *squat,* un individu qui utilise une charge de 80 kg

(176 lb) pour 8 répétitions n'utilisera que 60 kg (132 lb) pour 20 répétitions et encore moins pour 30 répétitions. Lors de cet exercice, la charge doit être supportée par le corps : une charge plus légère diminue le stress sur les vertèbres, les muscles du bas du dos et les genoux. Puisque le risque de blessures en musculation est un peu plus élevé chez les aînés, les jeunes, les débutants et ceux qui ont un historique de blessures, il peut être intéressant pour eux d'utiliser des charges plus légères à l'entraînement, même lorsque l'hypertrophie musculaire est l'objectif recherché.

Des poids lourds pour l'hypertrophie musculaire

L'augmentation de la masse musculaire est fréquente lorsque la charge utilisée au cours de l'exercice est très lourde, comme pour un nombre de répétitions maximales inférieur à 6. Néanmoins, comme on l'a vu précédemment, l'hypertrophie n'est pas maximisée dans ce cas.

Les bons poids pour l'hypertrophie musculaire

La meilleure stratégie pour optimiser l'augmentation de la masse musculaire est d'utiliser une charge qui permet un nombre de répétitions maximales compris entre 6 et 12. Toutefois, il est parfois recommandé d'augmenter ou de diminuer la charge afin de varier le stimulus d'entraînement, et ainsi, possiblement, de stimuler la croissance musculaire. Ces variations pourront modifier le degré ou la durée de tension, les dommages musculaires ou encore le stress métabolique. Elles peuvent être effectuées au cours d'une même séance comme lors de l'exécution de séries d'exercices avec une charge croissante, tel qu'illustré au tableau 1. Il est aussi possible de créer des variations du nombre de répétitions au fil des semaines d'entraînement, comme illustré au tableau 2. De plus, les méthodes avancées telles que les super séries ou les séries à charge décroissante, permettent de varier les charges employées. Ces méthodes sont décrites dans la section intitulée « L'entraînement en musculation : les méthodes » (p. 221).

Tableau 1 : Exemple d'exercice avec charge croissante (pyramidale ascendante)		
Séries au développé-couché	Nombre de répétitions maximales	Exemples de charges (kg)
1re	12	60
2e	10	62,5
3e	8	65
4e	6	67,5

Tableau 2 : Exemple de variations de la charge par cycle d'entraînement pour un débutant	
Semaines 1 et 2	Environ 12 répétitions sous-maximales*
Semaines 3 et 4	10 à 12 répétitions maximales**
Semaines 5 et 6	8 à 10 répétitions maximales
Semaines 7 et 8	6 à 8 répétitions maximales
Semaines 9 et 10	10 à 15 répétitions maximales
Semaines 11 et 12	10 à 12 répétitions maximales

* Arrêt de l'exercice alors qu'il aurait été possible de faire une ou plus d'une répétition supplémentaire.

** Arrêt de l'exercice lorsqu'il devient impossible de faire une répétition supplémentaire.

Des poids lourds ou légers, un facteur parmi tant d'autres

En plus du choix des charges utilisées, d'autres facteurs doivent être considérés en ce qui concerne l'augmentation de la masse musculaire :

- le fractionnement ou non de l'entraînement ;
- le choix des exercices ;
- la technique de mouvement ;
- le nombre de séries d'exercices par groupe musculaire ou partie du corps ;
- le temps de repos entre les séries d'exercices ;
- la vitesse d'exécution ;
- la qualité de l'effort fourni pour chacune des séries d'exercices ;
- l'alimentation et la prise de suppléments alimentaires ;
- la qualité et la quantité de sommeil ;
- les différences génétiques dont celles liées au sexe ;

- l'activité de certaines hormones comme la testostérone ;
- l'expérience en musculation.

LA RÉALITÉ EN BREF

À l'heure actuelle, la plupart des chercheurs sont unanimes : la charge idéale pour favoriser une augmentation de la masse musculaire est celle qui permet un nombre de répétitions maximales compris entre 6 et 12. Toutefois, il a été prouvé que dans certaines conditions, il est possible d'augmenter tout autant la masse musculaire en utilisant des charges plus légères permettant un plus grand nombre de répétitions. Malgré ces résultats, nous recommandons le maintien d'un nombre de répétitions maximales avoisinant les 6 à 12 à ceux et celles recherchant l'hypertrophie. Afin de favoriser une prise de masse musculaire plus importante à long terme, les sportifs peuvent parfois varier leur entraînement en exécutant moins de 6 ou plus de 12 répétitions. Toutefois, ne perdons pas de vue qu'en matière de croissance musculaire, la charge utilisée n'est qu'un facteur parmi tant d'autres.

Vous avez aimé ce sujet ? Lisez :

- On ne fait jamais assez d'exercices pour les biceps (p. 115)
- Je ne suis pas né sous une bonne étoile, je ne serai jamais musclé (p. 177)
- Pour être musclé en 20 minutes, il suffit d'être intense (p. 183)
- L'alimentation, en musculation, une simple question de *timing* (p. 301)
- La créatine : le seul produit légal qui fonctionne vraiment (p. 308)

MYTHE ? JE NE SUIS PAS NÉ SOUS UNE BONNE ÉTOILE, JE NE SERAI JAMAIS MUSCLÉ

Ectomorphe

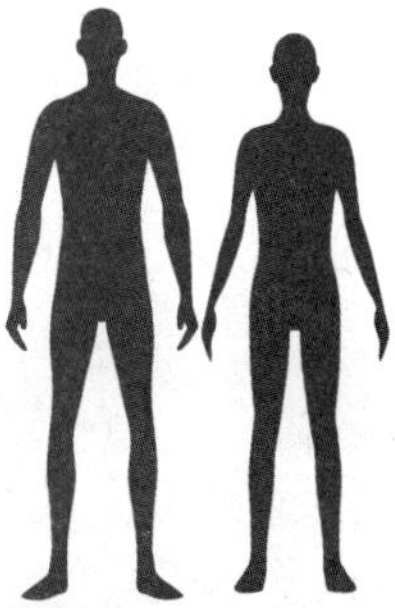

Endomorphe

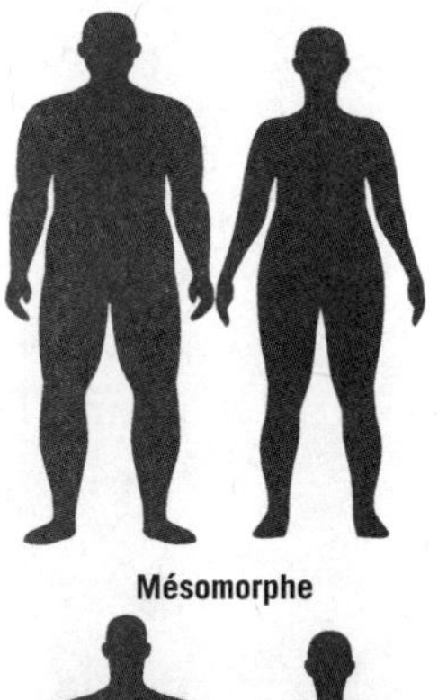

Mésomorphe

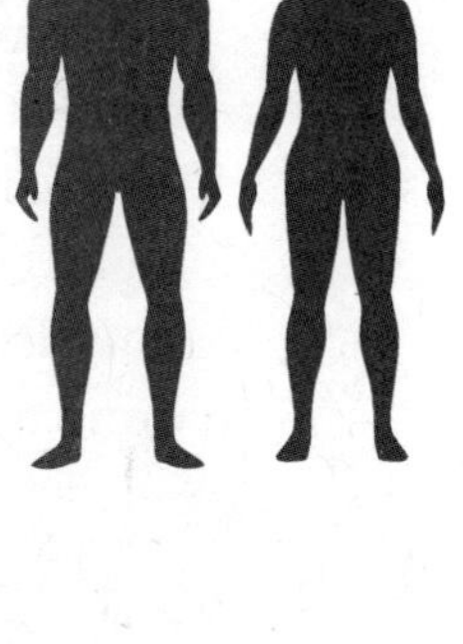

Les efforts fournis en salle d'entraînement sont sans contredit un facteur important lorsque l'objectif est l'augmentation de la masse musculaire. Est-il possible que malgré des efforts fréquents et intenses en musculation, les résultats obtenus soient maigres ou inexistants à cause d'un désavantage génétique ? Quelle est l'influence du bagage héréditaire sur la prise de masse musculaire ? Voici les facteurs génétiques qui influencent la masse musculaire, et qui varient selon les individus.

La forme du corps

La morphologie permet de distinguer différentes formes du corps. De façon sommaire, on peut les classer en trois types, appelés somatotypes : ectomorphe, endomorphe et mésomorphe. Le type ectomorphe désigne un corps allongé, mince et pourvu d'une faible masse musculaire, comme celui des athlètes qui font du saut en hauteur. Le type endomorphe se reconnaît par ses rondeurs, donc une quantité plus importante de graisse, comme les lutteurs de sumo. Finalement, le type mésomorphe est caractérisé par des épaules larges et une masse musculaire importante, comme les gymnastes masculins. Normalement, les individus possèdent les caractéristiques de plus d'un somatotype.

Néanmoins, chaque personne a une tendance vers l'une de ces formes de corps. Lorsqu'on compare des personnes sans expérience en musculation, celles appartenant plutôt au type mésomorphe détiennent un avantage génétique quant au volume de leurs muscles. En outre, celles-ci augmenteront probablement leur masse musculaire encore plus que les autres à la suite de séances de musculation.

Une étude américaine de 2005 a mesuré l'augmentation de force et de masse musculaires chez 585 hommes. Chacun était soumis à la même fréquence et au même contenu d'entraînement pendant 12 semaines. Parmi les progressions les plus importantes, on a noté, dans un cas, une augmentation de la force maximale de 250 % et dans un autre, une augmentation de la surface des muscles fléchisseurs au coude de 59 %. Du côté des résultats les plus faibles, les chercheurs ont rapporté, dans un cas, une augmentation de seulement 2 % de la circonférence des muscles et dans un autre, aucune augmentation de la force maximale. L'hérédité est l'un des facteurs qui expliqueraient des différences si importantes entre les sujets de l'étude.

Le nombre de fibres musculaires

Le nombre de fibres ou de cellules musculaires est déterminé à la naissance. Dans ce domaine, c'est la différence entre les hommes et les femmes qui est la plus évidente. Cependant, la variation du nombre de fibres musculaires n'est pas seulement attribuable au genre. En comparant les hommes entre eux ou les femmes entre elles, on peut également observer des différences importantes.

En plus d'être un facteur génétique différenciant les individus dès la naissance, le nombre de fibres influence aussi le potentiel d'augmentation de la masse musculaire à la suite de l'entraînement. Comme l'augmentation du nombre de fibres n'est pratiquement pas possible, les muscles gagnent en volume principalement grâce au grossissement de leurs fibres. Un sportif dont les muscles sont constitués d'un plus grand nombre de fibres verra donc une augmentation plus marquée de sa masse musculaire à la suite d'un entraînement en musculation. Par exemple, si chacune des fibres musculaires de deux sportifs grossit de manière égale, celui qui en détient un plus grand nombre prendra davantage de masse musculaire.

Les types de fibres musculaires

Le muscle est composé de différents types de fibres, dont deux ont des propriétés opposées. D'un côté, on trouve les fibres de type I qui sont efficaces en situation d'endurance, qui développent peu de force, qui sont plus petites et qui grossissent peu lorsqu'elles sont soumises à un entraînement en musculation. De l'autre, les fibres de type II sont moins endurantes, développent plus de force, sont plus volumineuses et grossissent plus que celles de type I. La proportion de chacun des types de fibres varie selon les groupes musculaires, mais se trouve aussi déterminée génétiquement. Par exemple, un marathonien d'élite est doté d'une proportion plus importante de fibres de type I qu'un sprinter d'élite. Inversement, le sprinteur a plus de fibres de type II que le marathonien. Ceux qui ont une masse musculaire imposante disposent, en général, d'un avantage génétique : ils sont fort probablement dotés d'une quantité plus importante de fibres de type II que ceux qui ont une faible masse musculaire. Il serait donc plus difficile pour un individu ayant une plus grande proportion de fibres de type I d'augmenter son volume musculaire que pour un individu possédant plus de fibres de type II.

> Pour environ 150 $, certaines compagnies offrent une évaluation du potentiel génétique de performance sportive et d'hypertrophie. Les résultats obtenus correspondent à un indice de la proportion des types de fibres musculaires. Cet indice permettrait de prédire la capacité de chacun d'augmenter sa masse musculaire par l'entraînement et de se distinguer dans des épreuves d'endurance, de force, de puissance ou de vitesse.

Le nombre de cellules satellites

Les cellules satellites ont pour rôle de réparer les muscles dans le but de maintenir leur masse et peut-être même de l'augmenter. Une étude américaine datant de 2007 a démontré leur efficacité : à la suite d'un entraînement en musculation, on a observé que les sujets ayant obtenu la plus forte augmentation de masse musculaire étaient ceux dont les fibres musculaires étaient entourées du plus grand nombre de cellules satellites. Comme tous les sujets de cette étude avaient fait le même entraînement, il est permis de croire que ces différences peuvent être partiellement attribuables à la génétique.

Les hormones et autres substances

Différentes hormones, certaines connues, comme la testostérone ou l'hormone de croissance, d'autres moins connues, comme l'insuline ou le facteur de croissance apparenté à l'insuline (somatomédine ou IGF), semblent avoir un effet sur la masse musculaire. Une concentration élevée de ces hormones engendre différents processus qui stimuleraient la croissance musculaire. Les taux de ces hormones varient d'un individu à l'autre et sont partiellement déterminés par la génétique.

Différents gènes ont un effet sur la production de substances peu connues qui influencent à leur tour la prise de masse musculaire. Une quantité accrue de l'enzyme nommée angiotensine est associée, entre autres, à une plus grande force, une plus grande masse musculaire et une quantité plus importante de fibres de type II. Par ailleurs, certaines molécules essentielles à la communication entre les cellules, comme l'interleukine 6, participent à la fabrication des muscles. Finalement, la protéine myostatine a pour but de limiter la croissance musculaire.

Quelques animaux sont atteints d'un dérèglement qui réduit la concentration de la protéine myostatine. La mutation génétique qui est à l'origine de ce dérèglement se manifeste par de gros muscles et peu de graisse. Chez les humains, seulement deux cas ont été recensés. L'un d'eux est Liam Hoekstra, un enfant américain né en 2005. Étonnamment, il semblerait qu'à l'âge de 5 mois, celui que l'on nomme le « mutant » était capable de faire la croix avec des anneaux de gymnastique ! Cas rarissime, Liam pique la curiosité des chercheurs. Le désir de créer de « super athlètes » grâce au dopage génétique, en modifiant l'activité de la myostatine, pourrait attirer certains chercheurs, entraîneurs ou sportifs aux intentions peu nobles.

LA RÉALITÉ EN BREF

Même s'il le désirait, un champion de marathon ne pourrait jamais devenir un culturiste de renom, car la croissance de la masse musculaire est partiellement déterminée par le bagage génétique. Bien qu'on sache qu'ils ont un rôle à jouer, il est malheureusement difficile de préciser ou de quantifier l'importance des facteurs génétiques sur l'hypertrophie musculaire. Parmi eux, nommons la quantité et le type de fibres musculaires, la concentration de certaines hormones, l'action des cellules satellites et la concentration de certaines substances peu connues (protéines, enzymes et cytokines). Certains croient qu'ils sont nés sous une mauvaise étoile car ils semblent désavantagés génétiquement : nous les encourageons à s'entraîner régulièrement, adéquatement et intensément en musculation. De plus, nous leur recommandons d'adopter de saines habitudes d'alimentation et de sommeil. Ainsi, chacun pourra contribuer à aligner les étoiles à son avantage.

Vous avez aimé ce sujet? Lisez:

- Pour prendre du muscle, il faut lever des gros poids (p. 169)
- Faire grossir ses muscles en perdant du gras: mission impossible (p. 194)
- L'alimentation, en musculation, une simple question de *timing* (p. 301)
- La créatine: le seul produit légal qui fonctionne vraiment (p. 308)
- Il y a certainement un produit qui peut m'aider... (p. 313)
- Les stéroïdes, ce n'est pas si dangereux que ça! (p. 320)

MYTHE ? POUR ÊTRE MUSCLÉ EN 20 MINUTES, IL SUFFIT D'ÊTRE INTENSE

Que ce soit en raison du travail, des études, des enfants, de la vie de couple, des tâches ménagères ou encore de divers loisirs, le manque de temps demeure l'obstacle le plus important à l'entraînement physique. Quoi de plus alléchant qu'une publicité suggérant de développer un corps athlétique avec un accessoire d'entraînement en seulement quelques minutes par jour ? D'autres prétendent qu'il est possible de développer sa musculature avec de courtes séances d'entraînement suffisamment intenses. Est-ce possible avec des séances aussi courtes que 20 minutes ?

L'intensité en musculation, la théorie et la pratique

En théorie, l'intensité d'un exercice de musculation est déterminée par le nombre de répétitions maximales exécutées. En ce sens, l'intensité maximale correspond à un exercice réalisé avec une charge ne permettant qu'une seule répétition, c'est-à-dire une charge associée à la force maximale. Un exercice exécuté avec une charge de plus en plus légère permet un nombre de répétitions de plus en plus grand, et est donc de moins en moins intense. À la lumière des connaissances actuelles, il est clair qu'un entraînement très intense de 20 minutes, composé d'exercices avec de lourdes charges permettant moins de 6 répétitions maximales, n'est pas la solution idéale pour augmenter sa masse musculaire. Ce type d'entraînement est plutôt à privilégier pour une augmentation de la force maximale. En fait, la meilleure charge pour l'hypertrophie doit permettre un nombre de répétitions entre 6 et 12. C'est pourquoi, au sens strict, il est inexact de prétendre qu'il suffit de réaliser des entraînements très intenses pour être très musclé, que ce soit en 20 minutes ou plus.

En pratique, l'intensité, en musculation, signifie aussi la qualité de l'effort au cours d'une série, d'un exercice ou d'une séance d'entraînement. Lorsque les exercices sont qualifiés de « difficiles » à « très difficiles » par le sportif, il dira aussi qu'ils sont très intenses. Nous porterons donc notre attention sur cette façon de percevoir la notion d'intensité en musculation.

L'intensité, un des rouages de l'engrenage

Afin d'augmenter la masse musculaire, plusieurs paramètres doivent être pris en compte, comme la fréquence et la durée de l'entraînement, le choix et la façon de fractionner les séances, l'expérience du sportif, le bagage génétique ainsi que la récupération. Bien entendu, l'intensité est également un paramètre à considérer, mais elle n'est qu'un des rouages de l'engrenage qui peut permettre l'hypertrophie.

En plus de l'intensité, une séance de courte durée peut être partiellement compensée par une grande fréquence d'entraînement. Par exemple, des séances de 20 minutes deux fois par semaine mèneront à une hypertrophie très faible, voire même nulle, et ce, peu importe l'intensité. Par contre, un entraînement quotidien augmente les chances de gagner de la masse musculaire.

Le choix de fractionner l'entraînement n'a pas d'effet sur l'intensité des séances, mais il en a certainement sur la prise de masse musculaire. Le nombre de séries d'exercices recommandé par muscle ou groupe de muscles pour favoriser l'hypertrophie est d'environ 9 à 20 (3 à 5 séries de 3 à 4 exercices). Dans le cas d'une courte séance de 20 minutes, il est préférable de limiter le nombre de groupes musculaires entraînés à deux par séance. Ainsi, chacun sera peut-être suffisamment sollicité pour voir sa croissance stimulée, surtout si les séances sont quotidiennes.

L'expérience du sportif n'a pas toujours de l'influence sur l'intensité de l'entraînement, mais elle en a une sur le potentiel de progression. Un débutant aura beaucoup plus de facilité à progresser qu'un sportif avancé. Il est possible que des entraînements de 20 minutes suffisent à un débutant pour qu'il augmente sa masse musculaire après quelques mois d'entraînement seulement. À l'opposé, celui qui s'entraîne assidûment en musculation depuis quelques années pourra difficilement l'augmenter avec des séances d'aussi courte durée. Ce sujet est détaillé dans le thème « C'est si facile de progresser pour un débutant » (p. 46).

Comme on l'a vu dans le thème « Je ne suis pas né sous une bonne étoile, je ne serai jamais musclé » (p. 177), le bagage génétique peut avoir une influence sur l'augmentation de la masse musculaire. Des avantages génétiques tels qu'un grand nombre de fibres musculaires, une proportion importante de fibres de type II et un profil hormonal avantageux peuvent favoriser la prise de masse musculaire malgré des séances de courte durée.

L'augmentation de la masse musculaire peut aussi être influencée par l'alimentation et la consommation de suppléments alimentaires, ainsi que par la qualité et la quantité de sommeil. Ces facteurs, qui influencent principalement la récupération, auront toutefois moins d'impact lors de séances de 20 minutes.

Jillian Michaels, entraîneur de la populaire émission *The Biggest Loser*, fait la promotion de séances d'entraînement intenses de 20 minutes pour sculpter le corps. Son DVD d'entraînement propose 4 séances différentes de 20 minutes qui promettent de « vous mettre dans la meilleure forme de votre vie » !

Plus l'entraînement est court, plus il doit être intense

Bien que d'autres facteurs entrent en jeu lorsqu'il est question d'hypertrophie, l'intensité demeure importante. Lorsque le temps est compté, il est possible de maximiser l'efficacité de l'entraînement en augmentant l'intensité de l'effort. Abordons quelques moyens pour augmenter l'intensité au cours de l'entraînement en musculation.

La structure d'entraînement

Le choix de la structure d'entraînement peut avoir un effet sur son intensité. L'un des défis rencontrés au cours d'un entraînement de courte durée consiste à réaliser un nombre suffisant de séries d'exercices pour stimuler la croissance musculaire. Avec une structure d'entraînement semi-verticale, il est possible de réduire le temps de repos à 10 à 30 secondes entre chacune des séries d'exercices, tout en minimisant la perte de force causée par la fatigue. Par exemple, on regroupe deux exercices sollicitant des groupes musculaires différents et on les exécute en alternance jusqu'à ce que le nombre de séries désiré soit terminé.

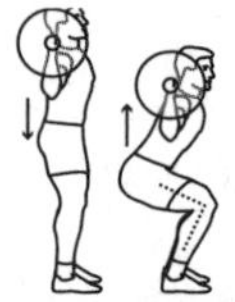

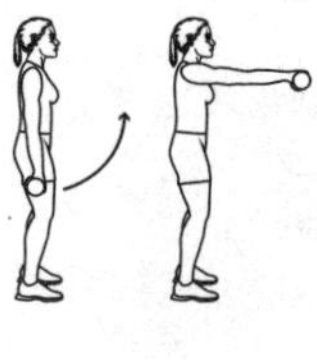

Les exercices

Le choix d'exercices peut aussi augmenter l'intensité au cours de l'entraînement. Un exercice global est plus intense qu'un exercice localisé, il est donc préférable quand l'objectif d'entraînement est l'hypertrophie. Toutefois, un exercice localisé est efficace pour épuiser complètement un groupe de muscles précis. Par exemple, un exercice localisé pour les avant-bras ou les mollets stimulera davantage ces muscles que la plupart des exercices globaux. Par contre, lorsque la durée de l'entraînement est restreinte, l'accent doit être mis sur les grandes masses musculaires au moyen d'exercices globaux. Ces derniers présentent l'avantage de solliciter plus d'un groupe musculaire. Compte tenu de cette caractéristique, les exercices globaux permettent une économie de temps. Par exemple, lorsque le temps est compté, on privilégiera le *squat* au lieu de l'extension aux genoux sur appareil, ou le développé au-dessus des épaules ajouté à la flexion aux coudes au lieu de l'élévation frontale.

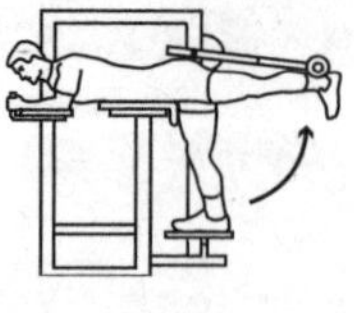

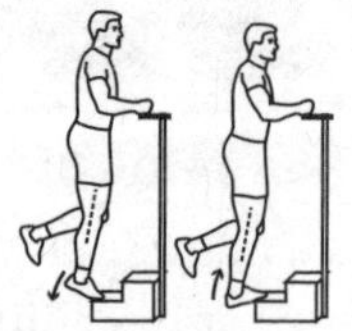

Par souci d'économie de temps, il est préférable d'éviter les exercices unilatéraux tels que l'extension à la hanche sur appareil, le tirage à un bras ou la flexion plantaire sur un pied. Il est beaucoup plus rapide de faire des exercices où les deux membres sont sollicités en même temps.

La façon d'exécuter les exercices

La façon d'exécuter les exercices peut aussi avoir un effet sur leur intensité. Mis à part les séries d'exercices constituant l'échauffement, il va de soi qu'un entraînement de 20 minutes nécessite que chacune des séries soit exécutée avec un nombre de répétitions maximales, ce qui demande motivation et concentration. En outre, une exécution adéquate de la technique du mouvement est essentielle. Par exemple, il est important de ne pas négliger la phase du mouvement caractérisée par la contraction excentrique des muscles sollicités, c'est-à-dire lorsque ceux-ci se contractent en s'allongeant ou que la descente de la charge est ralentie. Lorsque cette portion du mouvement est réalisée à une vitesse contrôlée, l'exercice est plus efficace.

Les exercices peuvent être perçus comme plus difficiles quand on utilise des méthodes de musculation avancées. Certaines d'entre elles, comme les séries forcées, les super séries, les séries à charge décroissante ou les séries trichées, sont parfaitement adaptées à l'atteinte de cet objectif. Ces méthodes sont décrites dans la section intitulée « L'entraînement en musculation : les méthodes » (p. 221).

LA RÉALITÉ EN BREF

L'intensité ou la perception de l'effort est une composante importante de l'entraînement pour ceux qui désirent, entre autres, augmenter leur masse musculaire. On la favorise en choisissant la bonne structure d'entraînement, certaines méthodes avancées, ainsi que les bons exercices exécutés avec une technique adéquate et un maximum d'efforts. Toutefois, pour influencer la croissance musculaire, l'intensité n'est qu'un facteur parmi d'autres. La durée de la séance, la fréquence d'entraînement, le choix de fractionnement, l'expérience du sportif, le bagage génétique ainsi que le sommeil et l'alimentation peuvent aussi influencer la prise de masse musculaire. Devenir musclé en 20 minutes n'est donc pas impossible pour un individu doté d'une hérédité avantageuse. Néanmoins, un entraînement plus long permettra une prise de masse musculaire plus importante, et ce, chez tous les sportifs.

Vous avez aimé ce sujet ? Lisez :

- Le *squat*: le meilleur exercice pour les jambes (p. 73)
- Le *bench press*: le meilleur exercice pour le haut du corps (p. 80)
- Le *deadlift*: le meilleur exercice pour devenir fort comme un bœuf (p. 88)
- Les poids libres sont bien plus efficaces que les appareils (p. 123)
- Pour prendre du muscle, il faut lever des gros poids (p. 169)

MYTHE ? DU CARDIO ? JAMAIS DE LA VIE, ÇA FAIT FONDRE LES MUSCLES !

Malgré les nombreux bienfaits de l'activité aérobie sur la santé, plusieurs adeptes de la musculation craignent que ce type d'entraînement occasionne également une perte de masse musculaire. Les mauvaises langues diront que c'est une excuse et que les véritables motifs derrière cette « abstinence aérobie » sont le manque d'intérêt et surtout la paresse ! La perte de masse musculaire peut-elle être une conséquence réelle de l'entraînement aérobie ?

Détruire les muscles pour fournir de l'énergie

Au cours de l'exercice aérobie ou musculaire, le corps a besoin d'énergie pour produire des mouvements et des efforts. Comme l'essence, qui agit à titre de carburant pour propulser une voiture, les principaux carburants énergétiques de l'exercice aérobie sont les glucides (sucres), les lipides (graisses), et les protéines.

Les carburants énergétiques les plus utilisés sont les glucides et les lipides. Les protéines, quant à elles, contribuent à environ 2 à 10 % de l'énergie totale dépensée. Toutefois, comme nous le verrons, cette contribution peut augmenter en certaines circonstances. Lorsque les protéines servent de carburant énergétique, elles sont puisées en majorité dans les muscles du corps, puis elles sont transformées en glucides par le foie afin d'être utilisées comme carburant. Les protéines peuvent aussi être utilisées directement par les muscles, sans être transformées en glucides. Lorsque ce processus se produit à répétition, il peut occasionner une perte de masse musculaire.

L'utilisation des protéines musculaires

Comme la dépense énergétique est normalement plus élevée au cours d'un entraînement aérobie qu'au cours d'un entraînement musculaire, la probabilité d'utiliser davantage de protéines comme source d'énergie est aussi plus grande lors de l'effort aérobie. Ce sont principalement les glucides qui sont utilisés au début de l'exercice cardiovasculaire. Toutefois, lorsque l'effort se prolonge, l'utilisation des glucides diminue. En fait, lorsque l'effort aérobie est de longue durée (ex. : plus de 2 heures), davantage de lipides, mais également de protéines, sont utilisés comme carburant, car l'intensité est modérée et les réserves de glucides commencent à s'épuiser. Le grand responsable de la dégradation musculaire est le cortisol, une hormone dont l'une des fonctions est de déclencher la fabrication de sucre à partir des protéines des muscles. Ainsi, lorsque l'exercice aérobie est de longue durée, la dégradation des protéines contenues dans les muscles s'accentue.

En outre, lorsque l'entraînement aérobie est exécuté au cours de la même séance que la musculation, les dépenses énergétiques de ces deux activités s'additionnent. Cette situation occasionne une plus grande utilisation des protéines contenues dans les muscles comme source d'énergie.

Il en va de même en cas de diète restrictive, ou, de façon plus marquée, lors d'un jeûne. En effet, lorsque l'apport en calories est réduit, les réserves de sucres contenues dans les muscles et dans le foie diminuent, ce qui oblige le corps à puiser son carburant ailleurs. Il choisira davantage les lipides et les protéines. D'ailleurs, les diètes restrictives entraînent souvent une perte de poids marquée causée, entre autres, par une perte importante de masse musculaire. Finalement, quand l'exercice aérobie de longue durée (plus de 2 heures) est jumelé à une diète restrictive en calories, la perte de masse musculaire devient inévitable.

Le célèbre culturiste Ronnie Coleman, champion à plusieurs reprises du concours Mr. Olympia, a vanté les mérites d'un programme d'entraînement composé de musculation et de séances cardiovasculaires dans un DVD. Il y dévoile, entre autres, les « secrets » de son exceptionnelle définition musculaire : il affirme qu'il fait 60 minutes de tapis roulant pratiquement tous les jours.

Le rôle de la masse musculaire du sportif

Un sportif doté d'une masse musculaire imposante doit s'entraîner assidûment, ne serait-ce que pour parvenir à la maintenir. Pour lui, l'ajout d'entraînements cardiovasculaires augmente la possibilité d'une légère perte de masse musculaire. Toutefois, la diminution de la grosseur des muscles est plus rare chez le sportif intermédiaire : elle ne se produira probablement que si ce dernier s'entraîne de longues heures en aérobie ou s'il réduit son apport alimentaire. Finalement, le débutant qui a une masse musculaire peu développée pourrait même l'augmenter par la pratique régulière d'exercices aérobies. À titre d'exemple, les muscles des cuisses et des mollets des débutants peuvent s'hypertrophier à la suite d'entraînements en vélo.

L'effet de l'exercice aérobie sur certaines hormones

Les sportifs d'endurance qui s'entraînent de nombreuses heures chaque semaine ont une concentration de testostérone et d'hormone de croissance plus basse que la moyenne de la population, ce qui peut occasionner une diminution de leur masse musculaire.

Quelques suggestions pour éviter la diminution de la masse musculaire

Pour les sportifs qui craignent une perte de masse musculaire causée par la pratique régulière d'exercices aérobies, voici quelques conseils qui en réduiront le risque :

- Priorisez des choix d'exercices aérobies (rameur, vélo, appareil elliptique) où il est possible d'augmenter la résistance dans le but de rendre l'effort plus musculaire ;
- Privilégiez l'entraînement par intervalles, qui alterne les périodes d'effort et de récupération ;
- Limitez la fréquence des entraînements aérobies à un maximum de 3 fois par semaine ;
- Limitez la durée des entraînements aérobies à un maximum de 60 minutes ;
- Évitez, si possible, de réaliser consécutivement les entraînements cardiovasculaire et musculaire ;
- Comblez la dépense d'énergie supplémentaire provoquée par l'entraînement aérobie en consommant plus de calories (400 à 600 kcal supplémentaires) ;
- Aidez à préserver les protéines des muscles par une prise de glucides au cours de l'effort aérobie (ex. : boisson sportive de type Gatorade®), surtout lorsque la durée de l'effort est supérieure à 45 minutes ou qu'il est fait tout de suite après la musculation ;
- Consommez 15 à 20 grammes de protéines accompagnées de glucides (ex. : 500 ml de lait au chocolat) dans les 30 minutes qui suivent la fin d'un entraînement cardiovasculaire ou musculaire, surtout si le repas précédant l'entraînement et celui qui le suit sont espacés de plus de 4 à 5 heures.

LA RÉALITÉ EN BREF

Il est vrai que l'entraînement aérobie, surtout lorsqu'il est pratiqué fréquemment et longtemps, peut occasionner une perte de masse musculaire chez certains individus. Cette diminution est davantage observée chez les sportifs qui sont déjà très musclés. Par contre, il est possible de s'entraîner en aérobie et de réduire le risque de perte de masse musculaire si on priorise des exercices comme le rameur ou le vélo, la méthode par intervalles, et si on limite la fréquence et la durée des entraînements tout en s'alimentant adéquatement.

Vous avez aimé ce sujet ? Lisez :

- Pour prendre du muscle, il faut lever des gros poids (p. 169)
- Faire grossir ses muscles en perdant du gras : mission impossible (p. 194)
- Pour perdre du poids : la musculation, toujours avant le cardio (p. 206)

MYTHE ? FAIRE GROSSIR SES MUSCLES EN PERDANT DU GRAS : MISSION IMPOSSIBLE

Selon beaucoup de passionnés de musculation, prendre de la masse musculaire et perdre de la graisse simultanément sont deux objectifs parfaitement incompatibles. Est-il vrai qu'il est difficile, voire impossible, de perdre de la graisse tout en gagnant de la masse musculaire ? Afin d'y voir plus clair dans cette question complexe, il faut tout d'abord énoncer les facteurs déterminant la croissance musculaire et la perte de graisse. Ensuite, nous les analyserons pour faire la lumière sur les possibilités d'obtenir ces deux résultats simultanément.

Tant de facteurs à considérer

La croissance musculaire est influencée par plusieurs facteurs. Il est possible d'en contrôler certains, comme la quantité et la qualité de l'entraînement en musculation, la pratique d'autres activités physiques, l'alimentation et le sommeil, mais d'autres nous échappent, comme certains attributs génétiques, le genre, l'âge et l'expérience d'entraînement.

Quoiqu'il soit influencé par le bagage génétique, le taux de gras est largement déterminé par le bilan énergétique. Ce bilan se mesure en fonction de la consommation et de la dépense de calories. Quand l'apport en calories égale la dépense en calories, normalement le taux de gras se maintient. Si le nombre de calories consommées dans l'alimentation excède la dépense d'énergie (au repos et lors d'activités), il se produira probablement un gain de tissu adipeux (graisse). Finalement, si la dépense excède l'apport, c'est une perte de graisse qui devrait survenir. Des études nous révèlent que d'autres facteurs physiologiques influencent la perte ou le gain de graisse. Nous porterons notre attention sur le bilan énergétique puisque c'est celui qu'on peut le mieux contrôler.

Une situation fictive

Afin de mettre en relation les facteurs les plus importants pour déterminer la croissance musculaire et la perte de graisse, prenons une situation fictive. Un homme âgé de 30 ans a amorcé un entraînement en musculation : il s'entraîne 3 fois par semaine depuis 3 mois. Il a un très léger surplus de graisse et une masse musculaire vraiment peu développée. Il désire participer à un concours du type « transformation du corps » et aimerait augmenter sa masse musculaire tout en perdant un peu de graisse. Il est en excellente santé et très motivé. Quels sont les meilleurs choix, concernant son entraînement et son alimentation, que cet homme doit faire pour atteindre ses objectifs ?

L'entraînement qui sculpte le corps

L'entraînement de cet homme devrait principalement être orienté sur la prise de masse musculaire, car c'est cette composante qui nécessite le plus d'être améliorée. En second lieu, les entraînements devraient aussi permettre une augmentation significative de la dépense énergétique, en vue d'une perte de graisse, sans toutefois compromettre la prise de masse musculaire.

Afin de maximiser ses chances de réussite, l'homme devra idéalement augmenter progressivement sa fréquence d'entraînement de 3 à 6 fois par semaine. Grâce à cette augmentation, ses muscles seront davantage sollicités, ce qui favorisera leur croissance. De plus, en s'entraînant deux fois plus souvent, il augmentera sa dépense énergétique hebdomadaire.

Puisque l'hypertrophie est son principal objectif, son entraînement en musculation devra respecter des paramètres qui sont reconnus pour la favoriser :

- Fractionner les entraînements, c'est-à-dire que chaque séance sera généralement consacrée au travail de 2 ou 3 groupes musculaires ;
- Prioriser les exercices globaux tout en incluant certains exercices localisés ;
- Choisir des charges qui permettront un nombre de répétitions maximales compris entre 6 et 12.

En plus d'une augmentation de sa masse musculaire, il devra également perdre un peu de graisse. À cette fin, sans qu'elle soit absolument nécessaire, la structure d'entraînement semi-verticale est préférable. Cette structure lui permettra d'augmenter le nombre de séries pour une séance de même durée, car le temps de repos pourra être réduit. Ainsi, le nombre plus élevé de séries aura pour effet d'augmenter la dépense énergétique au cours de la séance sans compromettre l'augmentation de la masse musculaire.

La réalisation d'entraînements cardiovasculaires par intervalles d'assez courte durée est un autre moyen de favoriser la perte de graisse sans affecter de façon négative la masse musculaire. Certaines études ont démontré que la perte de graisse était plus importante avec l'entraînement par intervalles qu'avec l'entraînement continu d'intensité constante. Les avantages possibles de ce type d'entraînement sur la perte de graisse s'expliqueraient par une combustion de gras qui se prolonge plusieurs heures après l'exercice ; de plus, l'entraînement par intervalles peut provoquer une diminution de l'appétit.

Il est tout de même important de limiter la fréquence et la durée des entraînements par intervalles si on recherche un gain de masse musculaire et une perte de graisse. Un maximum de 5 séances de 30 à 45 minutes par semaine est conseillé afin de conserver le plus d'énergie possible pour la musculation. À titre d'exemple, notre homme pourrait s'entraîner sur un vélo ou sur un rameur en alternant un effort très intense de 30 secondes à 1 minute et une période de récupération de 1 à 2 minutes, le tout pendant 30 à 45 minutes. Une autre manière d'incorporer les intervalles dans l'entraînement est d'alterner les efforts en musculation et ceux réalisés sur un vélo, un rameur ou un autre appareil cardio. Par exemple, il pourrait faire deux séries d'exercices musculaires suivies de 1 minute intense sur rameur et répéter le tout 12 à 15 fois.

L'entraînement aérobie en continu de longue durée (plus de 1 heure) est fréquemment utilisé par les sportifs désirant perdre de la graisse. Nous ne recommandons pas cette méthode dans le cas présent puisqu'elle tend à utiliser plus de protéines comme carburant énergétique que la méthode par intervalles, surtout si la durée est très longue (plus de 2 heures). Cette utilisation accrue des protéines peut se traduire par une diminution de la masse musculaire, ce qui est exactement contraire à l'objectif de notre sportif.

Notons qu'un gain de masse musculaire engendre une légère hausse du métabolisme de base. Par exemple, s'il gagnait 5 kilos de muscles, sa dépense énergétique au repos augmenterait d'environ 50 à 75 kcal par jour. Pour en savoir plus, lisez : « J'ai de gros muscles, je maigris à ne rien faire ! » dans le livre *Mythes et réalités sur l'entraînement physique*.

> L'entraîneur réputé Charles Poliquin a affirmé à plusieurs reprises que l'entraînement cardiovasculaire en continu était moins efficace que les intervalles ou même que la musculation pour perdre de la graisse !

L'alimentation qui sculpte le corps

L'alimentation de l'homme en question doit permettre d'assurer, entre autres, un apport suffisant en calories et en protéines pour stimuler la croissance musculaire. Étant donné qu'il veut aussi perdre du gras, il est essentiel que l'apport calorique soit limité, de sorte qu'il n'excède pas la dépense énergétique. En effet, si sa consommation de calories est trop importante, elle pourrait se traduire par le maintien, ou pire, l'augmentation de son taux de gras.

Afin de maximiser la qualité des calories qu'il ingère, notre sportif devra accorder une attention particulière aux différents nutriments. En effet, chaque nutriment contenu dans les aliments a une valeur énergétique. Par exemple, la valeur énergétique des glucides (sucres) et des protéines est d'environ 4 kcal par gramme, tandis que celle des lipides (gras) est d'environ 9 kcal par gramme. L'alcool, qui n'est pas un nutriment, a une équivalence énergétique d'environ 7 kcal par gramme. Voici quelques exemples d'aliments ainsi que leur contenu énergétique estimé : 1 pomme = 70 kcal, 2 œufs = 180 kcal, 1 bouteille de bière = 145 kcal, 1 Big Mac = 495 kcal.

La consommation de protéines est essentielle à la croissance de la masse musculaire, car ce sont elles qui constituent les muscles. Une prise de protéines comprise entre 1,2 et 1,8 g par kilogramme de poids corporel devrait être suffisante pour favoriser une hypertrophie musculaire : cette quantité correspond à celle recommandée chez ceux qui désirent augmenter leur masse musculaire. De plus, la consommation de protéines devrait correspondre à environ 15 % de l'apport énergétique total quotidien.

Les glucides sont aussi importants, car ils permettent, entre autres, de renflouer les réserves de sucres dans les muscles (glycogène musculaire). Des muscles contenant beaucoup de glycogène facilitent l'exécution d'entraînements longs et intenses. En plus, des muscles gorgés de sucres limiteront la dégradation des protéines musculaires qui peuvent être utilisées comme source d'énergie au cours de l'entraînement. Sa consommation de glucides devrait donc correspondre à 60 à 65 % de son apport énergétique total quotidien.

Un apport trop important en lipides lui serait nuisible, car le surplus de calories qu'il pourrait engendrer se traduira par une augmentation du taux de graisse. En fait, il devrait éviter une consommation en gras supérieure à 30 % de l'apport énergétique total quotidien. Il serait même préférable d'abaisser ce pourcentage à 20 à 25 % en réduisant la consommation de gras saturés (ex. : viandes grasses) et en excluant toute forme de gras trans (ex. : certains biscuits commerciaux). De toute évidence, notre sportif doit aussi réduire le plus possible sa consommation d'alcool.

Notons encore qu'un apport de protéines et de glucides (ex. : barre de protéines) dans les 30 minutes qui suivent l'entraînement peut aider à la récupération et la croissance musculaires. En outre, lors de séances d'entraînement de plus d'une heure, surtout celles qui combinent cardio et musculation, un apport de glucides (ex. : boisson sportive de type Gatorade®) est aussi recommandé au cours de l'effort.

L'évolution de notre sportif

En suivant les conseils d'entraînement et de nutrition suggérés précédemment, l'homme devrait normalement voir augmenter sa masse musculaire et diminuer sa quantité de graisse, et ce, simultanément. La progression de notre sportif ralentira toutefois au fil des mois, car plus sa masse musculaire sera importante et plus son taux de gras sera faible, plus il deviendra difficile de les modifier à son avantage.

Le célèbre acteur Sylvester Stallone a transformé son corps de façon exceptionnelle pour son rôle de boxeur dans le film *Rocky III : l'œil du tigre.* Une alimentation et un entraînement rigoureux lui ont permis de faire « gonfler » ses muscles et de faire pratiquement disparaître la graisse de son corps. Il a tout de même avoué avoir consommé des produits illégaux qui ont contribué à sa transformation.

LA RÉALITÉ EN BREF

La situation fictive que nous avons présentée illustre les objectifs de plusieurs sportifs. Il n'est pas facile de prendre de la masse musculaire tout en perdant de la graisse, mais c'est loin d'être impossible. Le sportif doit s'investir sérieusement dans son entraînement et porter une attention particulière à son alimentation s'il veut augmenter ses chances de réussite. En plus de l'entraînement et de l'alimentation, d'autres facteurs peuvent contribuer ou nuire à ces objectifs. La plupart d'entre eux, comme l'hérédité, le genre, l'âge et l'expérience d'entraînement sont indépendants de la volonté du sportif, c'est pourquoi ces objectifs seront plus faciles à atteindre pour certains que pour d'autres.

Vous avez aimé ce sujet ? Lisez :

- Pour prendre du muscle, il faut lever des gros poids ! (p. 169)
- Du cardio ? Jamais de la vie, ça fait fondre les muscles (p. 189)
- Pour perdre du poids : la musculation, toujours avant le cardio (p. 206)
- Il y a certainement un produit qui peut m'aider… (p. 313)

MYTHE ? LE CARDIO : TOUJOURS AVANT LA MUSCULATION

Les objectifs en entraînement physique peuvent être très variés. Un objectif comme l'augmentation de la force, de l'endurance ou de la masse musculaires est souvent accompagné du désir de perdre de la graisse, d'être plus « découpé » ou d'améliorer sa capacité cardiovasculaire. Afin d'y arriver, les sportifs font fréquemment leur musculation et leur cardio au cours de la même séance. Dans ce cas, y a-t-il un ordre idéal ? Souvent, la question suscite l'intérêt et provoque la controverse. Certains sportifs ne jurent que par le cardio en premier et d'autres ne pourraient faire autrement que de débuter par la musculation. Essayons d'y voir plus clair.

Les objectifs avant tout...

Une évidence s'impose : en début d'entraînement, le corps n'est pas encore fatigué. C'est donc à ce moment-là que les performances sont les meilleures. Prenons par exemple une séance où la musculation est effectuée en début d'entraînement et où le *squat* figure au programme. Dans ce cas, les charges soulevées à cet exercice devraient être plus lourdes que s'il était fait après 45 minutes très intenses de vélo. Cette situation peut faire en sorte que les aptitudes physiques entraînées par la suite ne s'améliorent pas autant qu'on le désirerait. Par conséquent, le choix des aptitudes à entraîner au début de la séance doit être axé sur l'objectif le plus important aux yeux du sportif.

La durée et l'intensité de l'entraînement sont deux paramètres qui influencent le degré de fatigue ressenti. Si l'entraînement dure une heure plutôt que deux, les efforts fournis en cardio et en musculation au cours d'une même séance se nuiront peu mutuellement. Par ailleurs, des efforts exténuants comme une course à pied par intervalles ou des exercices musculaires globaux causeront plus de fatigue qu'un jogging lent en continu ou des exercices localisés. Ainsi, ils limiteront certainement la qualité de la portion d'entraînement qui suivra.

En troisième lieu, la capacité de récupération du sportif peut influencer la qualité de la seconde portion de la séance. La plupart du temps, le sportif expérimenté a une plus grande capacité de récupération que le débutant. Par contre, il s'entraîne généralement plus longtemps et avec plus d'intensité.

... ou presque

Bien que les objectifs d'entraînement imposent de commencer par la musculation ou par le cardio, d'autres facteurs peuvent mêler les cartes, comme le risque de blessures pour certaines personnes. En effet, certains exercices peuvent exposer le sportif fatigué à un risque accru de blessures s'ils sont exécutés en deuxième portion d'entraînement. Dans ce cas, il est préférable de les faire dans la première portion de la séance. Par exemple, lorsque l'entraînement en musculation contient des exercices globaux et de puissance sollicitant les membres inférieurs et qu'ils sont exécutés avec de lourdes charges, il est préférable de les faire au tout début de la séance. Bien entendu, un échauffement adéquat devra être réalisé au préalable.

Par ailleurs, un exercice cardiovasculaire de 20 minutes ou moins d'une intensité faible à modérée peut être fait en début de séance sans affecter la suite de l'entraînement. En plus de conserver les capacités pour la musculation, ce type d'entraînement permet de gagner du temps en incluant l'échauffement.

Le confort, bien qu'il n'ait aucun impact sur la qualité de la performance, peut aussi être un facteur influençant le choix de l'ordre des exercices qui composent la séance. Par exemple, l'entraînement cardiovasculaire sur appareil peut occasionner une forte sudation, surtout lorsqu'il est long et intense. Une fois trempés, sans vêtements de rechange, certains sportifs ressentent de l'inconfort et peuvent même avoir froid lors de leur entraînement musculaire si la salle est climatisée. Ils peuvent également être gênés d'utiliser les bancs et les appareils de musculation. Il est alors préférable qu'ils prennent avec eux des vêtements de rechange ou qu'ils commencent la séance par la musculation.

Pour y voir encore plus clair

Voici nos suggestions concernant l'ordre de chacune des portions de l'entraînement en fonction des objectifs prioritaires. Si l'entraînement est axé sur la perte de poids, nous vous suggérons plutôt de lire le prochain thème: «Pour perdre du poids: la musculation, toujours avant le cardio» (p. 206).

Objectifs prioritaires	1re portion de l'entraînement	2e portion de l'entraînement
Hypertrophie musculaire*	🏋	❤
Force et puissance maximales	🏋	❤
Endurance musculaire	🏋 ❤ (donner la priorité à la musculation)	❤ 🏋
Définition musculaire*	❤ 🏋 (selon les besoins de l'individu)	🏋 ❤ (selon les besoins de l'individu)
Performance en course à pied, vélo, natation, ski de fond, etc.	❤	🏋
Perte de poids	❤	🏋
Santé générale	❤ (alternance)	🏋 ❤ (alternance)

* La définition des muscles est apparente chez un sportif qui a un faible taux de gras et une certaine masse musculaire. Lorsque le sportif doit préférablement perdre de la graisse, l'entraînement devrait plutôt débuter par la portion cardiovasculaire, qui devrait être plus longue que la musculation. À l'opposé, lorsque c'est la masse musculaire qui doit être augmentée, il faut commencer la séance par la portion musculaire. Dans ce cas, le sportif devrait faire plus d'efforts au cours de la musculation que lors du cardio.

Plusieurs sports comme la boxe, le soccer, l'aviron ou le cyclisme exigent d'entraîner des aptitudes à la fois musculaires et cardiovasculaires. Contrairement à la population générale, les athlètes professionnels ont la possibilité de maximiser les effets de leurs entraînements, car ils ont l'avantage de pouvoir faire une séance cardio et une autre musculaire à différents moments de la journée.

Sortir du carcan traditionnel

Différentes options sont envisageables pour ceux qui ont des objectifs d'égale importance. En voici quelques-unes :

› Alterner à chaque séance le fait de commencer par la musculation ou par le cardio ;
› Alterner à chaque cycle d'entraînement (1 à 4 semaines) le fait de commencer par la musculation ou par le cardio ;
› Entraîner uniquement la musculation ou le cardio dans une séance et alterner ;
› Entraîner la musculation et le cardio à des moments différents de la journée (ex. : l'un en matinée et l'autre en soirée).

Les deux dernières options permettent une meilleure récupération entre chacun des types d'entraînement. Ainsi, cela laisse plus de possibilités quant à la durée et à l'intensité de chaque séance.

L'entraînement en circuit est une autre option ou variation possible lorsque l'on désire faire la musculation et le cardio au cours de la même séance. Cette forme d'entraînement se caractérise par des exercices qui doivent être enchaînés avec un temps de repos minimal. Le circuit cardio-musculaire est tout indiqué pour entraîner endurance musculaire et la capacité aérobie, augmenter la dépense calorique et améliorer la santé. Toutefois, cette méthode n'est pas la meilleure si l'on désire augmenter sa masse musculaire ou améliorer sa force maximale, étant donné que la récupération entre les exercices est incomplète. De plus, elle n'est pas pratique en salle d'entraînement, surtout lorsque celle-ci est achalandée. Néanmoins, certains studios d'entraînement offrent des séances de groupe ou privées qui sont parfaitement adaptées pour la méthode par circuit. Les centres CrossFit® se spécialisent notamment dans ce type de séance.

Finalement, l'alternance de blocs musculaires et cardiovasculaires à l'intérieur d'une séance peut être une option intéressante, mais elle est trop souvent inconnue ou ignorée. Par exemple, pendant une séance d'entraînement de 90 minutes, on fait, en plus d'un échauffement de 10 minutes, 4 blocs de 20 minutes ou 8 blocs de 10 minutes où on alterne entre le vélo et certains des exercices de musculation. Cette structure permet beaucoup de variations au cours de la même séance et peut également équilibrer l'amélioration des aptitudes physiques entraînées.

LA RÉALITÉ EN BREF

L'entraînement en musculation et en cardio au cours de la même séance est commun chez les sportifs. En général, l'ordre d'entraînement devrait être déterminé en fonction de l'objectif prioritaire, la première portion de l'entraînement comprenant les exercices qui permettent d'atteindre les objectifs les plus importants. La raison en est simple : comme la fatigue est moins grande en début de séance, les possibilités de s'améliorer sont meilleures. Néanmoins, d'autres facteurs sont aussi à prendre en compte, comme le risque de blessures ou la durée et l'intensité de l'effort pour chacune des qualités entraînées. En plus d'une division traditionnelle de la séance en deux portions distinctes, il peut être intéressant de s'entraîner par circuit ou en alternant des blocs musculaires et cardiovasculaires.

Vous avez aimé ce sujet ? Lisez :

- Du cardio ? Jamais de la vie, ça fait fondre les muscles ! (p. 189)
- Faire grossir ses muscles en perdant du gras : mission impossible (p. 194)
- Pour perdre du poids : la musculation, toujours avant le cardio (p. 206)
- Pour prendre du muscle, il faut lever des gros poids (p. 169)

MYTHE ? POUR PERDRE DU POIDS : LA MUSCULATION, TOUJOURS AVANT LE CARDIO

On sait que l'entraînement cardiovasculaire est un excellent choix pour perdre du poids. Pour plusieurs raisons, certaines personnes souhaitant perdre de la graisse ajoutent tout de même de la musculation à leur entraînement cardio. Dans ce cas, quel est l'ordre idéal pour favoriser la perte de poids ? Doit-on faire le cardio ou la musculation en premier ?

Deux options, deux écoles de pensée

La plupart des spécialistes s'entendent pour dire que la dépense d'énergie est potentiellement plus importante lorsqu'on commence l'entraînement avec le cardio. Par contre, certains entraîneurs considèrent que le corps brûle davantage de graisses lorsque l'entraînement commence par la musculation. Laquelle de ces deux théories est la plus pertinente pour la perte de poids, ou plus précisément, la perte de graisse ?

Le cardio en premier : une longueur d'avance

Le bilan énergétique, qui peut être mesuré en calories, demeure la référence pour estimer les possibilités de maintenir son poids, d'en perdre ou d'en gagner. Ce bilan équivaut à l'apport énergétique moins la dépense énergétique. Lorsque la dépense excède l'apport, il survient une perte de poids et, la plupart du temps, une perte de graisse. Évidemment, l'exercice permet d'augmenter la dépense calorique. Donc, lorsque le sportif veut perdre de la graisse, il doit tenter d'obtenir la plus grande dépense d'énergie possible au cours de l'entraînement. Par exemple, une séance d'une heure composée d'une portion cardio de 30 minutes et d'une portion musculaire de 30 minutes entraînera une dépense qui pourrait être de 200 à 400 kcal pour le cardio, et de 100 à 200 kcal pour la musculation. Cette dépense varie selon l'intensité de l'exercice, qui elle dépend de l'état de fatigue, de la condition physique, du type d'entraînement et de la motivation. Par conséquent, chiffres à l'appui, le cardio est sans contredit le meilleur moyen de dépenser de l'énergie, donc de perdre de la graisse.

Comme on l'a vu au thème précédent, la fatigue accumulée durant la première portion de la séance peut limiter la performance au cours de la seconde. Ainsi, lorsqu'on débute par la musculation, l'état de fatigue subséquent peut limiter la dépense d'énergie durant la portion cardio. Cette situation est encore plus probable quand les deux portions de la séance sont intenses, quand les muscles des jambes sont sollicités durant la première partie ou encore lorsque la personne est en mauvaise condition physique. Par conséquent, la dépense énergétique totale de l'entraînement peut être plus faible si on commence par la musculation. Voilà pourquoi il est intéressant qu'une séance débute par le cardio lorsqu'on recherche une perte de graisse.

Brûler plus de graisse... vraiment?

Les glucides (sucres) et les lipides (gras) sont les deux principaux carburants énergétiques utilisés par les muscles au cours d'un exercice aérobie. En début d'effort, une proportion plus élevée de glucides est utilisée. Par contre, lorsque l'exercice physique se prolonge, la mobilisation des lipides augmente. Ce changement se produit parce que la réserve de glucides n'est pas inépuisable : leur moins grande disponibilité entraînerait une combustion plus importante de lipides.

En se basant sur ces notions théoriques, certains entraîneurs affirment que lorsque le cardio succède à la musculation, les lipides sont plus utilisés. En effet, à ce moment-là, les réserves de glucides sont plus basses parce qu'en musculation, le glycogène musculaire (glucides dans les muscles) est le principal carburant énergétique utilisé par le corps. Par conséquent, ces entraîneurs suggèrent qu'une utilisation accrue de lipides au cours de l'entraînement pourrait se traduire par une perte plus importante de graisse. Quoique intéressante, cette théorie n'est pas retenue par l'ensemble des scientifiques. Premièrement, la diminution de glycogène dans les muscles occasionnée par environ 30 minutes de musculation n'est, en général, pas assez prononcée pour augmenter de façon marquée la combustion de graisse dans la portion cardio qui suit. Deuxièmement, on a observé qu'à la suite d'efforts intenses mobilisant peu de lipides, la perte de graisse pouvait tout de même être prononcée. Elle pourrait être causée par le fait que ce type d'efforts occasionne une grande dépense énergétique pendant l'exercice et une combustion de lipides accrue jusqu'à plusieurs heures après l'entraînement. Notons aussi qu'il importe peu que le cardio soit réalisé avant ou après la musculation dans le cas où celui-ci est de courte durée et d'une faible intensité.

Alterner cardio et musculation

Certains auteurs suggèrent que les carburants mobilisés ou la dépense énergétique ne sont pas suffisants pour expliquer la perte de graisse résultant de l'exercice. En effet, on a pu prouver qu'en dépit d'un coût énergétique plus bas et d'une mobilisation moindre de lipides, l'entraînement qui alterne des efforts cardiovasculaires intenses et des repos (entraînement par intervalles) pouvait causer une perte de graisse plus importante qu'un entraînement continu. Pour expliquer ces résultats, on suggère que l'entraînement par intervalles de courtes durées occasionnerait une combustion plus importante de gras dans les heures qui suivent l'exercice et une diminution sensible de l'appétit après l'effort.

> Différentes méthodes d'entraînement connaissent une popularité croissante, comme le CrossFit®, le P90X®, Insanity®», le RushFit®, le *boot camp*, le Perfmax® ainsi que la préparation aux courses à obstacles du type Spartan Race®. Ces entraînements intenses qui misent sur l'alternance du cardio et de la musculation sont efficaces pour perdre du poids.

La durée de l'entraînement peut être un problème lorsqu'on désire faire de la musculation et du cardio au cours de la même séance. Comme l'entraînement par intervalles est efficace pour la perte de graisse, il est judicieux de le combiner à la musculation. En effet, en raison de sa structure d'alternance effort-repos, il est possible d'intégrer cette méthode à une séance qui combine le cardio et la musculation en utilisant les périodes de repos pour faire des exercices musculaires. Évidemment, ce ne sera pas l'équivalent de vrais repos, mais ils seront certainement suffisants pour permettre de répéter plusieurs efforts intenses. Ainsi, la dépense énergétique totale de la séance sera potentiellement importante. Voici un exemple de cette forme de circuit d'entraînement qui s'avérera probablement la meilleure option pour perdre de la graisse dans une séance qui combine le cardio et la musculation.

Bloc 1

Exécuter 3 séries de cette séquence d'exercices dans l'ordre indiqué

Exercice	Durée	Nombre de répétitions
1. Course sur tapis roulant	4 minutes	-
2. *Squat*	-	15
3. Développé-couché	-	12

Bloc 2

Exécuter 3 séries de cette séquence d'exercices dans l'ordre indiqué

Exercice	Durée	Nombre de répétitions
1. Vélo stationnaire	3 minutes	-
2. Traction à la poulie	-	12
3. Développé aux épaules	-	12

Bloc 3

Exécuter 3 séries de cette séquence d'exercices dans l'ordre indiqué

Exercice	Durée	Nombre de répétitions
1. Appareil elliptique	2 minutes	-
2. Fentes alternées	1 minute	-
3. Planche abdominale	1 minute	-

LA RÉALITÉ EN BREF

Pour ceux qui désirent perdre du poids, il peut être plus intéressant de débuter avec l'exercice aérobie lorsque la musculation et le cardio sont effectués au cours de la même séance. En effet, maximiser la dépense énergétique au cours de l'entraînement doit être leur objectif. Or, pour une même durée, l'entraînement cardio engendre une plus grande dépense calorique que la musculation. Lorsque la musculation est réalisée en premier, elle cause un état de fatigue qui peut réduire les capacités de performance lors du cardio et ainsi réduire la dépense d'énergie de cette portion de la séance. Une autre possibilité particulièrement efficace pour atteindre cet objectif est d'alterner à plusieurs reprises, tout au long de la séance, quelques minutes de cardio avec 1 à 3 exercices de musculation.

Vous avez aimé ce sujet ? Lisez :

- Cardio ? Jamais de la vie, ça fait fondre les muscles ! (p. 189)
- Faire grossir ses muscles en perdant du gras : mission impossible (p. 194)
- Le cardio : toujours avant la musculation (p. 201)

MYTHE ? M'ÉTIRER ? PAS QUESTION, JE VAIS ÊTRE MOINS FORT !

Au même titre que la force, l'endurance ou la puissance musculaire, la flexibilité est une qualité physique qui peut être entraînée. Toutefois, certains mordus de musculation hésitent à le faire, car ils craignent une diminution de leur force. Cette crainte est souvent alimentée par les nouvelles connaissances concernant les étirements réalisés avant une performance, qui peuvent diminuer la force et la puissance musculaires maximales. Est-ce que le fait d'être plus flexible rend moins fort ? Y a-t-il des avantages à entraîner la flexibilité ?

La flexibilité, pour être plus fort

On sait que les exercices d'étirement réalisés tout juste avant l'entraînement ou la compétition peuvent nuire à la force et à la puissance maximales : certaines études ont mesuré une diminution de la force pouvant atteindre 5 à 20 % avec des étirements statiques de grande amplitude et de longue durée (ex. : plus de 60 secondes) en guise d'échauffement. Cette diminution de force pourrait être attribuable, en partie, au fait que l'étirement place les éléments du muscle (sarcomères) dans une position défavorable au développement d'une force maximale. Généralement, un muscle développe une force maximale lorsqu'il est à sa longueur de repos ou presque. De plus, il a été proposé que les étirements prolongés peuvent atténuer l'influx nerveux qui permet de générer une contraction musculaire.

Par contre, la littérature scientifique nous informe clairement que lorsque les étirements visant l'amélioration de la flexibilité sont réalisés à tout autre moment qu'avant un entraînement ou une compétition, la performance sportive peut être améliorée. Une étude portant sur des dynamophiles (spécialistes de la force maximale au *deadlift, squat* et *bench press*) a démontré qu'à la suite de deux séances d'étirements par semaine de 10 à 15 minutes chacune pendant 8 semaines, leur force à l'exercice du *bench press* avait augmenté de 5 %. Aucune augmentation de force n'a été observée chez les dynamophiles n'ayant pas fait d'étirements. L'augmentation mesurée peut être considérée comme importante parce que ce sont des athlètes expérimentés et qu'il est très difficile pour eux de s'améliorer. Une amélioration de la force maximale et de la hauteur de saut a aussi été observée chez des non-sportifs de tout âge et des deux sexes à la suite d'un entraînement de la flexibilité. Toutefois, il faut considérer la possibilité d'un effet placebo. En effet, il est presque impossible d'imposer des étirements aux participants sans que ces derniers ne soupçonnent les objectifs de l'étude.

Outre l'effet placebo, quelques explications ont été proposées au sujet de l'augmentation de la force et de la puissance maximales à la suite de l'entraînement de la flexibilité. Lorsqu'on améliore la flexibilité, on pourrait augmenter la force et la puissance à des angles où l'amplitude de mouvement est grande. De plus, Ian Shrier, de l'Université McGill à Montréal, mentionne que les étirements fréquents peuvent éventuellement provoquer une légère augmentation de la masse musculaire après une certaine période, ce qui cause normalement une faible augmentation de la force et de la puissance maximales.

La flexibilité : pas seulement pour être plus fort

Certaines activités sportives exigent une bonne flexibilité : il est alors essentiel d'entraîner cette qualité déterminante de la performance. Voici quelques exemples de disciplines où la flexibilité est primordiale : gymnastique, escalade, patinage artistique, karaté, danse, haltérophilie, contorsion, baseball (lanceur) et hockey (gardien de but).

Un autre avantage de l'entraînement de la flexibilité est la diminution du risque de blessures. En général, un manque de flexibilité des muscles de la hanche et du tronc peut être relié à un risque de mal de dos. Afin de réduire ce risque, il est recommandé, entre autres, d'étirer régulièrement les muscles situés à l'avant de la cuisse qui permettent une flexion à la hanche (ex. : droit antérieur de la cuisse, ilio-psoas) et les muscles situés à l'arrière de la cuisse (ischio-jambiers). Le manque de flexibilité accentue aussi le risque de blessures dans les situations où le sportif doit faire des accélérations à la course, comme au rugby ou au baseball. Lorsque les ischio-jambiers ne sont pas suffisamment flexibles, le risque d'élongation augmente. Notons toutefois que le risque de blessures est également accentué chez les personnes qui sont excessivement flexibles, car leurs articulations sont plus souvent instables. En outre, les étirements peuvent diminuer les tensions musculaires, ce qui peut à la fois réduire le risque de blessures et provoquer un état de calme et de mieux-être. Il est intéressant de mentionner que selon certaines études, les personnes flexibles semblent percevoir avec moins d'intensité les courbatures qui peuvent survenir après un entraînement.

Une perte importante de la flexibilité au fil des années peut diminuer l'autonomie des aînés dans les activités de la vie quotidienne. Or, une bonne flexibilité des muscles de la hanche, par exemple, peut permettre de marcher plus rapidement et aussi de réduire le risque de chute pouvant causer une fracture invalidante. Les gestes simples de la vie comme s'habiller, se laver le dos, entrer dans une voiture ou attacher ses chaussures peuvent s'avérer difficiles quand la flexibilité est réduite.

La patineuse artistique et médaillée olympique Joannie Rochette a déjà mentionné en entrevue avoir mis les bouchées doubles pour se conformer aux exigences de flexibilité requises en compétition internationale de patinage artistique. Tous les jours, la Québécoise a entraîné méthodiquement sa flexibilité, en portant une attention particulière au grand écart.

Méthodes d'entraînement de la flexibilité

Différents types d'étirements peuvent être exécutés afin d'améliorer la flexibilité.

› L'étirement statique est maintenu pendant un certain temps. Par exemple, étirer le muscle quadriceps de l'avant de la cuisse en tenant la cheville près de la fesse pendant 30 à 60 secondes.

› L'étirement dynamique est un étirement actif qui s'effectue dans le mouvement. Il étire et contracte certains groupes musculaires. Par exemple, dessiner de grands cercles avec les coudes, avec les mains sur les épaules, pendant 30 à 60 secondes.

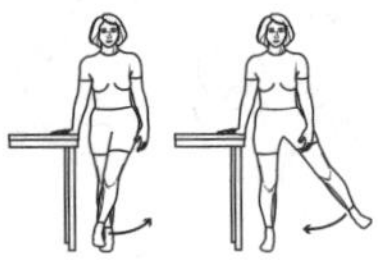

› L'étirement balistique est un étirement actif qui comporte un effet de rebond lorsque l'articulation atteint son amplitude maximale. Par exemple, balancer la jambe latéralement pour étirer les muscles adducteurs situés à l'intérieur de la cuisse pendant 30 à 60 secondes.

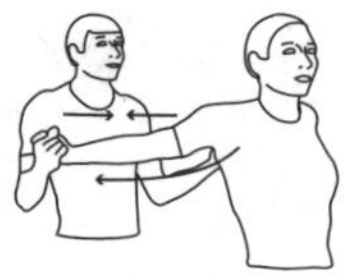

› L'étirement facilitateur neuroproprioceptif (FNP) nécessite le plus souvent une assistance. C'est un étirement statique alterné avec une contraction musculaire sans mouvement, alors que le muscle est toujours en position étirée. Par exemple, la personne est debout, les bras en croix, et l'assistant lui tient les poignets et tire ses bras vers l'arrière pendant 15 secondes. Sans changer la position, le muscle étiré est ensuite contracté pendant 6 secondes et on recommence la procédure deux fois.

› L'étirement avec charge est basé sur le principe que le muscle est étiré tout en étant contracté. Cette méthode nécessite l'emploi d'une résistance, elle est donc adaptée aux personnes s'entraînant en salle de musculation. Par exemple, il est possible d'étirer et de contracter les pectoraux pendant 10 à 30 secondes en exécutant l'exercice de l'écarté avec haltères. Une ou plusieurs répétitions pourront être exécutées.

Pour améliorer la flexibilité, tous les types d'étirements sont efficaces. Toutefois, pour des raisons de simplicité, la méthode par étirements statiques est la plus commune. Il est recommandé d'augmenter progressivement la fréquence et la durée des séances afin de continuer de s'améliorer. Par exemple, un débutant pourrait s'étirer 3 fois par semaine 10 à 30 minutes par séance et une personne avancée 5 à 7 fois par semaine 30 à 60 minutes par séance.

> Osons mentionner qu'une bonne flexibilité permet des positions sexuelles plus variées et possiblement une vie érotique plus épanouie!

LA RÉALITÉ EN BREF

L'entraînement de la flexibilité ne nuit pas à la force ou à la puissance musculaire maximale dans la mesure où les étirements ne sont pas réalisés juste avant l'entraînement ou la compétition. En fait, certains auteurs ont même observé une légère amélioration de ces qualités musculaires grâce à l'entraînement de la flexibilité. Finalement, l'entraînement de la flexibilité peut améliorer la performance sportive dans les disciplines où cette qualité est déterminante, réduire les tensions musculaires et diminuer le risque de blessures, tout en limitant la perte d'autonomie chez les aînés.

Vous avez aimé ce sujet? Lisez:

- Le *deadlift*: le meilleur exercice pour devenir fort comme un bœuf (p. 88)
- Pour prendre du muscle, il faut lever des gros poids (p. 169)
- La musculation pour augmenter la flexibilité: un non-sens (p. 216)
- L'étirement après l'entraînement: le remède contre les courbatures (p. 281)

MYTHE ? LA MUSCULATION POUR AUGMENTER LA FLEXIBILITÉ : UN NON-SENS

L'entraînement en musculation et l'entraînement de la flexibilité sont fréquemment considérés comme incompatibles. Selon une croyance populaire, les exercices de musculation provoqueraient une perte de flexibilité. Pourtant, certains entraîneurs affirment qu'il est possible de devenir plus flexible grâce à la réalisation de méthodes et d'exercices spécifiques de musculation. Qu'en est-il réellement ? Comment la musculation pourrait-elle améliorer la flexibilité ?

L'ABC de la flexibilité

Le muscle humain est extensible, c'est-à-dire qu'il est possible de l'allonger jusqu'à un certain point sous l'action d'une force externe. Par exemple, un grimpeur qui fait presque un grand écart des jambes contre une paroi voit ses muscles étirés par l'effet de la gravité. Comme beaucoup de qualités musculaires, l'extensibilité des muscles est le résultat de l'hérédité et de l'entraînement visant à améliorer cette aptitude. Ainsi, un muscle fréquemment soumis à des étirements adéquats restera souple ou le deviendra encore plus. Inversement, l'absence prolongée d'étirements pourra causer une perte de flexibilité. À ce jour, les mécanismes qui sont responsables de la flexibilité ne sont pas vraiment connus. Toutefois, certaines études concluent que le gain en flexibilité à long terme serait en partie dû à une augmentation de la tolérance à l'étirement. Ainsi, l'étirement fréquent du muscle engendrerait une désensibilisation à la douleur qui permettrait une plus grande amplitude de mouvement.

Quand la musculation nuit à la flexibilité

Un gain de masse musculaire excessif, comme celui des culturistes, pourrait affecter négativement l'amplitude de mouvement d'une articulation : le volume musculaire important nuirait à la flexibilité lors de certains mouvements. Par exemple, un culturiste pourrait éprouver des difficultés à retirer son chandail ou à croiser les jambes.

En outre, la musculation peut nuire à la flexibilité de manière momentanée. En effet, les courbatures ou les tensions musculaires ressenties environ 8 à 12 heures après l'entraînement peuvent réduire l'amplitude de mouvement à certaines articulations. Toutefois, cette perte de flexibilité n'est que passagère. Les courbatures devraient s'atténuer 1 à 3 jours après leur apparition.

Quand la musculation n'a aucun effet sur la flexibilité

L'exécution régulière d'exercices avec charges provoque divers changements dans les muscles : augmentation des protéines permettant la contraction, hausse du nombre de capillaires (petits vaisseaux sanguins), accroissement du nombre de fibres musculaires sollicitées lors de la contraction, grossissement des fibres musculaires, etc. Contrairement à ce que plusieurs croient, ces changements n'ont pas d'effets négatifs sur la capacité d'étirement des muscles. Par ailleurs, plusieurs exercices de musculation n'étirent pas suffisamment les muscles pour engendrer une amélioration de la flexibilité. Citons par exemple la flexion aux coudes avec barre, l'élévation frontale aux épaules ou l'extension aux genoux. Ainsi, la plupart du temps, la musculation n'a pas d'effet sur la flexibilité.

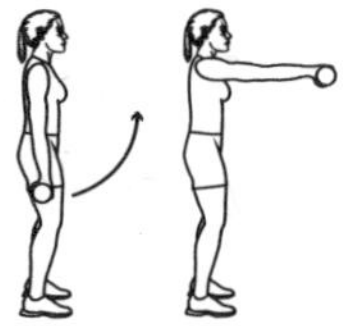

Quand la musculation augmente la flexibilité

Bon nombre d'études ont démontré que des exercices exécutés avec une grande amplitude de mouvement tels que le développé-couché avec haltères (*dumbbell press*), l'extension aux épaules (*pull-over*) ou la fente avant étirent suffisamment certains muscles pour améliorer la flexibilité, surtout chez les personnes qui ne sont pas très souples.

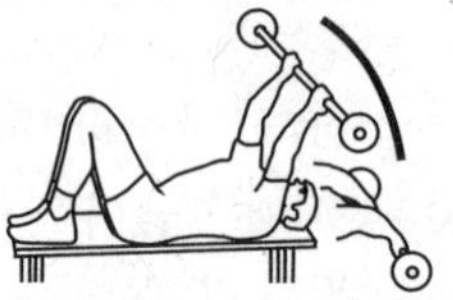

Quand la musculation vise l'amélioration de la flexibilité

Les exercices de musculation qui permettent, entre autres, l'amélioration de la flexibilité, ont deux points en commun. Premièrement, ils sont exécutés avec une amplitude de mouvement importante qui se rapproche des limites de la capacité d'étirement des muscles sollicités. Deuxièmement, comme tout exercice de musculation, ils provoquent la contraction de certains muscles dans le but d'améliorer la force ou l'endurance.

Les exercices qui ont une grande amplitude de mouvement permettent d'étirer suffisamment le ou les muscle(s) alors qu'ils se contractent (contraction excentrique), de sorte que la flexibilité peut être améliorée. Par exemple, les muscles pectoraux sont étirés lors de l'écarté des bras sur appareil. Lors de cet exercice, on peut ouvrir lentement les bras en 10 secondes et revenir à la position initiale en 1 ou 2 secondes, et répéter le tout 6 fois. Il est important d'utiliser des charges légères au cours de ce type d'exercice, afin de pouvoir atteindre une grande amplitude de mouvement et de réduire le risque de blessures des muscles sollicités.

Lors d'une contraction isométrique, les muscles peuvent être étirés tout en étant contractés. Au cours de ce type d'exercice, il est préférable de maintenir la position d'étirement pendant un certain temps si l'on veut améliorer la flexibilité. À titre d'exemple, au cours de l'adduction sur appareil, la position d'ouverture des jambes peut être maintenue pendant 10 secondes avec 6 répétitions. On peut aussi la maintenir plus longtemps avec moins de répétitions comme 4 fois 15 secondes, 2 fois 30 secondes ou 1 fois 60 secondes. En plus d'une amélioration possible de la souplesse des muscles étirés, ce type d'exercice permet d'augmenter la force ou l'endurance musculaires à l'angle où la position est maintenue. Voici d'autres exemples d'exercices où les muscles peuvent être étirés et contractés simultanément :

- soulevé de terre jambes tendues (*stiff legged deadlift*);
- *squat* à une jambe avec appui arrière surélevé;
- écarté avec haltères (*dumbbell fly*);
- rotation externe aux épaules en position debout.

Finalement, il est possible d'effectuer certains exercices dans une position où certains muscles se contractent pour effectuer l'action principale pendant que d'autres sont étirés. Par exemple, on peut exécuter un redressement assis partiel (*crunch*) avec les jambes en position de grand écart appuyées contre un mur. L'exercice étire les adducteurs (muscles de l'intérieur des cuisses) tout en contractant les abdominaux. Voici quelques exemples d'exercices qui étirent certains muscles pendant que d'autres se contractent:

- écarté des bras en position renversée (*dumbbell reverse fly*) avec les genoux en extension;
- *squat* à une jambe isométrique avec appui arrière surélevé, jumelé à une flexion aux coudes;
- extension aux épaules (*pull-over*) isométrique jumelé à un *crunch* renversé.

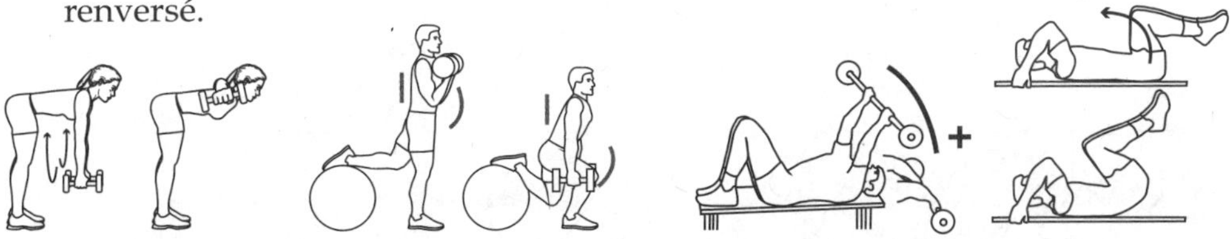

L'ex-nageuse américaine Dara Torres a commercialisé une méthode d'étirement avec résistance en mettant en marché un DVD intitulé : *Resistance Stretching with Dara Torres.* Elle affirme que l'étirement avec résistance a été son « arme secrète » pour assurer sa qualification aux Jeux olympiques de Sydney alors qu'elle était âgée de 40 ans.

Quand la musculation mesure la flexibilité

Le test le plus communément utilisé pour mesurer la flexibilité est celui de la flexion du tronc en position assise. Il existe aussi des tests conçus à partir d'exercices de musculation, comme le *squat* avec un bâton tenu au-dessus de la tête. Lors de la flexion des genoux, les cuisses devraient au moins être parallèles au sol et les bras maintenus en position verticale tout au long du mouvement. Ce test permet, entre autres, de mesurer la flexibilité aux épaules, qui est considérée comme insuffisante si le bâton passe en avant de la tête. Ce test permet aussi d'évaluer l'efficacité des muscles qui stabilisent les hanches. En effet, pendant le mouvement, lorsque les genoux tendent à se rapprocher l'un de l'autre, il est possible que les abducteurs (moyens et petits fessiers) n'assument pas efficacement leur rôle.

LA RÉALITÉ EN BREF

Que l'on s'entraîne en musculation ou non, la flexibilité est le résultat d'étirements adéquats et réguliers. Habituellement, l'entraînement musculaire a peu ou pas d'impact direct sur la capacité d'étirement des muscles. Par contre, certains exercices de musculation exigent une grande amplitude de mouvement, ce qui peut étirer suffisamment les muscles pour améliorer la flexibilité, en plus d'augmenter la force ou l'endurance musculaires. Néanmoins, l'entraînement de la flexibilité à l'aide d'étirements traditionnels demeure la méthode la plus efficace.

Vous avez aimé ce sujet ? Lisez :

- M'étirer ? Pas question, je vais être moins fort ! (p. 211)
- L'étirement après l'entraînement : le remède contre les courbatures (p. 281)

L'ENTRAÎNEMENT EN MUSCULATION :

LES MÉTHODES

De nombreuses méthodes d'entraînement peuvent être utilisées en musculation. Plusieurs d'entre elles permettent de varier les séances afin de progresser encore plus ou de briser un plateau qui est souvent atteint lorsqu'on s'entraîne. De plus, l'utilisation de méthodes variées peut également rehausser la motivation, une condition essentielle au maintien des habitudes d'entraînement. Malheureusement, elles sont souvent peu connues des sportifs et, pour cette raison, peu exploitées. Après avoir lu cette section, les différentes méthodes avancées en musculation comme les super séries, les séries forcées et les séries trichées n'auront plus de secrets pour vous. De plus, vous en apprendrez sur des méthodes qui gagneraient à être connues davantage telles que la pliométrie et l'excentrique lent. Finalement, vous en saurez plus sur le CrossFit®, sur l'ordre idéal pour réaliser vos exercices, sur la pertinence de l'expression populaire *No pain, no gain* et sur les façons de rendre vos entraînements dynamiques et stimulants.

MYTHE ? L'ENTRAÎNEMENT EN MUSCULATION, RIEN DE PLUS MONOTONE

L'entraînement en musculation est perçu par certains comme une activité physique monotone ou qui pourrait rapidement le devenir. D'où peut provenir cet ennui ? Plusieurs causes sont possibles. Pour chacune de ces causes, nous vous proposons des solutions pour rendre l'entraînement plus attrayant, plus dynamique, plus motivant et, donc, tout sauf ennuyeux.

Toujours les mêmes entraînements

Trop souvent, les sportifs ne voient pas l'intérêt de modifier périodiquement leur programme d'entraînement. Pourtant, un changement de programme amène de la variété, un atout essentiel au maintien de la motivation en entraînement. De plus, un changement de programme d'entraînement peut favoriser l'amélioration des qualités musculaires et ainsi rehausser encore davantage la motivation.

Le nombre de variations possibles en musculation est presque illimité. En voici quelques-unes.

- Changement d'exercice.
  Ex. : On peut réaliser un développé sur banc incliné plutôt que sur banc plat.
- Augmentation ou diminution de la charge.
  Ex. : Lorsque le nombre de répétitions possibles excède le nombre recherché, la charge peut être augmentée.

- Augmentation ou diminution du nombre de séries d'exercices ou de répétitions.
  Ex.: Afin d'entraîner la force maximale, le nombre de répétitions peut être réduit à 6 ou moins.
- Réduction ou allongement des leviers utilisés.
  Ex.: Afin de rendre les pompes (*push-ups*) plus faciles, on peut prendre appui sur les genoux au lieu des orteils.
- Modification de la vitesse d'exécution.
  Ex.: En accélérant la vitesse d'exécution, il est possible de faire plus de répétitions en un temps donné. Par exemple, lors d'exercices d'une minute à l'intérieur d'un circuit, plus la vitesse d'exécution est rapide, plus ils deviennent difficiles.
- Modification de l'amplitude de mouvement.
  Ex.: Un exercice est normalement réalisé avec une pleine amplitude de mouvement, mais il est possible de travailler avec une amplitude réduite dans le but de renforcer les muscles à des angles précis.
- Modification du type de contraction musculaire (anisométrique, isométrique, pliométrique, excentrique).
  Ex.: Certains exercices qui sollicitent les muscles du tronc peuvent être plus fonctionnels lorsqu'ils sont réalisés en contraction isométrique, c'est-à-dire sans mouvement. Il peut être préférable de choisir l'exercice de planche abdominale plutôt que le redressement assis.
- Utilisation de méthodes d'entraînement musculaire avancées. Certains exercices qui sollicitent les muscles du tronc peuvent être plus fonctionnels lorsqu'ils sont réalisés en contraction isométrique, c'est-à-dire sans mouvement. Par exemple, il peut être préférable de choisir l'exercice de planche abdominale plutôt que le redressement assis.
  Ex.: Faire quelques répétitions supplémentaires au développé couché en utilisant la méthode par série forcée.
- Utilisation de différents accessoires d'entraînement (ballon d'exercice, ballon lesté, élastique, système TRX® ou autres).
  Ex.: Faire des tractions avec le système TRX®.

Conseil nº 1 : *Consultez un kinésiologue ou un entraîneur certifié qui pourra modifier régulièrement votre programme d'entraînement, au minimum tous les deux mois.*

Des périodes de repos trop longues

Plusieurs trouvent l'entraînement en musculation ennuyeux, car après avoir réalisé une série pour un exercice, ils doivent récupérer avant d'en refaire une autre du même exercice. Ce temps d'attente, qui varie en général entre 1 et 2 minutes, peut devenir lassant, surtout pour celui ou celle qui s'entraîne seul. Or, la récupération est nécessaire afin d'être capable de réaliser sensiblement la même performance à la série suivante. Cette problématique est plus marquée avec une structure d'entraînement horizontale, lorsque toutes les séries d'un même exercice sont effectuées avant de passer à l'exercice suivant. Le temps de repos doit alors être appréciable, surtout si les séries comportent un nombre de répétitions maximales. Toutefois, d'autres structures d'entraînement sont envisageables afin de réduire le temps de repos, ce qui rendra l'entraînement plus dynamique et plus court pour un même nombre de séries d'exercices, et donc moins ennuyeux. Lorsqu'une série de chacun des exercices composant la séance est achevée avant d'en recommencer une autre, on parle de structure verticale. Lorsque les exercices sont réalisés de façon verticale, mais séparés en groupes de 2, 3 ou 4, il s'agit d'une structure semi-verticale (mixte). En utilisant la structure verticale ou semi-verticale, il est possible de réduire le temps de repos lorsque les exercices qui se suivent ne sollicitent pas les mêmes groupes musculaires. Pour des raisons de commodité, la structure d'entraînement semi-verticale est préférable à la structure verticale en salle de musculation, surtout en période de fort achalandage. Toutefois, un entraînement à la maison peut très bien être réalisé à la verticale.

Conseil n° 2: *Privilégiez une structure d'entraînement semi-verticale ou verticale.*

La musculation n'est pas qu'une affaire de gros bras!

La musculation est trop souvent associée aux gros bras et aux hommes forts, c'est-à-dire à l'augmentation de la masse musculaire ou de la force maximale. Il est faux de prétendre que la musculation ne favorise que l'atteinte de ces objectifs. En effet, elle permet aussi l'amélioration de l'endurance, de la puissance, de l'équilibre, de la perception corporelle (proprioception), de la coordination, ainsi que l'augmentation de la dépense énergétique en vue d'une perte de poids.

Pour rejoindre la clientèle qui perçoit l'entraînement en salle de musculation comme monotone, plusieurs centres de conditionnement physique offrent désormais des cours de musculation de groupe. Quelques centres poussent plus loin l'originalité en proposant des cours agrémentés d'accessoires non conventionnels, comme le système TRX®, le trapèze, la plate-forme vibrante ou la table de Pilates.

L'entraînement en puissance musculaire est très intéressant pour presque tous les sportifs : un hockeyeur pourra améliorer son accélération en patin, un golfeur augmenter la distance de ses coups de départ et un joueur de tennis accélérer sa première balle de service. La condition essentielle pour qu'un exercice entraîne la puissance musculaire est qu'au moins une partie du mouvement soit exécutée avec une intention de vitesse maximale.

En plus de l'endurance et de la force, d'autres aptitudes physiques telles que la coordination, l'équilibre ainsi que la proprioception, des qualités essentielles à plusieurs activités sportives ainsi qu'au maintien de l'autonomie avec l'âge, pourraient être améliorées en modifiant des exercices conventionnels de musculation. À titre d'exemple, voici quelques variations d'exercices à partir du *squat* qui permettent d'entraîner l'une ou l'autre de ces qualités :

- variation du nombre d'appuis : *squat* sur un seul pied ;
- variation de la surface d'appui : *squat* sur un ballon d'exercice ;
- variation visuelle : *squat* avec haltères, les yeux fermés ;
- ajout d'un mouvement du haut du corps : développé au-dessus des épaules avec haltères ajouté au *squat* ;

› combinaison de variations: développé au-dessus des épaules avec haltères ajouté à un *squat* sur un pied, sur un demi-ballon d'exercice, les yeux fermés!

En plus de leur utilité bien précise, ces exercices sont un défi pour le participant et lui demandent une grande concentration, ce qui peut certainement le motiver, et ainsi, diminuer le risque d'ennui.

L'endurance musculaire est souvent entraînée avec des séries d'exercices de 12 à 15 répétitions. Pourtant, elle peut également être améliorée avec des séries de 20, 30, 40, 50 voire 100 répétitions pour certains exercices. Par exemple, un cycliste peut faire l'exercice du *leg press* en utilisant la méthode des 100 répétitions, qui crée de la variété et pose un défi au participant. Elle consiste à réaliser 100 répétitions avec une charge relativement légère dans le plus court laps de temps. Les pauses sont permises à tout moment, mais il faut les réduire, car l'objectif est de faire cet exercice le plus rapidement possible.

Finalement, une augmentation appréciable de la dépense calorique peut aussi être l'objectif d'entraînement en musculation. Pour ce faire, il est nécessaire de choisir des exercices qui sollicitent de grosses masses musculaires (ex.: *squat,* pompes, tractions à la poulie, planche abdominale). Il est également nécessaire de réduire le temps de repos entre les séries. Ainsi, il est possible de faire un plus grand nombre de séries pour une séance d'une même durée.

Conseil nº 3: *Consultez un kinésiologue ou un entraîneur certifié afin que votre programme d'entraînement soit stimulant, qu'il représente un défi, et surtout, qu'il favorise l'atteinte de vos objectifs personnels.*

LA RÉALITÉ EN BREF

Certains s'ennuient lors de leur entraînement en musculation. Il est pourtant possible de rendre cet entraînement stimulant en suivant quelques conseils de base. Premièrement, il est important de consulter un kinésiologue ou un entraîneur certifié qui pourra le modifier régulièrement. De multiples variations sont possibles, il s'agit de trouver celles qui sauront vous motiver. Deuxièmement, une structure d'entraînement semi-verticale ou verticale peut réduire les temps de repos entre les séries d'exercices et rendre l'entraînement beaucoup plus dynamique qu'une structure horizontale plus conventionnelle. Finalement, il ne faut pas oublier de préciser ses objectifs au kinésiologue et garder à l'esprit que l'entraînement en musculation n'est pas seulement une affaire de « gros bras » ! En effet, la musculation peut servir différents objectifs et le fait que l'entraînement soit axé sur des cibles personnelles le rend plus stimulant.

Vous avez aimé ce sujet ? Lisez :

- Oubliez les élastiques. Le système TRX®, c'est encore mieux ! (p. 144)
- Pour être musclé en 20 minutes, il suffit d'être intense (p. 183)
- Le CrossFit® réinvente l'entraînement (p. 229)
- Les super séries : beaucoup plus efficaces que les séries ordinaires (p. 241)

MYTHE ? | LE CROSSFIT® RÉINVENTE L'ENTRAÎNEMENT

Presque inconnue des sportifs il y a une dizaine d'années, la méthode d'entraînement CrossFit® jouit aujourd'hui d'une popularité croissante. Le CrossFit® est perçu par plusieurs comme une nouvelle méthode qui révolutionne et réinvente l'entraînement. Quelles sont les origines de cette méthode ? En quoi consiste un entraînement CrossFit® ? Ce type d'entraînement est-il véritablement innovateur ou plutôt un « copier-coller » d'un ensemble de méthodes qui existaient déjà ?

Les débuts du CrossFit®... dans un garage !

L'ancien gymnaste Greg Glassman et sa femme ont créé la méthode d'entraînement CrossFit® au cours des années 1970. Celui qui œuvre dans le monde du conditionnement physique depuis le début des années 1980 s'entraînait à l'époque à la façon CrossFit® dans son garage transformé en salle de conditionnement physique. Toutefois, c'est seulement au cours des dernières années que ce type d'entraînement a pris un envol remarqué. Après avoir ouvert son premier centre d'entraînement CrossFit® en 1995, Greg Glassman a mis en ligne, en 2001, le site Web CrossFit.com, qui permet aux sportifs d'avoir accès à l'entraînement du jour ou, dans le jargon des initiés, au WOD (*Work-out of the Day*).

Des exercices et des accessoires variés

La méthode d'entraînement CrossFit® est caractérisée par une variété d'exercices musculaires globaux, tels que des mouvements d'haltérophilie ou qui s'y apparentent, ainsi que par différentes formes de sauts, de *squats,* de tractions sur barre et sur corde, de pompes (*push-ups*) et de lancers de ballon lesté. De plus, des exercices cardiovasculaires tels que la corde à danser, le rameur, la course à pied, les *jumping jacks* et les *burpees*[4] sont aussi exécutés au cours de l'entraînement CrossFit®. Des accessoires aussi variés que des haltères, des barres, des *kettlebells,* des blocs, des chaînes, des massues, des gros pneus, des anneaux de gymnastique, des parallettes (petites barres parallèles), des sacs lestés, des ballons et des cordes sont aussi utilisés dans cette méthode d'entraînement.

Comment est construit un entraînement CrossFit®?

La structure de l'entraînement CrossFit®, c'est-à-dire la façon dont les exercices sont organisés et réalisés, peut être variée. La structure et le choix des exercices de la séance d'entraînement du jour doivent idéalement occasionner une grande fatigue chez le sportif. Par exemple, on peut passer d'une série à l'autre sans prendre de repos. Une autre façon d'augmenter l'effort perçu est de faire plusieurs répétitions d'un même exercice en réduisant le plus possible les temps de repos. En CrossFit®, les charges utilisées pour les exercices varient selon le nombre de répétitions prédéterminé de la séance du jour et selon la capacité du sportif. En plus de la structure, le choix d'exercices aide aussi à augmenter le degré d'intensité de l'entraînement. En effet, la plupart des exercices de CrossFit® sont globaux, c'est-à-dire qu'ils sollicitent plusieurs muscles, ce qui augmente la dépense d'énergie et par conséquent l'effort perçu. Voici quelques exemples simples de séances d'entraînement du jour, ou WOD.

4. Un *burpee* est un exercice global qui comporte plusieurs étapes. Il s'exécute dans cet ordre : position debout, position accroupie les mains au sol, position *push-up* les coudes en extension, position accroupie les mains au sol, et finalement, saut.

Réaliser le maximum de séries de ces 4 exercices en 20 minutes.

- 6 tractions à la barre
- 20 *squats* avec des haltères d'environ 10 kg (20 lb)
- 12 pompes (*push-ups*)
- Marcher sur une distance de 30 m en tenant des haltères d'environ 22 kg (50 lb)

Exécuter tous les exercices le plus rapidement possible. Faire toutes les répétitions d'un exercice avant de passer au prochain.

- 50 *squats* avec lancer de ballon lesté de 10 kg
- 50 *burpees*
- 50 arrachés alternés à une main avec un haltère d'environ 20 kg (45 lb)
- 400 m de course à pied
- 50 pompes (*push-ups*)
- 50 soulevés de terre (*deadlift*) avec une barre de 40 kg (≈ 90 lb)
- 400 m de course à pied
- 50 sauts sur bloc
- 50 épaulés-jetés avec une barre de 30 kg (≈ 65 lb)
- 400 m de course à pied

Exécuter 4 séries de chaque exercice (ou 4 rondes, dans le jargon CrossFit®) le plus rapidement possible.

- 500 m de rameur
- Grimper 3 fois une corde d'une hauteur de 3 m
- Faire pivoter un gros pneu sur une distance de 20 m
- Transporter un sac de sable de 25 kg sur 40 m
- 25 lancers au sol d'un ballon de 8 kg
- 30 sauts doubles à la corde à sauter

Les Jeux CrossFit®, qui ont vu le jour en 2007, rassemblent des compétiteurs du monde entier. En 2013, les bourses atteignaient un total d'environ 1,4 million de dollars, dont 275 000 $ pour le gagnant et la gagnante. Le montant des bourses, qui ne cesse d'augmenter, illustre bien l'ascension fulgurante du CrossFit® : en 2007, elles n'étaient que de 500 $!

Le CrossFit®, une méthode innovatrice ?

En 1959, Morgan et Adamson de l'Université de Leeds, en Angleterre, inventèrent le circuit d'entraînement. Cette méthode a beaucoup de similarités avec l'entraînement CrossFit®. Tout comme le CrossFit®, la méthode par circuit minimise le temps de repos entre chaque exercice et peut utiliser des exercices musculaires et cardiovasculaires. En outre, le circuit Morgan-Adamson était destiné aux sportifs expérimentés. C'était aussi le cas avec l'entraînement CrossFit®, qui a tout d'abord été exploité par les policiers, les pompiers et les soldats de l'armée.

C'est dans les années 1950 qu'un Belge au nom prédestiné, Raoul Mollet, inventa le cross promenade. Cette forme d'entraînement réalisée en nature allie une variété d'exercices musculaires et cardiovasculaires. Elle permet l'amélioration de plusieurs aptitudes physiques, tout comme l'entraînement CrossFit®. De plus, certains exercices musculaires contenus dans les entraînements cross promenade et CrossFit® sont exécutés avec le poids corporel. Raoul Mollet est aussi l'auteur d'un ouvrage intitulé *L'entraînement total*, publié en 1961 : cette méthode d'entraînement inclut le cross promenade ainsi que l'entraînement en circuit, par intervalles et en puissance musculaire. Comment ne pas voir l'analogie avec le CrossFit® ?

Les similarités entre l'entraînement CrossFit® et d'autres méthodes ne s'arrêtent pas là. Plusieurs accessoires ainsi que de nombreux mouvements du CrossFit® existaient bien avant son apparition. En tant qu'ancien gymnaste, Glassman a incorporé quelques engins comme les anneaux et la barre fixe à sa méthode. En outre, les mouvements de l'haltérophilie sont très utilisés en CrossFit®. Les premières compétitions de cette discipline datent de la fin des années 1800. Par ailleurs, les *kettlebells* ont été mis au point en Russie dans les années 1700. Finalement, les ballons lestés (*medicine balls*) existeraient depuis plus de 3000 ans !

LA RÉALITÉ EN BREF

Lorsque Greg Glassman et sa femme ont inventé l'entraînement CrossFit® dans leur garage au cours des années 1970, ils ne se doutaient pas que cette méthode serait considérée comme nouvelle à l'aube du XXIe siècle. Bien qu'en général la structure du CrossFit® soit celle d'un circuit, que les exercices soient issus de différentes activités physiques existant déjà et que les accessoires utilisés ne soient pas nouveaux, Glassman a su en tirer profit en les réunissant au sein d'une seule méthode d'entraînement. Le CrossFit® marque fortement ses adeptes, qui apprécient les défis à relever, les entraînements variés et les exercices intenses à chacune des séances.

Vous avez aimé ce sujet ? Lisez :

- Faire grossir ses muscles en perdant du gras : mission impossible (p. 194)
- Le CrossFit® : un entraînement réservé aux athlètes (p. 234)
- La puissance, c'est de la pliométrie (p. 268)

MYTHE ? LE CROSSFIT® : UN ENTRAÎNEMENT RÉSERVÉ AUX ATHLÈTES

Les adeptes de l'entraînement CrossFit® le décrivent souvent comme une méthode intense, difficile et épuisante. De nos jours, les compétitions internationales de CrossFit® sont diffusées sur les chaînes de télévision sportives. On peut à cette occasion admirer des athlètes aux corps de guerriers spartiates et de guerrières amazones qui se dépassent en réalisant une variété d'exercices plus exténuants les uns que les autres. L'entraînement CrossFit® est-il accessible à tous ou devrait-il être réservé aux athlètes ?

Pour ceux qui veulent être en bonne condition physique

L'amélioration générale de la condition physique est un objectif d'entraînement que plusieurs personnes désirent atteindre. L'entraînement CrossFit® peut y contribuer grâce à ses exercices variés. Voici comment certains attributs de la condition physique sont entraînés.

La force musculaire maximale

Afin de l'entraîner, les exercices doivent être réalisés idéalement avec une charge lourde permettant un nombre de répétitions maximales inférieur ou égal à 6. Cependant, une charge plus légère est conseillée aux débutants, de manière à diminuer le risque de blessures. Par exemple, un nombre de répétitions maximales de 8 à 12 est indiqué chez un débutant lorsque la technique du mouvement est maîtrisée. Notons qu'on entraîne la force maximale avec plus de succès en début de séance, puisque le corps n'est pas fatigué.

La puissance musculaire

La puissance musculaire est entraînée au cours d'exercices qui exigent une intention de vitesse explosive, comme les sauts, les lancers de ballon lesté, les tractions dynamiques à la barre et les mouvements issus de l'haltérophilie, ou lorsque les exercices doivent être réalisés le plus rapidement possible.

L'endurance musculaire

L'endurance est mise à l'épreuve lorsque les charges utilisées sont légères et qu'elles permettent un nombre de répétitions supérieur à 12. De plus, on enchaîne généralement les séries d'exercices sans temps de repos ou presque : ainsi, la force et la puissance peuvent être entraînées en situation de fatigue. Dans ce cas, il s'agit d'une forme d'endurance.

La coordination musculaire

On améliore la coordination grâce à l'apprentissage et à la réalisation d'une variété d'exercices globaux. Certains exercices exigent un niveau de coordination très élevé, comme ceux issus de l'haltérophilie. Pour les exécuter de façon sûre et efficace, il est primordial, dans un premier temps, de privilégier l'apprentissage du mouvement par rapport à l'intensité de l'effort. Se concentrer sur l'exécution adéquate d'un exercice plutôt que sur la performance permet d'améliorer la coordination.

L'aptitude anaérobie lactique

L'exécution d'exercices rythmiques sollicitant d'importantes masses musculaires pendant 20 à 120 secondes améliore l'aptitude anaérobie lactique. Cette aptitude permet une production élevée d'énergie sans que l'oxygène y participe. Elle est associée à une production et à une accumulation de lactate (dérivé de l'acide lactique). Les exercices comme la course à pied, les *burpees* ou les enchaînements de sauts sont courants lors des entraînements qui ciblent l'aptitude anaérobie lactique.

L'aptitude aérobie

Certaines séances d'entraînement incluent des exercices comme le rameur, la course à pied ou la corde à sauter. Lorsque la durée de l'effort est de plus de 2 minutes, on entraîne davantage le système cardiovasculaire. Toutefois, comme les efforts sont généralement de courte durée (moins de 5 minutes), l'amélioration concernera principalement le VO_2max (consommation maximale d'oxygène) et dans une moindre mesure, l'endurance aérobie de longue durée.

Malheureusement, un des avantages de l'entraînement CrossFit® s'avère aussi un inconvénient. Lorsqu'on exerce plusieurs aptitudes, la condition physique progresse, mais il devient plus difficile d'améliorer une seule qualité à son plein potentiel. Prenons à titre d'exemple l'augmentation de la force musculaire maximale. En général, lors d'un entraînement CrossFit®, les temps de repos entre les efforts ne sont pas suffisamment longs pour maximiser l'amélioration de cette aptitude. De plus, les exercices sont souvent réalisés avec des charges qui permettent un nombre de répétitions supérieur à 6. On pourrait comparer le CrossFit® avec le décathlon en athlétisme. Cette discipline compte 10 épreuves imposées, comme le saut en longueur, le 110 mètres haies, le lancer du poids et le 1500 mètres. Les décathloniens sont assez performants dans chacune des 10 épreuves, mais normalement, aucun d'entre eux ne deviendra champion du monde de l'une ou l'autre de ces disciplines. Finalement, on peut conclure que malgré la diversité des aptitudes physiques entraînées en CrossFit®, certaines sont généralement moins travaillées, comme la flexibilité et l'endurance aérobie de longue durée. Néanmoins, il est possible d'augmenter le travail de ces deux aptitudes en appliquant les recommandations des méthodes CrossFit® mobilité et CrossFit® endurance.

Une des devises des mordus du CrossFit® est : « Je peux te battre dans tout, sauf dans la discipline dans laquelle tu es spécialiste. »

Pour ceux qui veulent de plus gros muscles

En plus d'améliorer plusieurs attributs de la condition physique, l'entraînement CrossFit® favorise l'augmentation de la masse musculaire grâce aux séries d'exercices globaux qui contribuent à l'hypertrophie. Cependant, cette forme d'entraînement n'est pas la meilleure quand l'objectif est d'obtenir un gain maximal de masse musculaire, car l'entraînement n'est pas fractionné, le nombre de répétitions excède régulièrement 12 et les temps de repos sont parfois trop courts.

Pour ceux qui veulent dépenser des calories

Comme on l'a vu, l'entraînement CrossFit® se caractérise par l'exécution d'exercices globaux avec des temps de repos réduits. Ainsi, ceux qui jouissent d'une bonne condition physique et qui fournissent des efforts intenses durant toute la séance dépenseront beaucoup de calories. Cette dépense d'énergie pourra se traduire par une perte de graisse. Pour une durée et une intensité équivalentes, ce type d'entraînement occasionne une dépense calorique qui se rapproche de celle obtenue lors d'un exercice aérobie. Par exemple, courir pendant 45 minutes occasionne une dépense d'énergie d'environ 400 à 800 kcal.

Pour ceux qui aiment relever des défis

L'entraînement CrossFit® permet aux participants de relever un défi à chaque séance, ce qui le différencie nettement de la musculation traditionnelle. La structure de cette méthode permet de quantifier l'effort fourni, d'établir si la séance est réalisée avec succès ou non et de se comparer aux collègues d'entraînement. De plus, la participation à des compétitions de CrossFit® peut s'avérer une source importante de motivation.

Pour ceux qui aiment les efforts difficiles

L'entraînement CrossFit® est basé sur le principe que la progression dépend de l'intensité de l'effort fourni au cours de la séance. Les différentes structures d'entraînement et les exercices imposent la plupart du temps aux participants un effort important, qui peut même être perçu comme épuisant.

Pour ceux qui aiment la variété

L'entraînement CrossFit® offre une grande variété d'exercices et de façons de les réaliser, alors que, comparativement, le contenu et la structure d'un entraînement traditionnel sont souvent semblables au fil des séances. Cette variété se traduit par une plus grande motivation chez plusieurs sportifs.

Pour ceux qui sont physiquement actifs

Nul besoin d'être un sportif aguerri pour participer à des séances d'entraînement CrossFit®, mais il est préférable d'avoir une certaine expérience des exercices de base de musculation comme le *squat* ou le soulevé de terre (*deadlift*). Certains exercices globaux plus complexes, comme ceux issus de l'haltérophilie ou le lancer de ballon lesté, exigent une bonne coordination pour diminuer le risque de blessures. Il est possible d'apprendre les techniques adéquates de ces différents exercices dans la mesure où on est encadré par un kinésiologue ou un entraîneur expérimenté. Notez que, actuellement, pour devenir entraîneur de cette méthode, il suffit de suivre une formation qui dure un seul week-end. De toute évidence, c'est nettement insuffisant. L'entraînement CrossFit® exige une condition physique minimale afin que le risque de blessures encouru soit faible. Voici une liste d'exercices d'un entraînement CrossFit® pour vous donner un aperçu de la forme physique minimale nécessaire pour participer à des séances :

- 10 *squats* avec une barre de 20 kg (≈ 45 lb)
- 10 répétitions au *bench press* avec une charge équivalente à la moitié du poids corporel
- 5 *deadlifts* avec une charge équivalente à la moitié du poids corporel
- 5 *push-ups* en appui sur les genoux (femmes) ou en appui sur les orteils (hommes)
- 5 tractions à la barre avec assistance
- 10 lancers au-dessus de la tête d'un ballon lesté de 4 kg (hommes) ou de 2 kg (femmes), l'objectif est de lancer le ballon 50 cm au-dessus de soi
- 20 redressements assis partiels

Selon Roch Proteau, premier Québécois à avoir été sélectionné aux CrossFit® Games, trop de centres qui emploient cette méthode négligent un de ses principes de base: une exécution technique adéquate et une constance avant de miser sur l'intensité.

Pour ceux qui ne sont pas blessés

Lorsqu'on compare l'entraînement CrossFit® à l'entraînement musculaire traditionnel, il va sans dire que le risque de blessures aux muscles et aux articulations est accru selon le choix des exercices ou la façon de les exécuter. Voici pourquoi:

› Plusieurs exercices visent l'amélioration de la puissance musculaire. Des exercices comme les sauts, les lancers de ballon et bien sûr les mouvements issus de l'haltérophilie demandent une intention de vitesse explosive lors de leur exécution. Or, ce type d'exercice augmente le risque de blessures même lorsque la technique est adéquate.
› Les exercices qui visent l'amélioration de la force maximale sont exécutés avec de lourdes charges, ce qui est risqué;
› Plusieurs exercices, comme le *squat*, le soulevé de terre (*deadlift*) ou les mouvements issus de l'haltérophilie, sont complexes techniquement et risquent d'être exécutés de façon inadéquate;
› Les séances ont souvent comme objectif d'effectuer une séquence d'exercices le plus rapidement possible. Cela peut pousser certains sportifs à sacrifier une exécution adéquate pour gagner quelques minutes ou quelques secondes. Il est primordial que les débutants se concentrent davantage sur la bonne technique du mouvement plutôt que sur le nombre de répétitions ou la durée de l'exercice ou de la séance. En outre, les débutants sont rarement soumis à une évaluation de la condition physique et la plupart du temps, la séance du jour n'est pas adaptée à tous.

Le soldat américain Makimba Mimms se serait blessé en exécutant un entraînement CrossFit®. Il affirme qu'avec cette méthode, le risque de dégradation des fibres musculaires, maladie nommée rhabdomyolyse, est très élevé. Il a par la suite intenté un procès à ses entraîneurs et reçu 300 000 $ de dédommagement.

LA RÉALITÉ EN BREF

L'entraînement CrossFit® est attrayant pour ceux qui désirent améliorer un ensemble d'attributs de la condition physique, qui veulent augmenter leur masse musculaire ou qui veulent dépenser beaucoup de calories. En outre, ceux qui aiment relever des défis, fournir des efforts intenses et profiter de la variété des séances trouveront chaussure à leur pied en s'entraînant avec cette méthode. Idéalement, les participants doivent avoir un minimum d'expérience des exercices de base de musculation et une condition physique minimale pour plus d'efficacité et de sécurité. Il est important de noter que ceux qui s'entraînent en CrossFit® ne sont pas à l'abri des blessures musculaires et articulaires. À la lumière de ces différentes informations, il est possible d'affirmer que l'entraînement CrossFit® est accessible, mais qu'il n'est pas pour tout le monde. Il est essentiel d'être encadré par un kinésiologue ou un entraîneur expérimenté si l'on est débutant.

Vous avez aimé ce sujet ? Lisez :

- C'est si facile de progresser pour un débutant (p. 46)
- Faire grossir ses muscles en perdant du gras : mission impossible (p. 194)
- Le CrossFit® réinvente l'entraînement (p. 229)
- La puissance, c'est de la pliométrie (p. 268)
- Mes muscles sont pleins d'acide lactique : ça fait mal ! (*Mythes et réalités sur l'entraînement physique*, p. 176)

MYTHE ? LES SUPER SÉRIES : BEAUCOUP PLUS EFFICACES QUE LES SÉRIES ORDINAIRES

Il existe différentes méthodes avancées de musculation. Celle des super séries est probablement la plus connue et la plus utilisée. Cela signifie-t-il qu'elle est plus efficace ? Comment et pour quelles raisons les super séries devraient-elles être exécutées en musculation ?

Qu'est-ce qu'une super série ?

Une super série, c'est l'exécution consécutive de plus d'un exercice sans temps de repos. Néanmoins, un repos est pris une fois la super série effectuée. Ce type de série est normalement constitué de deux exercices. Lorsqu'il est composé de trois exercices, c'est une trisérie, et s'il comporte quatre exercices ou plus, c'est une série géante.

Des combinaisons variées

La composition d'une super série peut être très variée. Il est possible de jumeler deux exercices qui sollicitent les mêmes groupes musculaires principaux. Dans ce cas, elle se nomme *agoniste-agoniste* (l'agoniste est le muscle principal responsable d'un mouvement). Voici un exemple de super série agoniste-agoniste : le développé-couché suivi de pompes (*push-ups*).

L'ordre dans lequel les exercices d'une super série sont exécutés peut déterminer son appellation. Lorsque le premier exercice est global et que le deuxième est localisé, elle se nomme *super série en*

post-fatigue. À l'inverse, lorsque le premier exercice est localisé et le deuxième global, elle se nomme *super série en pré-fatigue*. Un exemple de super série en post-fatigue est le développé au-dessus des épaules suivi de l'extension aux coudes à la poulie. Dans cet ordre, le triceps est un muscle synergique au premier exercice et agoniste au deuxième. Lorsque l'ordre de ces deux exercices est inversé, il s'agit d'une super série en pré-fatigue.

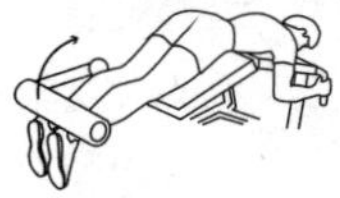

Il est également possible de constituer une super série de deux exercices qui sollicitent des muscles opposés. Elle se nomme alors *super série agoniste-antagoniste* (le muscle antagoniste est responsable du mouvement opposé à celui de l'agoniste). Voici un exemple de ce type de super série : l'extension aux genoux sur appareil suivie de la flexion aux genoux sur appareil.

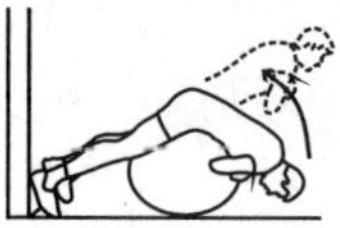

Une autre possibilité de super série est la combinaison de deux exercices qui sollicitent des portions différentes du corps. Par exemple, un écarté sur appareil suivi d'une extension dorsale sur ballon.

Finalement, la méthode bulgare consiste à réaliser une super série constituée d'un premier exercice avec une charge lourde suivi d'un autre exercice sollicitant la même portion du corps avec une intention de vitesse très rapide. Cette méthode est intéressante lorsqu'on désire augmenter conjointement la force maximale, la puissance maximale ainsi que la masse musculaire. En voici un exemple : 6 répétitions maximales de fentes suivies de 6 sauts carpés.

Au début des années 1970, l'auteur Robert Kennedy, l'inventeur des appareils Nautilus Arthur Jones, ainsi que l'ancien champion de culturisme Arnold Schwarzenegger ont chacun contribué à faire connaître les super séries auprès des mordus de musculation. Néanmoins, c'est Joe Weider, considéré comme le père du culturisme, qui a rendu ces informations accessibles au grand public. C'est dans son livre *The Weider System of Bodybuilding*, publié en 1983, que le Montréalais aurait été le premier à définir formellement et à classer plusieurs méthodes avancées de musculation, dont les super séries.

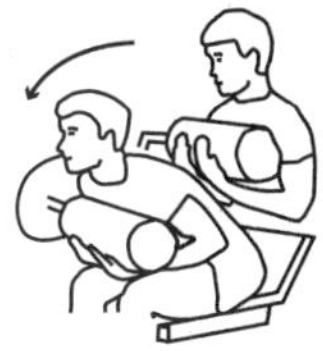

Série à charge décroissante

La série à charge décroissante est une forme de super série différente des autres. Communément nommée *drop set*, elle se distingue de la super série traditionnelle parce qu'elle consiste à réaliser le même exercice en réduisant la charge une ou deux fois. Néanmoins, comme lors d'une super série, il n'y a pas de repos entre les efforts, si ce n'est le temps nécessaire pour diminuer la charge. Selon l'exercice, le nombre de répétitions à réaliser et la capacité du sportif, la charge doit être abaissée de 25 à 50 % entre chaque groupe de répétitions. Prenons par exemple l'exercice de flexion du tronc sur appareil : 8 répétitions maximales sont exécutées avec une charge de 50 kg (110 lb), suivies immédiatement de 8 répétitions maximales avec 30 kg (≈ 65 lb) et finalement, de 8 répétitions maximales avec 20 kg (≈ 45 lb).

À quoi sert la super série ?

Les chercheurs croient que les super séries agoniste-agoniste, post-fatigue et pré-fatigue, permettent de solliciter un plus grand nombre de fibres musculaires. En fait, certaines fibres qui n'ont pas été contractées pendant le premier effort peuvent être sollicitées lors de l'effort suivant, ce qui peut favoriser l'augmentation de la masse musculaire. De plus, comme le temps de repos est réduit entre les efforts, la super série a pour effet d'augmenter le

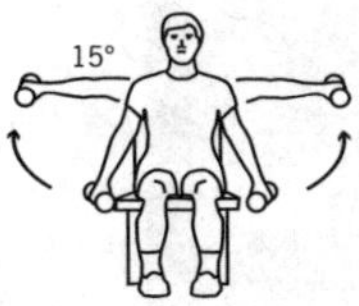

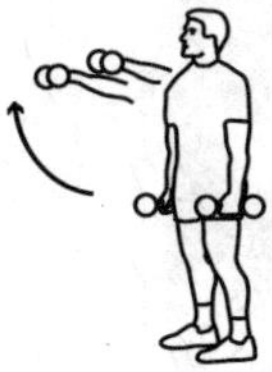

stress métabolique[5], reconnu comme l'un des facteurs stimulant la croissance des muscles. Toutefois, pour favoriser l'hypertrophie, il est important que les muscles se contractent de façon à produire une tension relativement importante. À cette fin, les charges utilisées doivent être suffisamment lourdes. Prenons par exemple une super série de deux exercices : si le nombre de répétitions pour chacun des exercices est de 15, les charges seront plus légères que si ce nombre n'excède pas 8. Dans cette situation, la tension musculaire est plus faible, et ainsi, l'hypertrophie moins stimulée. D'ailleurs, la diminution de tension est plus importante lorsque la super série est du type agoniste-agoniste, comme lors d'une élévation latérale suivie d'une élévation frontale aux épaules. Dans cette situation, c'est la fatigue causée par le premier exercice qui limitera la force du muscle au deuxième exercice.

Pour augmenter la force et la masse musculaires, il est suggéré de réaliser des super séries de type agoniste-agoniste ou des séries à charges décroissantes avec un petit nombre de répétitions maximales. Par exemple, 4 à 8 répétitions maximales pour chacun des exercices permettront d'augmenter de façon significative la tension musculaire et le stress métabolique, contribuant ainsi à l'amélioration de la force et à l'hypertrophie. Les super séries peuvent aussi être efficaces pour améliorer l'endurance musculaire. Pour ce faire, les charges utilisées doivent être plus légères et permettre un nombre de répétitions supérieur à 12.

Il a été démontré qu'après une série d'exercices ayant contracté un muscle, la force du muscle responsable du mouvement opposé (antagoniste) peut augmenter. Par exemple, si on travaille les biceps au cours d'un exercice, les triceps seront possiblement un peu plus forts s'ils sont sollicités tout de suite après. Cet effet confère un avantage aux super séries de type agoniste-antagoniste pour l'augmentation de la force, de l'endurance et de la masse musculaires.

---

5. Pour en savoir plus, lisez : « Pour prendre du muscle, il faut lever des gros poids » (p. 169).

La super série n'est pas sans risque

L'utilisation fréquente des super séries augmente le risque de surentraînement ou de blessures, surtout chez le sportif non expérimenté. Il est donc recommandé de limiter cette méthode à une portion de la séance et d'éviter d'en faire à tous les entraînements. Cette recommandation est également valable pour d'autres méthodes avancées, comme les séries forcées, les séries trichées et les séries excentriques lentes, qui sont décrites dans les prochains thèmes.

LA RÉALITÉ EN BREF

La super série est une méthode avancée de musculation qui permet une variété de combinaisons. L'exécution consécutive de deux exercices diminue la récupération et permet d'augmenter l'épuisement. Ainsi, elle peut être une méthode efficace pour accroître la masse musculaire. En outre, cette méthode peut aussi augmenter la force, la puissance et l'endurance, pourvu que les charges utilisées soient appropriées.

Vous avez aimé ce sujet? Lisez:

- Un *spot*, c'est juste pour le *bench press* (p. 246)
- En musculation, il ne faut jamais tricher (p. 253)
- Descendre ses poids lentement, c'est plus difficile, donc c'est mieux (p. 258)

MYTHE ? UN *SPOT*, C'EST JUSTE POUR LE *BENCH PRESS*

En musculation, on utilise le terme assistance, communément nommée *spot*, pour dire qu'un entraîneur ou un partenaire aide un sportif à soulever la charge au cours d'un exercice. L'assistance est régulièrement utilisée au développé-couché avec barre (*bench press*) et plusieurs sportifs n'y ont recours que pour cet exercice. Pourquoi utiliser l'assistance ? Comment l'employer de façon efficace ? Comment l'utiliser pour d'autres exercices que le *bench press* ?

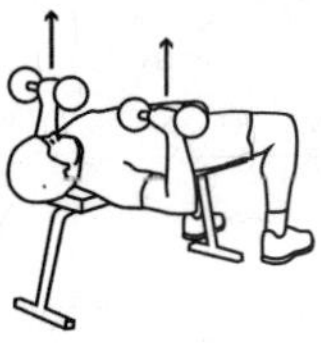

L'assistance pour diminuer le risque de blessures

L'assistance sert entre autres à diminuer le risque de blessures au cours de certains exercices. Par exemple, au *bench press*, être incapable de soulever la charge lorsqu'elle se trouve près de la poitrine est une situation plutôt désagréable et dangereuse pour le sportif qui n'est pas assisté. Il n'aura d'autre choix que d'attendre qu'une personne vienne l'aider. Si jamais il est seul, il devra rouler la barre de sa cage thoracique jusqu'à ses cuisses. Ce n'est qu'à ce moment-là qu'il réussira à se dégager. Il va sans dire que cette manœuvre est risquée, surtout avec une charge lourde. De plus, au cours de l'exercice, la barre peut glisser d'une des mains. Dans ce cas, la présence attentive d'un assistant peut diminuer le risque de blessures. Outre le *bench press*, l'assistance peut être utile lorsqu'on soulève des haltères lourds, comme lors du développé-couché ou du développé au-dessus des épaules. En effet, il se peut que la fatigue provoque une instabilité à l'épaule. À ce moment-là, une perte de contrôle des haltères pourrait causer une blessure. L'assistant peut aider à l'éviter en maintenant les coudes de l'exécutant.

L'assistance au début et à la fin de l'exercice

En certaines occasions, l'assistant peut faciliter le début et la fin d'un exercice. Lorsque la charge est lourde, il peut être difficile de se placer adéquatement en début d'exercice et de déposer la charge en fin d'exécution. Le développé-couché avec haltères (*dumbbell press*) sur banc décliné en est un excellent exemple. Pour cet exercice, l'assistant peut donner les haltères à l'exécutant une fois qu'il est sur le banc. Lorsque les répétitions sont terminées, l'assistant peut reprendre les poids. En outre, il peut aider à exécuter la première répétition quand la position de départ limite la force, comme c'est le cas au développé-couché ou assis avec haltères.

L'assistance pour une série forcée : mode d'emploi

En plus de diminuer le risque de blessures, l'assistance au développé-couché avec barre (*bench press*) permet de faire une ou plusieurs répétitions supplémentaires qu'il aurait été impossible de faire seul. Cette méthode avancée de musculation se nomme *série forcée*. Lors d'une série forcée, la charge peut être un peu plus lourde qu'à l'habitude. Dans ce cas, l'assistant permettra au sportif d'effectuer le même nombre de répétitions qu'avec un poids un peu plus léger. Si la charge est la même que d'habitude, l'assistant permettra au sportif de réaliser une ou quelques répétitions de plus.

Les assistants aident souvent trop ou pas assez le sportif. Idéalement, la force déployée par l'assistant doit seulement permettre le déplacement de la charge sans qu'elle s'immobilise. En fait, une série forcée s'effectue en assistant le sportif uniquement au cours de la phase du mouvement où se produisent les contractions concentriques, c'est-à-dire lorsque les muscles se contractent tout en se raccourcissant. Comme les muscles peuvent produire moins de force lors des contractions concentriques que lors des contractions excentriques (contraction des muscles tout en s'allongeant), l'assistance ne sera nécessaire que lorsque le sportif soulève la charge. Par exemple, l'aide au développé-couché avec barre (*bench press*) se donne pendant que la barre monte et non lorsqu'elle descend. En outre, l'assistance au cours de la contraction concentrique doit, en général, être limitée à une portion du mouvement. Comme la difficulté à déplacer la charge au cours d'un exercice varie selon les angles de mouvement, il n'est pas nécessaire d'assister le sportif aux angles plus aisés. Par exemple, toujours pour le *bench press,* il est plus difficile de déplacer la barre lorsqu'elle est près de la poitrine : c'est donc à cet endroit, au cours de la remontée, qu'une assistance minimale assure un déplacement de la barre à une vitesse constante. Dès que le sportif atteint un angle de mouvement qui lui permet de pousser la charge par lui-même, l'assistant ne fait que suivre la barre des mains sans y toucher.

La méthode par série forcée est régulièrement utilisée aux exercices de poussée avec barre tels que le développé-couché ou le développé au-dessus des épaules, mais elle convient aussi à la grande majorité des exercices. La technique d'assistance varie selon le type d'exercice. Pour ceux réalisés avec des haltères, l'assistance est plus complexe. Selon l'exercice et le degré de confort du participant, l'assistance peut se donner à partir des coudes (ex. : développé-couché avec haltères), des poignets (ex. : écarté avec haltères) ou même de la charge (ex. : extension aux coudes avec haltère).

Normalement, l'assistance est facile avec les exercices sur appareils. Idéalement, elle s'effectue en poussant ou en tirant la partie mobile de l'appareil que l'exécutant déplace.

Au cours des exercices sollicitant le poids du corps, l'assistant doit exercer une force sur une portion du corps. Par exemple, pour une traction à la barre ou une extension aux coudes sur barres parallèles, l'assistance se fait idéalement à partir du tronc par l'application d'une force vers le haut.

Finalement, pour les exercices de poussée des membres inférieurs comme le *squat,* l'assistant se positionne derrière le sportif et le saisit par le torse en suivant le mouvement.

Dans environ 50 % des cas de décès liés aux exercices de musculation, le *bench press* était en cause. Or, une assistance de qualité peut prévenir les risques de blessures et même de décès. En 2012, le Russe Igor Golushkin est décédé après avoir échappé sur sa poitrine une barre pesant un peu plus de 181 kg (≈ 400 lb).

Les effets de l'assistance lors d'une série forcée

Cette méthode avancée de musculation permet de hausser le niveau de difficulté d'un exercice en augmentant le niveau de fatigue des muscles sollicités. Lorsque la série forcée est utilisée, elle provoque une augmentation du nombre de fibres sollicitées. Ainsi, la tension musculaire sera plus importante. De plus, elle provoque une hausse du stress métabolique[6]. En effet, il a été démontré que le taux d'hormone de croissance était plus élevé 30 minutes après une séance d'entraînement par séries forcées qu'après un entraînement traditionnel. Que ce soit grâce à l'augmentation de la tension musculaire ou grâce au stress métabolique, la série forcée peut donc contribuer davantage à la croissance des muscles qu'une série normale. Cependant, il n'est pas recommandé d'utiliser cette méthode trop souvent, car elle peut augmenter le risque de blessures ou de surentraînement, surtout chez le débutant.

L'assistance pour la méthode excentrique

Lorsque la charge utilisée est supra-maximale, c'est-à-dire qu'elle est plus lourde que ce que le sportif peut soulever seul, l'assistance devient essentielle. La méthode excentrique en force supramaximale s'effectue avec une charge très lourde : 105 à 125 % du poids correspondant à une répétition maximale. Comme on l'a vu précédemment, la charge peut être plus grande lorsqu'on freine sa descente (force excentrique) que lorsqu'on la soulève (force concentrique), ce qui permet normalement au sportif de contrôler seul une charge supra-maximale pour quelques répétitions lors

6. Pour en savoir plus, lisez : « Pour prendre du muscle, il faut lever des gros poids » (p. 169).

des contractions excentriques. Toutefois, une solide assistance est nécessaire lors des contractions concentriques. En fait, l'aide fournie lors des contractions concentriques doit permettre au sportif de forcer le moins possible, de manière à ce qu'il n'augmente pas son niveau de fatigue avant chaque contraction excentrique qui suit. Reprenons l'exemple du *bench press*. Au cours de cet exercice, le sportif descend seul la charge près de sa poitrine en 2 à 4 secondes, pendant que l'assistant suit la barre avec ses mains sans y toucher. Lors de la remontée de la barre, l'assistant doit tirer la charge avec une grande force pour permettre au sportif de ramener la barre à sa position initiale.

Cette méthode sert surtout à augmenter la force maximale, plus précisément la force maximale excentrique. De plus, elle s'avérerait efficace pour l'augmentation de la masse musculaire. Toutefois, compte tenu des charges très lourdes, le risque de fatigue excessive ou de blessures augmente. Par conséquent, il est préférable de n'utiliser cette méthode qu'occasionnellement, et elle devrait être réservée aux sportifs expérimentés.

Les clés d'une assistance réussie

Afin que l'assistance soit efficace et peu risquée, il faut :

- s'informer auprès du sportif, avant l'exécution de l'exercice, de la méthode utilisée (série forcée ou force maximale excentrique), du nombre prévu de répétitions exécutées sans assistance (série forcée), du nombre de répétitions assistées, de son besoin ou non d'assistance pour positionner la charge avant l'exercice ;
- suivre le mouvement lorsque la difficulté augmente et être prêt à offrir son aide au moment propice (série forcée ou force maximale excentrique) ;
- s'assurer que la charge demeure en mouvement (série forcée) ;
- s'assurer qu'elle ne rende pas l'exercice trop facile (série forcée) ;
- assister la personne seulement lors des contractions concentriques et uniquement pendant la portion la plus difficile du mouvement (série forcée) ;

- assister la personne avec une grande force lors des contractions concentriques (force maximale excentrique) ;
- s'assurer que l'aide ne modifie pas l'exécution technique du mouvement (série forcée ou force maximale excentrique).

On n'est jamais si bien servi que par soi-même

La plupart du temps, l'assistance provient d'une autre personne. Néanmoins, il est possible que le sportif s'assiste lui-même au cours de certains exercices, notamment lors d'exercices à un seul membre (exercices unilatéraux). Par exemple, au *leg press* à une jambe, lorsque la fatigue est trop grande, la jambe libre peut aider à effectuer quelques répétitions supplémentaires. Voici quelques exemples d'exercices unilatéraux où il est possible d'employer l'autoassistance : l'extension et la flexion au genou sur appareil, l'élévation frontale, la flexion au coude en appui sur la cuisse, l'extension au coude au-dessus de la tête, etc.

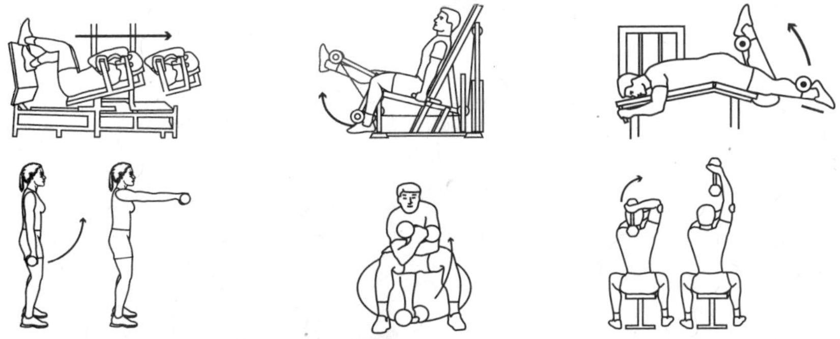

LA RÉALITÉ EN BREF

Contrairement à ce que certains croient, le *spot,* en musculation, n'est pas uniquement réservé au *bench press*. Néanmoins, cet exercice très populaire auprès des hommes est celui où on l'emploie le plus fréquemment. En l'utilisant au *bench press,* on fait d'une pierre deux coups : l'exercice est à la fois plus sûr et plus exigeant. C'est principalement pour cette dernière raison que les sportifs gagneraient à appliquer plus souvent la méthode de la série forcée à un grand éventail d'exercices en musculation.

Vous avez aimé ce sujet ? Lisez :

- Les super séries : beaucoup plus efficaces que les séries ordinaires (p. 241)
- En musculation, il ne faut jamais tricher (p. 253)
- Descendre ses poids lentement, c'est plus difficile, donc c'est mieux (p. 258)

MYTHE ? EN MUSCULATION, IL NE FAUT JAMAIS TRICHER

La tricherie n'est jamais bien vue. En entraînement, la tricherie est associée à la prise de stéroïdes pour augmenter la force ou la masse musculaire, ou encore à la paresse lorsque le sportif néglige un entraînement ou certains muscles comme les abdominaux ou ceux des jambes. Dans ce thème, nous abordons plutôt une méthode avancée d'entraînement en musculation: la série trichée. Qu'est-ce qu'une série trichée? Quelle est son utilité et comment réalise-t-on des exercices à l'aide de cette méthode? Est-il préférable, comme certains le préconisent, de faire preuve d'une droiture irréprochable et d'éviter toute forme de tricherie en musculation?

Qu'est-ce qu'une série trichée?

La série trichée consiste à ajouter un ou des mouvements supplémentaires afin de faciliter l'exécution d'une portion de l'exercice. Elle est souvent caractérisée par une accélération dans une portion du mouvement. Prenons par exemple l'élévation latérale des bras avec haltères. Il est possible de se pencher légèrement vers l'avant et de plier les genoux juste avant de soulever la charge. Dès le début de la levée des haltères, le corps peut alors se redresser. Ces actions supplémentaires, tout comme le fait d'accélérer le mouvement au début de la levée des haltères, rendent l'exercice moins difficile. On peut bien sûr combiner les mouvements supplémentaires et l'accélération pour rendre l'exercice encore moins difficile.

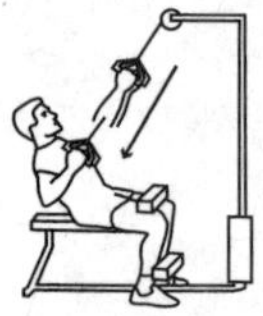

Quand considère-t-on une série comme trichée ?

Si l'on triche lors d'une ou de plusieurs répétitions, la série est considérée comme trichée. Prenons par exemple la traction avant à la poulie. Il est possible d'exagérer l'inclinaison du tronc vers l'arrière dès le début de la traction. Ce mouvement supplémentaire qui facilite la tâche peut être réalisé dès la première répétition ou seulement lors des dernières répétitions, ou encore lors de la répétition finale, c'est-à-dire quand il devient impossible de tirer la barre pour réaliser le mouvement complètement. Dans une série trichée, la charge peut être plus lourde ou le nombre de répétitions plus grand. Encore une fois, il est également possible d'accélérer l'action en début de traction afin de rendre l'exercice moins difficile.

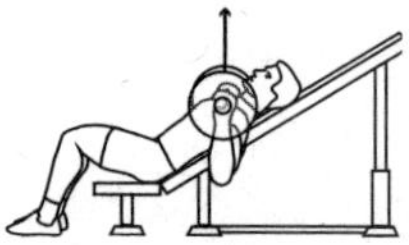

Durant quelle portion du mouvement doit-on tricher ?

La plupart des sportifs exécutent instinctivement la série trichée car le corps tente de trouver des moyens pour diminuer la difficulté d'une tâche. Il est toutefois préférable de connaître les angles de force d'un exercice afin d'utiliser la série trichée le plus judicieusement possible. Le niveau de difficulté d'un exercice varie, entre autres, selon les angles de mouvement. À certains angles, l'exercice est plus facile et à d'autres, plus difficile. L'ajout de mouvements ou l'augmentation de la vitesse d'exécution ont pour but de vaincre la difficulté associée aux angles où la force est moins grande. Notons que ces angles ou cette portion de mouvement se situent toujours dans la phase où les muscles se contractent en se raccourcissant (contractions concentriques). Prenons par exemple l'exercice du développé-couché sur banc incliné. Pour la plupart des sportifs, la portion de mouvement la plus difficile correspond au moment où la charge est près de la poitrine. La solution consiste à arquer le dos, à soulever le bassin et à accélérer le mouvement, ce qui sollicite une plus grande part des fibres des muscles pectoraux et permet de lever des poids plus lourds. Comme pour l'exemple précédent et pour la plupart des exercices, l'ajout de mouvements ou l'accélération de l'action doivent être réalisés dès le début des contractions musculaires concentriques.

Voici deux exemples d'exercices réalisés à l'aide de la méthode par série trichée.

- Traction avec TRX®:
  Faire un petit saut vers le haut en même temps que la traction.
- Écarté avec haltères en position renversée (*dumbbell reverse fly*):
  Relever légèrement le tronc et accélérer en début de mouvement.

La plupart des ligues de sport professionnelles en Amérique du Nord (hockey, football américain, baseball, basketball), ainsi que certains corps de métier (pompiers, militaires) mesurent la force et la puissance de leurs futures recrues au moyen de certains exercices de musculation (ex. : *bench press*, traction à la barre). Au cours de l'entraînement, ces sportifs peuvent être tentés d'employer des séries trichées pour les exercices évalués afin de faire plus de répétitions ou de soulever une charge plus lourde. Toutefois, ils devraient plutôt tenir compte des exigences techniques de ces tests et les respecter au cours de l'entraînement. En effet, les exercices utilisés pour mesurer ces aptitudes physiques doivent souvent être réalisés en respectant des règles très strictes d'exécution qui laissent peu de place aux mouve-

Pourquoi faciliter une portion du mouvement?

La méthode par série trichée ne sert pas à rendre un exercice moins épuisant. Elle permet d'utiliser une charge plus lourde qu'une série traditionnelle pour exécuter un nombre de répétitions identique ou d'effectuer plus de répétitions avec une même charge. Voici un tableau qui montre l'effet possible d'une série trichée sur la charge et sur le nombre de répétitions au développé militaire. Pour tricher lors de cet exercice, le sportif peut plier légèrement les genoux avant de pousser la charge et les tendre rapidement dès le début de la poussée, ce qui facilite l'action. Avec cette méthode, il est possible d'augmenter la force, la puissance, l'endurance ou la masse musculaire, selon son mode d'utilisation.

Développé militaire			
	Charge	Nombre de répétitions sans série trichée	Nombre de répétitions avec série trichée
	35 kg (77 lb)	10	13
	40 kg (88 lb)	8	10

Est-il risqué de tricher ?

Si on triche lors d'un exercice de musculation, le risque de blessures est plus important. Celui-ci est encore plus élevé si la technique utilisée est inadéquate. La flexion aux coudes avec barre est un des exercices où l'on observe le plus souvent une technique inappropriée. Plusieurs sportifs basculent le tronc vers l'arrière lorsqu'ils amorcent la montée de la barre. Cela facilite le mouvement, mais augmente aussi le risque de blessures au bas du dos. Le manque de contrôle de la charge au cours des contractions excentriques représente une autre technique d'exécution déficiente. Toujours au cours de la flexion aux coudes avec barre, certains sportifs maladroits ne forcent pas suffisamment et « laissent tomber » la barre au cours de sa descente. Il va sans dire que cette action est plus facile, mais nettement moins sûre et efficace.

Malgré l'exécution correcte d'un exercice à l'aide d'une série trichée, il existera toujours un risque de blessures plus important avec cette méthode qu'avec une série traditionnelle. C'est pourquoi il est recommandé de ne pas l'utiliser systématiquement au cours de l'entraînement. Pour des raisons évidentes, les débutants devraient aussi l'éviter.

LA RÉALITÉ EN BREF

Certains adeptes de musculation font preuve d'une extrême rigueur et s'opposent à toute forme de tricherie au cours d'un exercice, pensant qu'elle est inefficace et qu'elle augmente nettement le risque de blessures. Pourtant, la méthode par série trichée, si on l'emploie adéquatement, peut être utile pour augmenter la force, la puissance, l'endurance et la masse musculaires. Néanmoins, il est essentiel de maîtriser parfaitement la technique des mouvements trichés pour être efficace et limiter le risque de blessures.

Vous avez aimé ce sujet ? Lisez :

- Les super séries : beaucoup plus efficaces que les séries ordinaires (p. 241)
- Un *spot,* c'est juste pour le *bench press* (p. 246)
- Descendre ses poids lentement, c'est plus difficile, donc c'est mieux (p. 258)

MYTHE ? DESCENDRE SES POIDS LENTEMENT, C'EST PLUS DIFFICILE, DONC C'EST MIEUX

Les entraîneurs s'efforcent d'informer les sportifs sur l'importance de maîtriser la vitesse de la charge lorsqu'elle descend. Pour quelle raison ? Est-ce préférable parce que c'est plus difficile ? Si c'est le cas, vaudrait-il mieux descendre la charge le plus lentement possible ? Analysons les différents aspects qui concernent la vitesse d'exécution au cours des contractions excentriques.

Qu'est-ce qu'une contraction excentrique ?

Lors d'un exercice de musculation, la phase de descente de la charge est associée aux contractions musculaires excentriques, c'est-à-dire à l'allongement des muscles qui se contractent. La phase de mouvement opposée est celle au cours de laquelle les muscles contractés raccourcissent, c'est-à-dire celle des contractions concentriques. Voici quelques exemples d'exercices avec des précisions sur les différentes phases du mouvement.

Fente sur place

Contractions concentriques : lorsque le corps monte.
Contractions excentriques : lorsque le corps descend.

Tirage sur appareil

Contractions concentriques : lorsqu'on rapproche la charge du tronc. Contractions excentriques : lorsqu'on éloigne la charge du tronc.

Développé-couché avec barre (*bench press*)

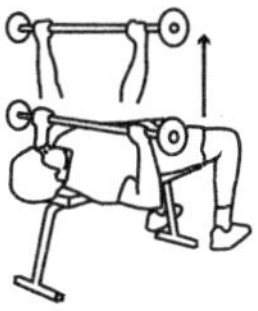

Contractions concentriques : lorsqu'on monte la barre.
Contractions excentriques : lorsqu'on descend la barre.

Extension aux coudes à la poulie

Contractions concentriques : lorsqu'on descend la barre et que la charge sur l'appareil monte.
Contractions excentriques : lorsque la barre monte et que la charge sur l'appareil descend.

La charge doit être ralentie, sinon elle tombe brusquement

La gravité, ou plus précisément la pesanteur, est une force qui entraîne la charge vers le bas. Lors de la phase du mouvement où les muscles sont contractés en s'allongeant, le sportif doit ralentir le mouvement de la charge, qui est assujettie à la pesanteur, sinon elle descend trop rapidement, signe que les muscles ne se contractent pas suffisamment. À ce moment-là, l'efficacité et la sécurité de l'exercice sont compromises. Prenons par exemple le *bench press*. Lorsque la descente de la barre n'est pas suffisamment ralentie, cette dernière risque de percuter la poitrine du sportif. Pour s'assurer de maîtriser la vitesse avec laquelle la charge descend, les entraîneurs suggèrent régulièrement une vitesse d'exécution un peu plus lente lors des contractions excentriques que lors des contractions concentriques. Par exemple, il est possible de descendre la charge en 3 secondes.

Le muscle est plus fort lorsqu'il se contracte en s'allongeant

Une caractéristique importante des contractions excentriques est qu'elles permettent de développer une plus grande force que les contractions concentriques. Pour certains exercices, la force déployée lors des contractions excentriques est 20 à 50 % plus grande que celle des contractions concentriques. Prenons par exemple la charge maximale que peut soulever un sportif expérimenté au cours de l'exercice de traction à la poulie pour une répétition maximale :

si celui-ci peut tirer une charge maximale de 100 kg (≈ 220 lb), cela signifie qu'il est potentiellement capable de générer une force lui permettant de freiner une charge de 120 à 150 kg (≈ 260 à 330 lb) pour une répétition du même exercice! Cette différence de force selon le type de contraction musculaire fait en sorte qu'il est moins difficile de descendre la charge au cours d'une série, ce qui constitue une excellente raison pour la ralentir lorsqu'on la descend.

On aura plus de courbatures si la charge est ralentie

Il a été prouvé que les contractions musculaires excentriques causent beaucoup plus de microlésions musculaires que celles qui sont concentriques. Ces microlésions sont la cause des courbatures qui apparaissent 8 à 12 heures après l'exercice, mais elles comptent aussi parmi les facteurs stimulant la croissance des muscles. En outre, les contractions excentriques solliciteraient davantage les fibres de type II que les contractions concentriques. Comme ces fibres, principalement celles de type IIx, sont les plus difficiles à solliciter, les contractions excentriques constitueraient en ce sens un avantage pour l'augmentation de la force et de la masse musculaires. D'ailleurs, des études ont comparé, en termes de gain de masse musculaire, les exercices comportant uniquement des contractions concentriques et ceux comportant uniquement des contractions excentriques. Certains résultats indiquent que l'augmentation de la masse musculaire est plus importante à la suite d'exercices comportant seulement des contractions excentriques. Voilà une raison supplémentaire de ralentir la vitesse de la charge lors de sa descente.

Une étude américaine a comparé l'entraînement avec contractions musculaires concentriques et l'entraînement avec contractions musculaires excentriques. Après douze semaines, ceux qui se sont entraînés exclusivement avec les contractions excentriques ont vu le diamètre de leurs fibres musculaires de type II augmenter dix fois plus que ceux ayant réalisé uniquement des entraînements avec contractions concentriques. Les sujets des deux groupes ne montraient aucune différence significative quant au volume des fibres musculaires de type I.

Descendre la charge encore plus lentement pour faire grossir les muscles

Comme on l'a vu, la croissance des muscles est stimulée, entre autres, par de légers dommages subis lors de l'entraînement. Comme ils sont plus importants au cours des contractions excentriques, il semble donc justifié d'utiliser occasionnellement des exercices mettant l'accent sur ce type de contractions lorsque l'objectif d'entraînement est le gain de masse musculaire. L'une des façons d'y arriver est la méthode excentrique lente. Celle-ci consiste à freiner suffisamment la descente de la charge afin qu'elle dure 3 à 8 secondes à chaque répétition. La contraction concentrique, quant à elle, peut être d'une durée normale, soit 1 à 2 secondes, ou même plus courte. En effet, si on soulève ou tire la charge rapidement, on peut augmenter le temps passé en contractions excentriques. En outre, le nombre de répétitions doit être adapté en fonction de la durée de la série. Par exemple, si l'objectif est d'augmenter la masse musculaire, il est recommandé d'exécuter 6 à 12 répétitions maximales lorsque l'exercice est exécuté de façon traditionnelle, soit une série de 30 à 50 secondes. Toutefois, pour obtenir une série d'une durée équivalente avec la méthode excentrique lente, le nombre idéal de répétitions sera seulement de 5 à 8 puisque chaque répétition est plus longue.

Bien que les contractions excentriques lentes causent de légers dommages aux muscles et stimulent ainsi l'hypertrophie, cette méthode avancée n'est pas la seule solution pour maximiser l'augmentation de la masse musculaire. La tension musculaire et le stress métabolique, décrits au thème « Pour prendre du muscle, il faut lever des gros poids » (p. 169), sont d'autres facteurs à considérer.

> Aussi surprenant que cela puisse paraître, il est possible d'augmenter la force d'un bras ou d'une jambe sans l'entraîner! Plusieurs études ont réussi à prouver ce fait, dont une étude américaine qui démontre que l'entraînement d'une seule jambe utilisant uniquement des contractions excentriques provoquait une amélioration de force de 17 % de l'autre jambe. Ce constat est intéressant pour la réadaptation fonctionnelle de personnes ayant subi une blessure à un bras ou une jambe.

Une contraction excentrique avec une charge très lourde

Avec la méthode excentrique en force supra-maximale[7], le poids de la charge dont la descente doit être freinée peut varier entre 105 et 125 % de celui de la charge correspondant à une répétition maximale. Cette méthode, décrite au thème « Un *spot,* c'est juste pour le *bench press* », vise principalement l'augmentation de la force maximale.

LA RÉALITÉ EN BREF

Contrôler la vitesse de descente de la charge n'est pas un caprice d'entraîneur. En effet, une vitesse contrôlée ou lente au cours de la phase du mouvement comportant les contractions excentriques peut augmenter l'efficacité et la sécurité d'un exercice. Comme les muscles sont plus forts lors des contractions excentriques, rien n'empêche le sportif de ralentir la descente de la charge. En outre, ce type de contractions occasionne plus de courbatures et sollicite davantage les fibres de type II, deux facteurs contribuant à l'hypertrophie. Utilisée à l'occasion, la méthode excentrique lente peut également favoriser une prise de masse musculaire.

Vous avez aimé ce sujet? Lisez :

- Les super séries : beaucoup plus efficaces que les séries ordinaires (p. 241)
- Un *spot*, c'est juste pour le *bench press* (p. 246)
- En musculation, il ne faut jamais tricher (p. 253)

7. Méthode d'entraînement avec des poids plus lourds que ce que le sportif peut soulever sans assistance.

MYTHE ? UNE BONNE SÉANCE DE MUSCULATION SE TERMINE PAR DES « ABDOS »

Certaines habitudes d'entraînement ont la vie dure. Comme celle qui consiste à faire des abdominaux en fin d'entraînement. Est-ce que cette pratique est justifiée ? Est-il vrai que les exercices d'abdominaux ont une place réservée au bas de la feuille d'entraînement ?

Pourquoi faire les « abdos » à la fin de l'entraînement ?

Il peut être justifié de réaliser les exercices d'abdominaux en fin d'entraînement, car l'un des rôles de ces muscles est de stabiliser le tronc. En effet, l'activation efficace de ces muscles permet la stabilisation du tronc lors de plusieurs exercices traditionnels comme le *squat,* le développé-couché *(bench press),* le développé au-dessus des épaules, la flexion aux coudes, etc. En plus d'être mis à contribution au cours de nombreux exercices de base en musculation, les abdominaux doivent se contracter fortement lors d'exercices entraînant la puissance. Les mouvements issus de l'haltérophilie, les différents types de sauts ainsi que tout exercice exigeant une intention de vitesse maximale sollicitent grandement les muscles de l'abdomen. En réalité, ceux-ci se contractent à divers degrés lors de l'exécution de la quasi-totalité des exercices de musculation.

Les exercices qui ciblent principalement les abdominaux et qui sont réalisés avec un effort maximal provoqueront une fatigue importante de ces muscles. Cela peut arriver, par exemple, lors d'une planche abdominale ou d'un redressement assis partiel sur ballon. La fatigue résultant d'une ou de plusieurs séries de ce type d'exercices peut entraîner une baisse de la capacité de stabilisation des abdominaux. Dans ce cas, la performance peut être moins bonne et le risque de blessures accentué. D'où la solution proposée par plusieurs spécialistes d'effectuer les abdominaux en fin d'entraînement. Ainsi, les possibilités de blessures ou de baisse de performance causées par la fatigue des abdominaux seraient diminuées.

L'un des principes de base en musculation est l'exécution des exercices globaux, qui sollicitent plusieurs muscles, en début de séance, et l'exécution des exercices localisés, qui sollicitent une masse musculaire moins importante, en fin de séance. Ce principe est justifié pour les raisons mentionnées précédemment, mais également à cause de la fatigue qui peut s'accumuler. En début d'entraînement, le sportif est plus dispos ; il est donc plus enclin à bien exécuter des exercices complexes et épuisants comme les exercices globaux et ceux qui entraînent la puissance. Comme beaucoup d'exercices d'abdominaux sont localisés, c'est-à-dire qu'ils sollicitent presque uniquement les muscles de l'abdomen, il semble logique d'attendre la fin de l'entraînement pour les effectuer.

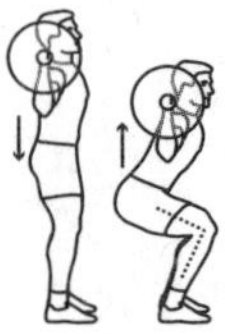

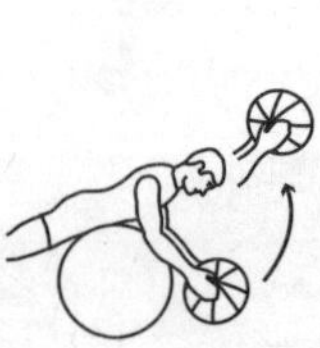

Une règle générale

D'autres groupes musculaires que les abdominaux peuvent aussi être entraînés en fin de séance pour les mêmes raisons. Prenons par exemple les muscles du bas du dos, plus précisément ceux qui permettent l'extension dorsale. Ces muscles stabilisent le tronc ou assistent le mouvement lors d'exercices comme le *squat* ou la traction avec tronc incliné (*bent over row*). Exécuter une extension dorsale sur appareil ou sur ballon tout juste avant ces exercices peut fatiguer ces muscles et diminuer leur capacité à bien stabiliser le tronc. La sécurité et l'efficacité de l'exercice pourraient alors être compromises. Prenons un autre exemple : les muscles de la portion supérieure du dos et ceux des avant-bras. Au cours de la séance, si les muscles des avant-bras sont travaillés avant ceux du haut du dos, la qualité d'entraînement des dorsaux sera probablement médiocre, étant donné la fatigue des muscles des avant-bras. En effet, ces derniers sont souvent sollicités au cours des exercices qui travaillent les muscles du dos. Le même principe peut s'appliquer pour d'autres combinaisons de groupes musculaires, comme les triceps et les pectoraux, ou encore les biceps et les dorsaux.

Dans les sports d'équipe, les joueurs et les joueuses se réunissent parfois en fin d'entraînement pour faire des exercices d'abdominaux. C'est ce que les footballeurs de l'Impact de Montréal ont fait pendant plusieurs années.

De beaux concepts théoriques, mais...

L'efficacité et la sécurité d'un exercice ne sont pas toujours mises en péril quand les muscles abdominaux sont préalablement fatigués. Il existe seulement un risque...

- si le sportif exécute par la suite des exercices globaux où les abdominaux sont fortement sollicités, comme le *squat*, le développé des cuisses sur appareil (*leg press*) ou des mouvements d'haltérophilie ;
- si le sportif prend un temps de repos très court entre un exercice ciblant les abdominaux et un autre les sollicitant fortement comme stabilisateurs ;
- si le sportif fait de nombreuses séries d'exercices sollicitant les abdominaux ;
- si le sportif a une faible capacité de récupération.

  Notons que le risque est presque inexistant lorsque les exercices sont exécutés avec des charges qui ne sont pas très lourdes.

La structure d'entraînement choisie influence l'ordre d'exécution des exercices. Effectuer les abdominaux vers la fin de l'entraînement est idéal dans une structure horizontale, c'est-à-dire lorsque toutes les séries d'un exercice sont terminées avant de passer au suivant. Toutefois, ce n'est pas le cas pour les structures d'entraînement semi-verticale et verticale. Rappelons que dans une structure verticale, on exécute une série de chacun des exercices composant la séance avant d'en recommencer une autre. Dans cette structure d'entraînement, les abdominaux peuvent être effectués tout au long de la séance et pas seulement à la fin. Dans une structure semi-verticale, il est possible d'insérer les exercices sollicitant les muscles de l'abdomen ou ceux du bas du dos dans le dernier groupe de la séance.

Bon nombre de sportifs croient bien faire en attendant la fin de la séance pour entraîner leurs abdominaux. Malheureusement, éprouvant un manque cruel de motivation à ce moment-là, plusieurs d'entre eux les remettent à l'entraînement suivant. Pour remédier à cette situation, il serait plus sage d'inclure de temps à autre les exercices d'abdominaux au cœur de la séance.

La possibilité de réduire le temps de repos entre les séries est l'un des avantages des structures verticale et semi-verticale. En alternant des exercices qui contractent des muscles différents, on peut raccourcir les temps de repos sans nécessairement affecter la performance: par exemple, on peut alterner des exercices du haut du corps, du tronc et du bas du corps lorsqu'ils sont exécutés en semi-verticale. En fait, si on évite les risques mentionnés précédemment, rien n'empêche d'exécuter des abdominaux à n'importe quel moment de la séance.

Objectif principal : les abdominaux

En début d'entraînement, le corps n'est pas encore fatigué. C'est à ce moment-là que les performances seront les meilleures. Voilà pourquoi il est pertinent qu'une séance débute avec les exercices qui correspondent aux objectifs les plus importants. Si le but premier du sportif est d'augmenter la force, la puissance, l'endurance ou la masse musculaire de ses abdominaux, il peut commencer sa séance avec des exercices qui favoriseront l'atteinte de l'un de ces objectifs. Toutefois, il devra considérer le choix et l'exécution des exercices qui suivront.

LA RÉALITÉ EN BREF

La plupart du temps, sans le savoir, les sportifs qui effectuent leurs exercices d'abdominaux en fin d'entraînement le font pour des raisons valables. En effet, les muscles abdominaux jouent un rôle important de stabilisation du tronc. Il n'est donc pas impossible qu'ils soient fatigués par des exercices les ciblant. Cette fatigue peut limiter l'efficacité ou la sécurité d'un autre exercice qui est exécuté par la suite, surtout lorsque ce dernier sollicite d'importantes masses musculaires, demande une exécution technique complexe et se fait avec une charge lourde. Il est toutefois possible et souvent judicieux d'effectuer des exercices d'abdominaux à n'importe quel moment de la séance: une exécution semi-verticale ou verticale s'y prête particulièrement bien.

Vous avez aimé ce sujet? Lisez:

- Des abdominaux d'acier pour un dos en béton (p. 95)
- Pas facile d'avoir des abdos découpés au couteau! (p. 105)
- Pour perdre du poids: la musculation, toujours avant le cardio (p. 206)

MYTHE ? LA PUISSANCE, C'EST DE LA PLIOMÉTRIE

La puissance musculaire est une aptitude physique primordiale pour performer dans de nombreuses activités sportives. Cette qualité peut s'améliorer grâce à la musculation si on fait les bons choix de méthodes d'entraînement et d'exercices. Toutefois, ces méthodes ciblées sont peu connues des sportifs. Il arrive qu'ils entendent un collègue d'entraînement parler de pliométrie sans trop comprendre de quoi il s'agit réellement. En effet, on considère souvent qu'un exercice de puissance est l'équivalent d'un exercice de pliométrie. Est-ce le cas ? Existe-t-il d'autres méthodes pour entraîner cette qualité musculaire ?

Force x vitesse = puissance

La force et la vitesse sont deux aptitudes physiques distinctes qui, lorsqu'elles sont réunies, déterminent la puissance. La force est le niveau de tension qu'exerce un muscle ou un groupe de muscles au cours d'une contraction. La vitesse, quant à elle, est la capacité d'exécuter un ou des mouvements en une courte durée.

La puissance musculaire peut s'exprimer ainsi : puissance = force x vitesse.

La puissance musculaire est une qualité fondamentale pour la quasi-totalité des activités sportives. Voici quelques exemples d'actions sportives exigeant cette aptitude : le départ au sprint, le *dunk* au basketball, le smash au volleyball, le lancer frappé au hockey, le tir au soccer, le sprint en vélo, le crochet à la boxe, le saut carpé en plongeon, le triple axel en patinage artistique, etc.

Pour certaines actions, la force est plus importante que la vitesse pour déterminer la puissance, tandis que pour d'autres, c'est le contraire. En fait, plus la résistance rencontrée dans le mouvement est grande, plus la force sera importante pour déterminer la performance. À l'opposé, moins la résistance est grande et plus la vitesse sera capitale. À titre d'exemple, la performance au lancer du poids en athlétisme est davantage influencée par la force maximale, tandis que c'est la vitesse maximale qui sera plus importante pour le lancer d'une balle de baseball.

En entraînement, ces notions sont importantes, car elles auront un effet déterminant sur les charges utilisées. En effet, celles-ci devront être plus lourdes, soit correspondre à plus de 70 % de la force maximale, pour entraîner la puissance en mettant l'accent sur la force. Dans ce cas, cette aptitude est appelée puissance-force. Par contre, les charges devront être plus légères, soit correspondre à moins de 30 % de la force maximale, lorsque la puissance est travaillée en mettant l'accent sur la vitesse. Dans cet autre cas, il s'agit de puissance-vitesse. Lorsque la force et la vitesse sont relativement d'égale importance pour déterminer la performance, comme lors d'un *dunk* au basket-ball ou d'un départ en natation, une charge qui se situe entre 30 et 70 % de la force maximale est appropriée pour améliorer la puissance maximale au cours de l'entraînement.

Puissance et vitesse en fonction du pourcentage de force maximale

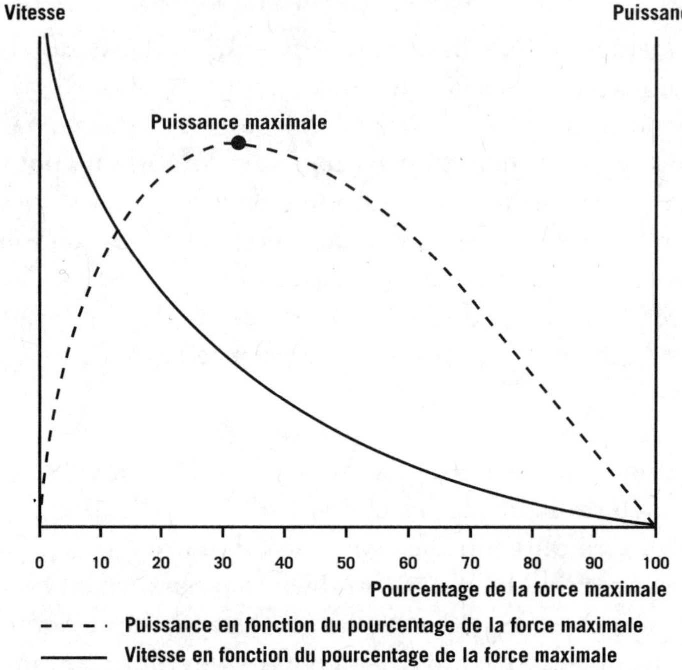

Une aptitude physique, différentes méthodes

Comme la force maximale est un facteur déterminant la puissance maximale, on peut améliorer cette dernière indirectement en entraînant uniquement la force maximale. Néanmoins, certaines méthodes spécifiques permettent d'entraîner directement la puissance maximale en musculation, c'est-à-dire d'augmenter la capacité à produire une force à une plus grande vitesse. La condition essentielle pour y arriver, et ce, peu importe l'exercice ou la charge: une intention de vitesse maximale ou d'effort maximal dans l'une ou l'autre des phases du mouvement, à chaque répétition. Par exemple, si l'exercice est un saut, il sera impératif que le sportif essaie de sauter le plus haut possible. Si l'exercice est un épaulé, il devra lever la barre le plus rapidement possible. Différentes méthodes d'entraînement ont pour objectif l'amélioration de la puissance. Nous passerons brièvement en revue celles qui se basent sur différents types de contractions: pliométriques, concentriques, stato-dynamiques et excentriques.

La pliométrie

L'entraînement en pliométrie se caractérise par des exercices qui sollicitent les muscles dans une séquence précise : une contraction excentrique rapide suivie immédiatement d'une contraction concentrique explosive, c'est-à-dire avec une intention de vitesse ou d'effort maximal. Un exemple d'exercice de pliométrie est le saut en profondeur : le sportif se laisse tomber d'un bloc pour sauter le plus haut possible dès qu'il touche le sol. Cette méthode fait appel au réflexe d'étirement, jumelé à la contraction musculaire volontaire. En fait, lorsqu'ils sont étirés rapidement lors du contact avec le sol dans cet exercice, les muscles (comme les quadriceps, fessiers, ischio-jambiers et ceux des mollets) se contractent de façon réflexe ou involontaire : c'est ce qu'on nomme le réflexe d'étirement. Cette contraction s'ajoute à celle qui est volontaire lors du saut. Ainsi, une plus grande force et une plus grande puissance pourront être produites.

La majorité des athlètes peuvent tirer avantage de l'entraînement en pliométrie. Voici quelques exemples parmi tant d'autres de disciplines sportives où ce type d'entraînement est indiqué : le plongeon, le patinage de vitesse, le volleyball ainsi que le triple saut et le sprint en athlétisme. La plupart des exercices de pliométrie sont des enchaînements de sauts ou de lancers avec ballons lestés. En voici quelques-uns.

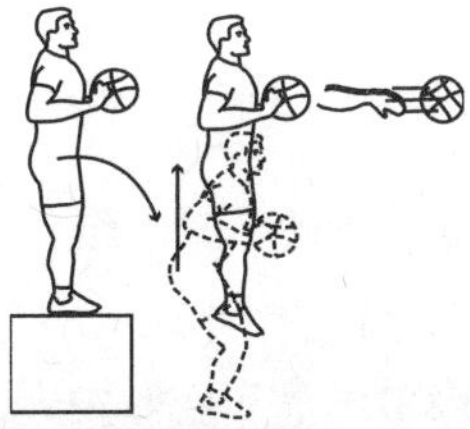

L'entraînement en pliométrie aurait vu le jour dans les années 1960 en Union soviétique. Les premiers exercices auraient été composés de différentes formes de saut en profondeur.

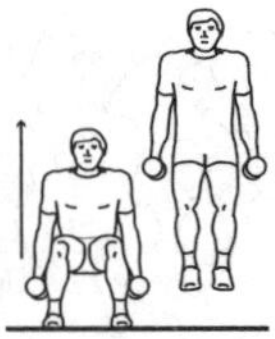

La puissance par contractions concentriques

On entraîne souvent la puissance en musculation à l'aide d'exercices où l'intention de vitesse maximale ou l'effort maximal se produit au cours de la contraction concentrique, c'est-à-dire lorsque les muscles se raccourcissent. Toutefois, contrairement à la pliométrie, les exercices de la méthode par contractions concentriques sont constitués d'une phase de vitesse lente à moyenne en contraction excentrique, c'est-à-dire lorsque les muscles s'allongent tout en se contractant. Prenons par exemple la flexion sur jambes sautée (*jump squat*). Au cours de son exécution, le sportif plie lentement les jambes, puis saute le plus haut possible. Il reprend ensuite sa position de départ et effectue le nombre de répétitions désiré. Plusieurs exercices avec charges sont possibles à l'aide de cette méthode, comme le saut en fente (*jumping lunge*), le développé-couché avec haltères (*dumbbell press*) en puissance, ou la traction explosive à la poulie. Notons que les exercices de sauts comme le *jump squat* peuvent aussi être exécutés en pliométrie si on effectue plusieurs répétitions successives.

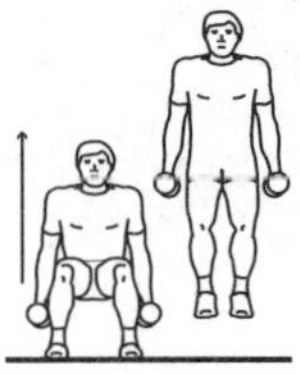

Arrêt de 5 secondes avant le saut

La puissance en stato-dynamique

L'exercice stato-dynamique est similaire à la méthode par contractions concentriques. La seule différence consiste en une phase d'arrêt d'un minimum de deux secondes tout juste avant la contraction concentrique explosive. Revenons au *jump squat*. Lors de son exécution, la descente est suivie d'un arrêt de cinq secondes, avant le saut à une hauteur maximale. Le tout pourrait être répété cinq fois.

La puissance par contractions excentriques

Il est également possible d'entraîner la puissance en se concentrant uniquement sur la phase du mouvement où se produisent les contractions excentriques, c'est-à-dire lorsque les muscles s'allongent. Ce type d'exercice vise à ralentir puis à arrêter le plus rapidement possible le mouvement d'une charge ou du poids du corps. Différents exercices comme les réceptions de sauts ou de ballons lestés peuvent être exécutés à l'aide de cette méthode. On retrouve ce type d'actions dans plusieurs sports. Un gymnaste sera par exemple noté sur la qualité de ses réceptions lors de sauts. Il a donc avantage à utiliser l'entraînement en puissance par contractions excentriques pour améliorer cet aspect de son sport.

Des exercices reconnus pour améliorer la puissance

Certains exercices de musculation issus de l'haltérophilie sont réputés pour améliorer la puissance maximale. Ils sont de plus en plus populaires auprès des sportifs désirant améliorer la vitesse de leur course, la hauteur de leur saut ou la puissance et la force du haut de leur corps. Citons notamment l'épaulé, l'arraché, le jeté et leurs variantes, pour lesquels la méthode par contractions concentriques est la plus souvent utilisée. Toutefois, des contractions excentriques sont aussi exigées et certaines variantes de ces exercices peuvent être réalisées en pliométrie et d'autres en stato-dynamique.

Notons que les exercices issus de l'haltérophilie exigent une exécution technique adéquate afin de réduire le risque de blessures au dos, aux épaules et aux genoux. Il est donc recommandé à ceux et celles qui veulent les pratiquer d'être encadrés. De plus, il est essentiel d'augmenter progressivement les charges pour minimiser le risque de blessures. Par exemple, un simple bâton de bois peut être suffisant pour apprendre la technique adéquate des mouvements d'haltérophilie.

LA RÉALITÉ EN BREF

La puissance musculaire est une aptitude physique qui s'entraîne à l'aide de différentes méthodes en musculation, dont la pliométrie, qui n'est qu'une méthode parmi d'autres. Celles-ci se distinguent par les types de contractions musculaires produites au cours des exercices. Pour qu'un exercice en soit un de pliométrie, il doit absolument être composé d'actions respectant la séquence suivante: une contraction excentrique rapide suivie immédiatement d'une contraction concentrique explosive. Peu importe que l'exercice soit réalisé en pliométrie ou à l'aide d'une autre méthode en puissance, l'intention de vitesse d'exécution doit être maximale dans au moins une des phases du mouvement, et ce, à chaque répétition. Ajoutons que l'entraînement en puissance nécessite l'encadrement par un kinésiologue ou un entraîneur compétent. Celui-ci pourra enseigner la technique adéquate qui rendra les exercices plus sûrs et plus efficaces.

Vous avez aimé ce sujet? Lisez:

- Ne perds pas ton temps avec la musculation. Un coureur, ça doit courir! (p. 52)
- Le CrossFit® réinvente l'entraînement (p. 229)
- Le CrossFit®: un entraînement réservé aux athlètes (p. 234)

MYTHE ? L'ÉCHAUFFEMENT N'EST PAS VRAIMENT UTILE EN MUSCULATION

Les kinésiologues et les entraîneurs incluent de façon systématique un échauffement au début d'un entraînement en musculation. Malgré ces recommandations, plusieurs sportifs entament leur entraînement sans en faire un. Alors, l'échauffement est-il réellement nécessaire en musculation ?

Pourquoi s'échauffer ?

L'échauffement est une composante essentielle de l'entraînement. Il est constitué d'un ensemble d'exercices permettant de préparer l'organisme, physiquement et mentalement, aux demandes de l'entraînement. Il provoque en effet différentes adaptations dans le corps qui ont pour effet de diminuer le risque de blessures et d'améliorer la performance physique lors de l'effort.

La musculation n'est pas sans risque

L'échauffement fait augmenter la température des muscles, leur permet de se contracter plus rapidement, améliore leur capacité d'étirement et augmente la production de synovie (liquide permettant de lubrifier les articulations), ce qui peut diminuer le risque de blessures au cours de l'effort.

En musculation, l'échauffement est d'autant plus important avant de réaliser certains types d'exercices qui présentent un risque de blessures plus élevé. En voici quelques exemples :

- les exercices globaux avec de lourdes charges permettant un nombre de répétitions maximales égal ou inférieur à 6 ;
- les exercices globaux sollicitant fortement les muscles du bas du dos ;
- les exercices de puissance musculaire ;
- les exercices comportant une grande amplitude de mouvement ou s'approchant de l'amplitude maximale des articulations sollicitées.

De plus, le risque de blessures est plus élevé chez certaines personnes. L'échauffement ne devrait notamment jamais être négligé par les aînés, par les débutants, par ceux qui ne maîtrisent pas parfaitement la technique des exercices, par ceux qui sont blessés, ainsi que par ceux qui ont un historique de blessures. Par ailleurs, lorsqu'il fait froid dans le lieu d'entraînement, il est important de porter un survêtement ou de s'assurer de faire un échauffement plus long et plus progressif en terme d'intensité. Finalement, il est recommandé de bien s'échauffer lorsque les muscles sont tendus. L'échauffement peut en effet diminuer les tensions musculaires et ainsi réduire le risque de blessures et permettre plus d'aisance dans les mouvements.

Il faut savoir qu'une blessure est parfois longue à guérir, qu'elle limite la progression et cause même fréquemment une diminution des performances. De plus, il peut être difficile de se motiver à reprendre ses habitudes d'entraînement à la suite d'un repos forcé. Dès votre prochaine séance de musculation, souvenez-vous que l'échauffement est un pas dans la bonne direction pour éviter les blessures.

Pour être plus performant

En plus de diminuer le risque de blessures, l'échauffement permet :

- d'augmenter la force, la puissance et l'endurance des muscles qui seront contractés au cours de l'entraînement ;
- d'améliorer la coordination entre les muscles qui seront contractés au cours de l'entraînement ;
- d'améliorer l'équilibre et la proprioception ;

- de rehausser le niveau d'attention et de concentration;
- de diminuer les craintes de se blesser lors d'entraînements intenses.

Ces effets positifs sur la performance sont provoqués, entre autres, par une activation du système nerveux, une accélération des réactions qui permettent de produire de l'énergie et une augmentation de la quantité de sang dirigée vers les muscles actifs. Notons que l'échauffement aura un effet plus marqué sur la performance si l'effort au cours de la séance est intense. Par exemple, celui-ci sera plus utile si les séries d'exercices sont exécutées avec un effort maximal ou avec de lourdes charges.

Il est intéressant de noter que certaines études ont montré une amélioration de la performance à la suite d'un échauffement passif, qui consiste à augmenter la température des muscles sans faire aucun exercice (comme lors d'une séance de sauna). Toutefois, l'échauffement actif améliore davantage la performance, surtout chez les sportifs expérimentés.

Quand la tradition n'a plus raison

Traditionnellement, l'échauffement était constitué d'une activation cardiovasculaire, comme le jogging ou le vélo, suivie d'étirements statiques. Aujourd'hui, ce type d'échauffement n'est pas recommandé par les spécialistes de l'entraînement, pour l'activité physique en général, et encore moins pour la musculation. Le premier inconvénient de ce type d'échauffement est son manque de spécificité, c'est-à-dire l'absence d'exercices contenant des mouvements similaires à l'activité physique qui sera pratiquée par la suite. Pourquoi faire uniquement du vélo et des étirements en guise d'échauffement si des exercices pour le haut du corps sont prévus dans la séance de musculation? Le second inconvénient réside dans les étirements statiques. Non seulement la science a prouvé que ce type d'étirements, réalisé au cours de l'échauffement, ne réduisait pas le risque de blessures, mais elle a également démontré qu'il pouvait diminuer la force et la puissance maximales. Or, ces aptitudes seront peut-être nécessaires pour l'exécution des exercices de la séance.

> Avez-vous déjà perçu la première série d'un exercice de musculation comme étant plus difficile que la seconde? Si tel est le cas, c'est que l'échauffement était probablement inadéquat.

L'échauffement spécifique, un peu comme l'entraînement

Peu importe l'activité physique pratiquée, l'échauffement spécifique, composé d'exercices reliés à l'activité physique qui sera pratiquée, est à prioriser. Par exemple, des accélérations avec changements de direction pourraient faire partie d'un échauffement spécifique au soccer ou au hockey.

En musculation, l'échauffement peut débuter par une activation cardiovasculaire de 5 à 10 minutes. Quoique ce type d'effort soit peu spécifique aux exercices qui suivront (surtout s'ils ne ciblent pas les muscles des membres inférieurs), il demeure un choix adéquat, sans être suffisant. Un exercice cardiovasculaire qui compose une portion de l'échauffement a l'avantage de préparer le corps de façon générale à l'entraînement. Toutefois, il est possible de réaliser un échauffement de bonne qualité sans activation cardiovasculaire préalable.

Les exercices effectués lors d'un échauffement spécifique en musculation devraient :

- durer au moins 5 minutes ;
- solliciter les mêmes muscles que ceux des exercices de l'entraînement, et ce, à des amplitudes et des angles de mouvement similaires (ex. : on peut faire, au cours de l'échauffement, les mêmes exercices que lors de l'entraînement) ;
- être exécutés approximativement à la même vitesse que les exercices de l'entraînement ;
- être réalisés idéalement en augmentant progressivement la charge jusqu'à 60 à 80 % de celle employée durant l'entraînement ;
- avoir un nombre de répétitions semblable à celui des exercices de l'entraînement ;

- être plus longs et augmenter graduellement en intensité chez les aînés, les sportifs blessés ou ceux qui veulent développer leur force ou leur puissance maximale.

L'échauffement spécifique en musculation peut être entièrement réalisé avant l'entraînement par un ensemble d'exercices sous-maximaux tirés de la séance et sollicitant généralement l'ensemble des muscles du corps. Cette méthode est idéale lorsque l'exécution des exercices de la séance est semi-verticale ou verticale. En effet, avec ce type d'exécution, il est commun que tous les groupes musculaires sollicités lors de la séance le soient au cours de la première portion de l'entraînement. Par exemple, ce type d'échauffement est idéal pour un entraînement en circuit.

L'échauffement spécifique en musculation peut aussi être segmenté, avec des exercices à une intensité sous-maximale au fil de la séance selon les parties du corps entraînées ou les exercices réalisés. Cette méthode est parfaitement adaptée à l'entraînement fractionné exécuté de façon horizontale: elle permet d'échauffer les muscles tout juste avant qu'ils soient entraînés. Par exemple, au cours d'une séance qui sollicitera d'abord les muscles des cuisses et ensuite ceux des épaules, on peut échauffer seulement les muscles des cuisses au début et échauffer ceux des épaules juste avant de commencer la deuxième portion de la séance.

Le Québécois Hugo Girard fait régulièrement des démonstrations publiques de sa force exceptionnelle. En 2012, lors d'un festival à Toronto, il soulève une voiture de 1360 kg (3000 lb) en la faisant pivoter sur ses roues avant. Une partie de son échauffement avant cet exploit consistait à hisser au-dessus de sa tête à plusieurs reprises une femme qu'il avait choisie au hasard dans la foule. La capacité de faire un tel échauffement n'est évidemment pas à la portée de tous!

Voici un tableau présentant deux exemples simples d'échauffement spécifique en musculation.

Exemples d'échauffement spécifique	
Entraînement de musculation général	**Entraînement ciblant les muscles des épaules et des bras**
Vélo : 5 minutes	Rameur : 5 minutes
Faire 2 séries de 15 répétitions sous-maximales pour chaque exercice, avec 15 à 30 secondes de repos entre les séries. Prendre une charge plus lourde pour la deuxième série.	
Fente jumelée à une flexion aux coudes avec haltères 	Rotation externe à l'épaule avec un élastique 
Pompe (*push-up*) avec les mains sur un banc 	Développé au-dessus des épaules avec des haltères 
Traction à la poulie 	Flexion aux coudes avec une barre 
	Extension aux coudes à la poulie 

LA RÉALITÉ EN BREF

L'échauffement en musculation permet de réduire le risque de blessures et d'améliorer la performance au cours de la séance. Il est même essentiel lorsque la force maximale ou la puissance maximale sont entraînées. De plus, l'échauffement ne doit pas être négligé par les personnes âgées, les débutants, les sportifs qui ont des tensions musculaires ou ceux qui sont blessés. Idéalement, il doit être spécifique, c'est-à-dire que les exercices qui le composent doivent ressembler à ceux qui seront exécutés lors de la séance de musculation, mais être légèrement moins intenses.

Vous avez aimé ce sujet ? Lisez :

- M'étirer ? Pas question, je vais être moins fort ! (p. 211)
- Les étirements après l'entraînement : le remède contre les courbatures (p. 281)
- S'entraîner courbaturé ? Pas grave ! (p. 287)

MYTHE ? LES ÉTIREMENTS APRÈS L'ENTRAÎNEMENT : LE REMÈDE CONTRE LES COURBATURES

Qui n'a jamais ressenti un inconfort ou des douleurs musculaires à la suite d'une activité physique comme un entraînement en musculation ? Ces douleurs, nommées courbatures, peuvent être ressenties 8 à 12 heures après l'effort et durent en moyenne 1 à 3 jours, selon leur intensité. Dans les cas extrêmes, elles peuvent même se prolonger jusqu'à une semaine après l'activité physique. Plusieurs sportifs et entraîneurs affirment que s'étirer à la fin de l'entraînement permet d'éviter les courbatures ou de les minimiser. Est-ce un mythe ou la réalité ?

Qu'est-ce qu'une courbature ?

Les courbatures sont des microlésions, ou de légers dommages à l'intérieur du muscle, qui peuvent survenir à la suite d'efforts physiques. La douleur ou l'inconfort n'apparaît qu'après une dizaine d'heures parce que le processus inflammatoire associé aux courbatures prend un certain temps avant de faire effet. Les symptômes ressentis peuvent aller d'un léger inconfort à une incapacité fonctionnelle due à des muscles trop douloureux lorsqu'ils sont contractés ou étirés.

Voici différents facteurs pouvant favoriser l'apparition de courbatures :

- le type de contraction musculaire ;
- la durée et la difficulté de l'entraînement ;
- l'amplitude de mouvement ;

› la nouveauté d'un exercice ou d'une de ses caractéristiques (charge, nombre de répétitions, vitesse d'exécution, etc.) ;
› l'inexpérience du sportif.

Les contractions musculaires excentriques

Les contractions musculaires excentriques, correspondant au muscle qui s'allonge, comme lorsqu'on freine la descente d'une charge, causent beaucoup plus de courbatures que les contractions concentriques ou isométriques. Par exemple, la course en pente descendante, qui exige de fortes contractions excentriques, cause plus de courbatures que la course sur terrain plat. En musculation, les répétitions d'un exercice composé de contractions excentriques durant 3 à 8 secondes causent plus de courbatures que les répétitions traditionnelles (ex. : 2 secondes de contractions concentriques suivies de 2 secondes de contractions excentriques).

Niveau de courbatures en fonction du nombre d'heures suivant l'entraînement et du type de contractions musculaires

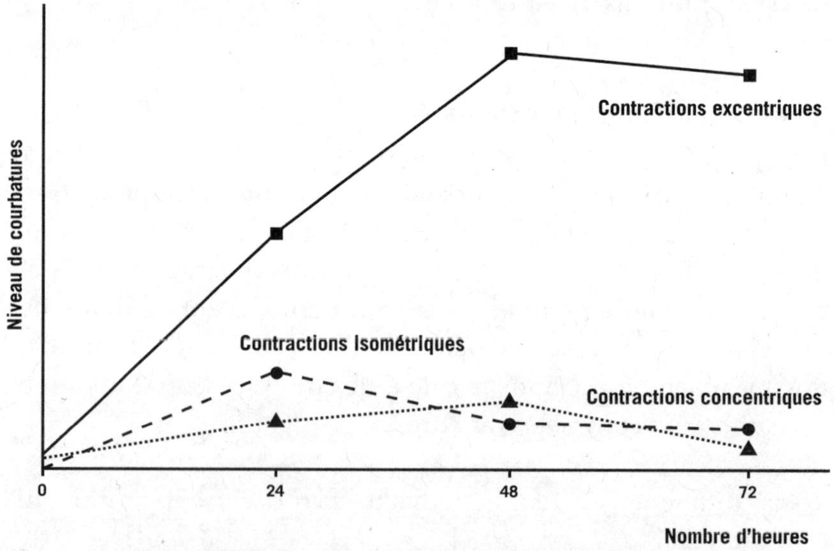

Graphique adapté de : Talag T.S., «Residual Muscular Soreness as Influended by Concentric, Eccentric and Static Contractions», *The Research Quartely*, vol.44, no 4 (1973), pp. 458-469.

La durée et la difficulté de l'entraînement

Il va de soi que la durée de l'entraînement peut être un facteur accentuant les courbatures. Par exemple, 15 minutes de marche en pente descendante n'entraîneront pas autant de dommages musculaires qu'une descente en haute montagne de plusieurs heures. En musculation, 3 séries d'exercices d'abdominaux occasionneront moins d'inconfort ou de douleurs le lendemain que 12 séries d'exercices travaillant les mêmes muscles. L'intensité d'un exercice est aussi un facteur à considérer. À titre d'exemple, la course à pied à vitesse rapide engendrera plus de courbatures qu'une simple marche. L'exécution du nombre de répétitions maximales lors d'exercices musculaires, c'est-à-dire jusqu'à ce qu'on n'arrive plus à soulever la charge, causera probablement plus de courbatures que des exercices effectués sans qu'un effort maximal soit fourni.

L'amplitude de mouvement

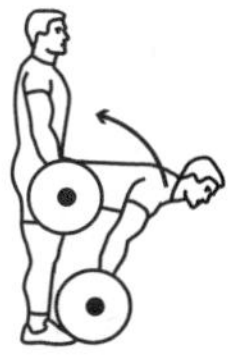

Le risque de courbatures s'accentue lorsque l'exercice de musculation provoque un allongement des muscles qui avoisine leur limite de capacité d'étirement. Par exemple, le soulevé de terre avec jambes tendues devrait généralement entraîner plus de courbatures des muscles à l'arrière des cuisses que le même exercice avec genoux pliés. L'adduction des cuisses sur appareil est également un exemple d'exercice où le risque de courbatures s'accentue, car les muscles sollicités au cours du mouvement peuvent être étirés aux limites de leur capacité. D'ailleurs, une séance d'étirements prolongés où les exercices sont exécutés à une amplitude maximale peut aussi occasionner des microlésions aux muscles qui se traduiront par l'apparition de douleur.

La nouveauté

Les possibilités de courbatures augmentent lorsqu'il y a de la nouveauté dans le choix des activités physiques, des méthodes d'entraînement, des exercices ou de l'une de leurs caractéristiques, comme la charge soulevée, la vitesse d'exécution ou même une variation dans la technique d'exécution.

L'expérience

En général, les exercices seront moins stressants pour un sportif expérimenté puisque ses muscles s'y sont adaptés. Ainsi, un débutant en musculation aura plus de microlésions causant de l'inconfort qu'un sportif expérimenté, avec le même type d'entraînement.

S'étirer après l'entraînement ne diminue pas les courbatures

Certains seront déçus et étonnés de l'apprendre, mais le pouvoir «anticourbatures» des étirements exécutés tout de suite après l'exercice n'est qu'un mythe. Plusieurs études ont démontré que les étirements n'avaient aucun effet, ou un effet non significatif, sur les douleurs ressenties. On risque même d'accentuer les courbatures causées par l'activité physique si les étirements suivant l'entraînement sont prolongés (une minute et plus), d'amplitude maximale et répétés plusieurs fois sur les mêmes muscles. Par contre, lorsque le sportif est courbaturé, des étirements peuvent momentanément atténuer l'inconfort ressenti. Ce soulagement temporaire ne change toutefois en rien les microlésions présentes dans le muscle.

S'étirer après l'entraînement diminue les tensions musculaires

Au cours d'une séance d'entraînement, les muscles sont contractés de façon répétée, ce qui peut augmenter leur degré de tension et ainsi causer de l'inconfort. Une tension musculaire se manifeste par une plus grande résistance du muscle à l'étirement. Soulignons que l'on confond fréquemment les tensions musculaires avec les courbatures. Contrairement à ces dernières, la tension dans les muscles peut être réduite par des exercices d'étirement.

Comment diminuer les courbatures?

Certaines méthodes peuvent agir, quoique de façon mineure, sur les courbatures en réduisant l'inflammation. Celle pour laquelle la science a démontré le plus d'effets bénéfiques est la thérapie par le froid (comme l'immersion en eau froide). Plusieurs sportifs incluent à leur récupération les bains contrastes, les massages peu vigoureux, l'échauffement ou un retour au calme actif dans l'espoir de minimiser les courbatures à venir ou celles ressenties. En outre, certains résultats d'études ont démontré que la prise régulière de 2 à 3 g d'un supplément de L-carnitine (à ne pas confondre avec la créatine) à la suite d'entraînements musculaires pourrait réduire la gravité des courbatures et améliorer la vitesse de réparation des microlésions. Toutefois, la meilleure des stratégies n'est pas de tenter de réduire les dommages musculaires déjà présents, mais bel et bien de s'entraîner judicieusement dans le but de prévenir les courbatures trop incommodantes.

Il a été démontré que si une jambe ou un bras blessé est immobilisé, la réalisation d'exercices mettant l'accent sur les contractions excentriques de la jambe ou du bras en santé aidera à diminuer les courbatures du membre blessé une fois que la réadaptation ou l'entraînement aura débuté.

Le pire des cas!

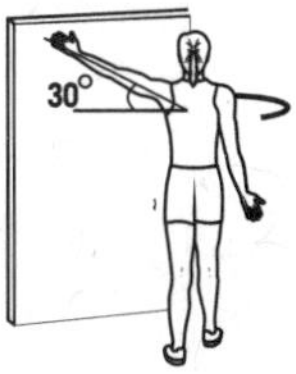

Voici un exemple qui illustre ce qu'il ne faut pas faire si l'on veut éviter le plus possible les courbatures. Un individu physiquement inactif depuis plusieurs années décide de modifier abruptement ses habitudes d'activités physiques. Au cours de la matinée, il accompagne un ami expérimenté à un entraînement axé sur le gain de masse musculaire. Lors de cet entraînement, ils font tous leurs exercices à l'aide de la méthode excentrique lente, c'est-à-dire qu'ils freinent la descente de la charge pendant environ 6 secondes, et ce, à chaque répétition. Cet entraînement, sollicitant uniquement les pectoraux, est composé de 4 exercices comportant chacun 5 séries. L'un de ces exercices est l'écarté avec haltères (*dumbbell fly*), réalisé à la limite possible d'étirement des pectoraux. Une amie rencontrée dans la salle lui suggère de bien étirer ces mêmes muscles lorsque l'entraînement sera terminé pour ne pas être trop courbaturé le lendemain. Suivant ces conseils, l'individu s'étire les pectoraux encore et encore sans aucune retenue. En après-midi, fort de sa nouvelle motivation, il décide d'aller faire du jogging. En toute confiance, il choisit la montagne à côté de son domicile. Il court lentement en montée et rapidement en descente pour conclure avec éclat cette journée de renaissance sportive ! Avons-nous besoin de mentionner que ses courbatures du lendemain seront très douloureuses et dureront même plusieurs jours ?

LA RÉALITÉ EN BREF

Les courbatures, douleurs musculaires ressenties 8 à 12 heures après l'effort physique, ne sont pas moins intenses si on s'étire en fin d'entraînement. On peut même les accentuer si les étirements sont prolongés, répétés et d'amplitude maximale. Afin de minimiser les courbatures, il est primordial d'en limiter les causes : il est donc sage d'augmenter progressivement la durée ainsi que la difficulté de l'entraînement, et d'éviter d'abuser de la nouveauté, des contractions excentriques ou des grandes amplitudes de mouvement.

Vous avez aimé ce sujet ? Lisez :

- M'étirer ? Pas question, je vais être moins fort ! (p. 211)
- La musculation pour augmenter la flexibilité : un non-sens (p. 216)
- S'entraîner courbaturé ? Pas grave ! (p. 287)
- L'efficacité d'un entraînement se mesure en courbatures (p. 290)

MYTHE ? S'ENTRAÎNER COURBATURÉ ? PAS GRAVE !

Les courbatures sont courantes après l'entraînement en musculation. L'inconfort qui en résulte peut freiner certains sportifs qui désirent s'entraîner fréquemment. Mais est-ce que les douleurs musculaires devraient réellement limiter l'entraînement en musculation ?

Quand ça fait mal, on risque de se faire encore plus mal

Les scientifiques sont clairs : les dommages musculaires causant les courbatures peuvent aussi augmenter le risque de blessures. En effet, le risque d'une blessure comme l'élongation musculaire est plus élevé lorsque le sportif expose ses muscles endommagés à de fortes contractions comme celles d'un exercice en force maximale. Le risque s'accroît également lorsque la vitesse de contraction des muscles est rapide, comme lors d'un exercice de puissance, ou lorsque le muscle ayant subi des microlésions est trop étiré, comme au cours d'un exercice demandant une grande amplitude de mouvement. Comme le muscle courbaturé n'est pas dans son état normal, l'efficacité des contractions peut être altérée. De plus, outre le muscle, les tendons et les ligaments avoisinants courent également un risque plus important. Il est donc plus prudent d'éviter de solliciter de façon intense les muscles en cas de courbatures importantes. Par contre, la mise au repos de ceux-ci permettra aux douleurs de s'amenuiser et éventuellement de disparaître. Ainsi, la reprise des exercices les sollicitant se fera sans risque.

Certains entraîneurs d'équipes sportives dirigent une légère séance d'entraînement le lendemain d'un match dans le but de réduire les courbatures de leurs joueurs. Un effet analgésique sera certainement ressenti durant quelques heures, mais il n'a pas encore été clairement démontré que ce type de séance réduit les courbatures à plus long terme.

Quand ça fait mal, on est moins performant

Plusieurs études indiquent que les courbatures peuvent limiter ou diminuer la performance sportive. Les pertes de force et de flexibilité engendrées par les microlésions dans le muscle sont une des causes possibles de cette diminution de performance. En plus du risque de blessures, la diminution des capacités musculaires est, pour certains sportifs, une raison supplémentaire de ne pas solliciter les muscles douloureux. Soulignons qu'il est essentiel d'avoir pleinement récupéré ses capacités de performance pour améliorer la force et la puissance maximales. Par contre, lorsque l'objectif est l'amélioration de l'endurance ou l'augmentation de la dépense calorique, il n'est pas absolument nécessaire d'être à 100 % de ses capacités. Dans ces cas, l'entraînement se justifie même si le risque de blessures est légèrement plus élevé.

Que faire ?

Il faut garder à l'esprit que plus un muscle est courbaturé, plus le risque de blessures augmente et plus la capacité de ce muscle sera limitée à l'entraînement. Par ailleurs, il ne faut pas non plus négliger le fait que les étirements, l'échauffement ou l'exercice en général ont un effet analgésique sur les douleurs ressenties. Cet effet ne réduit en rien les microlésions musculaires, qui sont toujours présentes. Ainsi, le risque de blessures et la perte d'efficacité demeurent eux aussi bien réels. Quoique toujours possibles, ces effets négatifs sont moins importants lorsque l'inconfort musculaire est plus léger.

De toute évidence, le fait d'être courbaturé ne signifie pas que l'on doit se reposer à la maison jusqu'à ne plus ressentir d'inconfort. Puisque le corps est constitué de plusieurs muscles, il est la plupart du temps possible d'entraîner ceux qui n'ont pas été endommagés. Par exemple, on peut axer l'entraînement sur des exercices du haut du corps si les muscles des jambes sont courbaturés. L'entraînement en hypertrophie exploite bien cette situation. Les sportifs visant cet objectif alternent au fil des séances les groupes musculaires sollicités, ce qui leur permet de s'entraîner fréquemment, et même sur une base quotidienne s'ils le désirent.

LA RÉALITÉ EN BREF

Les courbatures nous forcent à limiter le choix des exercices si l'on veut minimiser le risque de blessures au cours de l'entraînement en musculation. Toutefois, l'inconfort musculaire n'est pas une raison suffisante pour obliger le corps à un repos complet. Il est toujours possible d'entraîner des muscles qui ne sont pas affectés par les courbatures ou de diminuer l'intensité de l'entraînement si l'objectif est l'endurance ou la dépense calorique.

Vous avez aimé ce sujet ? Lisez :

- L'échauffement, en musculation, ce n'est pas vraiment utile (p. 275)
- Les étirements après l'entraînement : le remède contre les courbatures (p. 281)
- L'efficacité d'un entraînement se mesure en courbatures (p. 290)

MYTHE ? L'EFFICACITÉ D'UN ENTRAÎNEMENT SE MESURE EN COURBATURES

Plusieurs sportifs croient que les courbatures sont un signe que l'entraînement a été un succès. À l'opposé, lorsqu'ils ne ressentent aucune douleur dans les 8 à 24 heures suivant la séance, ils pensent que l'entraînement a été une perte de temps ou le considèrent comme inefficace. Qu'en est-il réellement ?

Un signe de dommages musculaires, point final

Ceux qui pratiquent la musculation ressentent couramment des courbatures. Certes, ces douleurs causées par de légers dommages musculaires sont le signe qu'un certain travail a été réalisé. Toutefois, il est faux de prétendre qu'elles sont directement reliées à l'efficacité de l'entraînement. Si c'était le cas, les entraîneurs pourraient toujours suggérer des exercices qui maximisent les courbatures, et ce, peu importe l'objectif d'entraînement ! Ainsi, un sportif pourrait axer son entraînement uniquement sur des exercices qui exigent des contractions excentriques. Pire, ces exercices pourraient aussi être exécutés avec une grande amplitude de mouvement. En fait, ces exercices engendreront davantage de courbatures, mais ils ne seront pas idéaux pour améliorer la force et l'endurance maximales lors des contractions concentriques. De plus, l'amélioration de la puissance maximale, de la coordination, de l'équilibre et de la proprioception, ainsi que l'augmentation de la dépense énergétique ne seront pas maximisées.

La gravité des courbatures étant subjective, les chercheurs mesurent des marqueurs physiologiques comme la créatine kinase et la myoglobine, qui sont des indices plus objectifs des dommages musculaires, donc des courbatures.

Une demi-vérité… voire un tiers de vérité !

L'augmentation de la masse musculaire se distingue des autres objectifs mentionnés précédemment. En effet, les dommages musculaires sont un des facteurs qui favorisent l'hypertrophie. Comme les microlésions aux muscles sont la cause des courbatures, il est permis de suggérer que lorsque ces dernières sont importantes après l'entraînement, elles peuvent stimuler la croissance musculaire. Toutefois, ce facteur favorisant l'hypertrophie n'est pas le plus déterminant. Par exemple, une séance d'étirements de 60 minutes axée uniquement sur les membres inférieurs pourrait occasionner de fortes courbatures et pourtant, ces dernières n'auraient que très peu d'effet sur l'augmentation de la masse musculaire. En plus des dommages aux muscles, le stress métabolique et le degré de tension musculaire lors des contractions contribuent aussi à l'hypertrophie. Le degré de tension musculaire demeure sans contredit le facteur le plus important : il est maximisé par des exercices avec charges relativement lourdes, pour un nombre de répétitions maximales compris entre 6 et 12. L'idéal pour les sportifs qui désirent augmenter leur masse musculaire est donc de s'entraîner de façon à ce que chacun de ces facteurs soit maximisé. Ceux-ci sont expliqués plus en détail au thème : « Pour prendre du muscle, il faut lever des gros poids » (p. 169).

LA RÉALITÉ EN BREF

N'en déplaise aux masochistes, la sévérité des courbatures ressenties à la suite d'un entraînement en musculation n'est pas une mesure de son efficacité. Pour la plupart des objectifs d'entraînement comme la puissance, l'endurance, l'équilibre ou la dépense énergétique, il n'est pas justifié de se complaire dans la douleur après l'exercice. Toutefois, pour ceux qui cherchent à stimuler l'hypertrophie, les courbatures sont un indice des légers dommages occasionnés aux muscles qui contribuent à la croissance musculaire. Notons qu'une séance se révélera être d'autant plus efficace que les exercices engendreront, en plus des courbatures, une tension importante lorsque les muscles se contractent, ainsi qu'un stress métabolique.

Vous avez aimé ce sujet ? Lisez :

- Pour prendre du muscle, il faut lever des gros poids (p. 169)
- Descendre ses poids lentement, c'est plus difficile, donc c'est mieux (p. 258)
- Les étirements après l'entraînement : le remède contre les courbatures (p. 281)
- S'entraîner courbaturé ? Pas grave ! (p. 287)

MYTHE ? *NO PAIN, NO GAIN !*

Au début des années 1980, la vedette Jane Fonda intitula l'une de ses vidéos d'exercice *No pain, no gain*. Ce titre suggérait qu'il fallait souffrir pour s'améliorer. L'expression a été reprise en vue des Jeux olympiques d'été de Barcelone, en 1992: *No pain, no gain, no Spain*. Cette expression sous-entend que la douleur ressentie lors de l'entraînement est essentielle pour progresser et pour atteindre une performance maximale. Cette formule est-elle une condition *sine qua non* pour réaliser ses objectifs de performance ou seulement une croyance qui persiste depuis fort longtemps ?

La douleur

La douleur peut se définir comme une sensation pénible ou désagréable dans une partie du corps. Cette sensation peut être ressentie dans plusieurs contextes d'entraînement. En analysant certaines de ces situations, nous serons en mesure de prendre position sur la pertinence de l'expression *No pain, no gain.*

Quand la douleur annonce une blessure

L'inconfort ou la douleur ressentie lors de l'entraînement peut être le signe d'une blessure déjà présente ou en devenir. Si on se fie à l'adage *No pain, no gain,* une douleur à une articulation, par exemple, signifierait un pas dans la bonne direction ! C'est évidemment faux. En réalité, lorsqu'elle apparaît au cours d'un exercice musculaire, juste après ou le lendemain, c'est peut-être le signe d'une blessure. Cette dernière retarderait éventuellement la progression du sportif. Cependant, il faut bien distinguer ce type d'inconfort de celui occasionné par la fatigue ou de celui engendré par les courbatures qui peuvent apparaître plusieurs heures après l'entraînement.

Idéalement, dès les premiers symptômes s'apparentant à une blessure, le sportif devrait apporter des modifications à son entraînement. Qu'il s'agisse du choix d'exercices, des charges utilisées, de la technique de mouvement ou encore de la fréquence ou de la durée de l'entraînement, le sportif doit intervenir pour éviter que la douleur n'augmente ou ne se reproduise. Ainsi, il diminuera le risque de voir apparaître une blessure ou d'en aggraver une déjà existante. Toutefois, si la douleur persiste, elle l'obligera au repos, ce qui l'empêchera certainement d'être performant et d'atteindre ses objectifs. La consultation d'un professionnel de la santé (médecin sportif, physiothérapeute, kinésithérapeute, ostéopathe, kinésiologue) permettra alors fort probablement de cibler le problème. Ainsi, des ajustements au programme d'entraînement pourront être apportés de manière judicieuse. Que la blessure soit une élongation musculaire, une tendinite, une bursite, une sciatalgie, une périostite ou encore une récidive d'entorse ou de subluxation, elle peut contraindre à une période d'arrêt de l'activité physique.

Quand la douleur est le signe d'un rude effort

Dans le cas d'un effort physique causant une grande fatigue, comme un exercice de musculation difficile, il est commun de ressentir une sensation désagréable qui s'apparente à la douleur. Dans ce cas-là, l'expression *No pain, no gain* s'avère-t-elle plus exacte ?

Bien que l'inconfort ressenti demeure subjectif, généralement, plus l'effort augmente, plus il est important. De toute évidence, un effort maximal sera perçu comme plus difficile qu'un effort sous-maximal. Par exemple, si l'on exécute 10 répétitions maximales au soulevé de terre, c'est qu'il était impossible d'en faire 11.

La série ainsi terminée correspond donc à un effort maximal. Le degré de difficulté de la séance doit aussi être pris en compte. L'inconfort ressenti en musculation peut aussi être attribuable à de courtes périodes de repos entre chaque série, au fait d'avoir choisi des exercices globaux plutôt que localisés, ainsi qu'à la longueur de la séance. De surcroît, l'utilisation d'une méthode avancée de musculation (super série, série forcée, etc.) pourra également augmenter la difficulté de l'effort fourni.

De rudes efforts pour s'améliorer?

Est-il nécessaire de fournir un effort maximal, et donc d'avoir mal, pour s'améliorer? Tout dépend du niveau du sportif. Afin de s'améliorer et de permettre au corps de s'adapter pour obtenir de meilleures performances, ou de maximiser les chances d'atteindre ses objectifs, il est nécessaire de créer un effet de surcharge au cours de l'exercice. Cela signifie qu'il faut en faire plus, ou faire la même chose de façon plus intense. Pour s'améliorer, un débutant n'aura pas besoin de s'entraîner de manière aussi intense qu'un sportif avancé: il lui sera beaucoup plus facile de progresser, et ce, même si l'entraînement n'est pas difficile. Par exemple, si Usain Bolt veut battre son record du monde au 100 mètres, il devra travailler extrêmement fort. Pendant ses séances de musculation, il ressentira assurément de la fatigue, de l'inconfort et de la douleur, car il devra fréquemment s'entraîner aux limites de ses capacités. En fait, qu'il s'agisse d'un exercice ou d'une séance complète d'entraînement, lorsque l'objectif est d'être performant, le sportif expérimenté doit fournir un effort intense qui devrait normalement engendrer une sensation pénible causée par la fatigue.

En plus de l'expression *No pain, no gain*, Jane Fonda a utilisé d'autres slogans accrocheurs dans le domaine du conditionnement physique, comme *Go for the burn* et *Buns of steel.* Ces derniers ont marqué l'imaginaire et motivé les participantes à augmenter l'effort fourni au cours de l'exercice.

Il ne suffit pas que l'entraînement soit difficile pour progresser, de nombreux autres facteurs entrent en jeu. Il faut notamment faire les bons choix d'entraînement. Il ne sert à rien de souffrir en exécutant des séries d'exercices de plus de 50 répétitions lorsque l'objectif est d'améliorer la force maximale. Par ailleurs, la qualité de l'effort fourni par le sportif n'influence pas seulement la performance. Des entraînements très intenses augmentent le risque de blessures et de fatigue. De plus, ils peuvent occasionner une baisse de motivation qui risque de se traduire par un désintérêt.

Le célèbre boxeur Mohammed Ali a dit: « Quand je fais des redressements assis, je commence seulement à compter quand ça fait mal, car ce sont les seuls qui comptent vraiment! »

LA RÉALITÉ EN BREF

L'expression *No pain, no gain* peut être vraie ou fausse, tout dépend du contexte dans lequel elle est utilisée. Elle est totalement fausse lorsque la douleur ressentie par le sportif est annonciatrice d'une blessure, ou pire encore, qu'elle est le symptôme d'une blessure déjà existante. Elle peut être vraie lorsqu'un sportif s'entraîne en fournissant des efforts maximaux dans le but de s'améliorer. Toutefois, il n'est pas nécessaire de faire des efforts aussi pénibles pour assurer une progression si l'on fait un retour à l'entraînement après une période d'inactivité ou si l'on est débutant. De plus, des entraînements d'une intensité moindre sont adéquats si l'on veut maintenir des aptitudes qui sont déjà à un niveau satisfaisant, diminuer le risque de blessures, ou encore éviter d'accumuler de la fatigue ou de perdre sa motivation.

Vous avez aimé ce sujet ? Lisez :

- S'entraîner courbaturé ? Pas grave ! (p. 287)
- L'efficacité d'un entraînement se mesure en courbatures (p. 290)

L'ENTRAÎNEMENT EN MUSCULATION :

L'ALIMENTATION, LES SUPPLÉMENTS ET LES AUTRES PRODUITS

L'alimentation est un aspect important à considérer lorsque l'on veut atteindre ses objectifs en musculation. Un grand nombre de questions sont soulevées dès qu'on aborde ce sujet, et trop souvent, les réponses fournies sont truffées de mythes et de demi-vérités. À quel moment doit-on manger avant et après la séance d'entraînement pour avoir de meilleurs résultats ? Doit-on consommer plus de protéines lorsque l'on fait de la musculation ? En outre, les sportifs s'interrogent souvent sur les suppléments alimentaires. Malheureusement, les réponses données à ce sujet sont souvent contradictoires. Quel supplément alimentaire pourrait m'aider à développer ma force et ma masse musculaires ? Les produits offerts aux fervents de musculation comportent-ils des risques pour la santé ? Dans ce chapitre, nous répondons à ces questions et à bien d'autres en nous appuyant sur des données scientifiques récentes. Vous serez ainsi mieux informés et pourrez prendre des décisions plus éclairées concernant l'alimentation, les suppléments et les autres produits.

MYTHE ? L'ALIMENTATION, EN MUSCULATION, UNE SIMPLE QUESTION DE *TIMING*

L'alimentation soulève plusieurs interrogations chez les sportifs. Quoi manger ? Quoi boire ? Mais surtout, à quel moment de la journée ? En anglais, ces trois questions se résument en un seul sujet nommé *nutrient timing.* À une époque pas si lointaine, le joueur de hockey professionnel, croyant bien faire, mangeait un steak en fin d'après-midi, après avoir fait la sieste. Cette préparation le mettait en appétit pour le match en soirée. Depuis, les connaissances en nutrition sportive ont évolué. Elles peuvent guider les sportifs, comme les adeptes de la musculation, et leur indiquer les meilleurs choix à faire avant, pendant et après l'entraînement.

Les phases du *nutrient timing*

On distingue trois phases durant lesquelles les besoins alimentaires du sportif varient : la phase énergétique, la phase anabolisante (construction) et la phase de croissance. Nous vous expliquerons en quoi consistent ces phases et nous ferons quelques recommandations pour chacune d'entre elles.

La phase énergétique : la théorie

La phase énergétique se déroule pendant une courte période avant et pendant l'entraînement. Au cours de ce dernier, le corps dépense de l'énergie pour produire des efforts. Les sucres (glucides) contenus dans le corps sont un carburant énergétique important. En musculation, ce sont principalement les glucides contenus dans les muscles (glycogène musculaire) et ceux contenus dans le sang (glucose sanguin) qui fourniront l'énergie nécessaire à la séance. Une diminution des réserves de glycogène musculaire ou de glucose sanguin peut provoquer de la fatigue, réduire la capacité de performance et même augmenter la proportion de protéines musculaires qui seront dégradées pour ensuite être utilisées dans la production d'énergie.

La prise de glucides juste avant et pendant l'entraînement en musculation peut aider le sportif à réaliser de meilleures performances, surtout lorsque l'entraînement est intense et qu'il dure plus d'une heure. De plus, la prise de glucides et de protéines pendant l'exercice peut aider à freiner la production de cortisol. En musculation, le rôle de cette hormone est important, car c'est elle qui déclenche la dégradation des protéines des muscles. Ces protéines seront, entre autres, transformées en sucres par le foie pour être réutilisées comme carburant énergétique. En clair, cela signifie que si le taux de sucre est trop bas, le corps est obligé de puiser davantage de protéines dans les muscles pour produire de l'énergie. De toute évidence, cette situation n'est pas idéale, surtout lorsque l'objectif est d'augmenter la force ou la masse musculaire.

En résumé, les boissons et les aliments consommés au cours de cette phase devraient permettre, tout d'abord, de fournir au corps les glucides qui contribuent au maintien de l'intensité élevée tout au long de l'entraînement, de freiner la production de cortisol qui favorise la dégradation des protéines des muscles et, finalement, de préparer le corps à une meilleure récupération.

La phase énergétique : les recommandations

Lorsque l'entraînement musculaire est d'assez longue durée (plus d'une heure) et d'intensité élevée, il est recommandé de consommer, juste avant ou pendant l'entraînement, une boisson ou des aliments contenant 20 à 30 g de glucides, possiblement 5 à 7 g de protéines et peu ou pas de lipides. Cette prise de calories sous forme de glucides et de protéines est d'autant plus importante si le dernier repas a été consommé il y a plus de 3 ou 4 heures.

Il faut noter qu'elle peut toutefois être incompatible avec un objectif de perte de poids. Voici quelques exemples de boissons et d'aliments, ainsi que leur teneur en glucides et en protéines.

Aliments	Teneur en glucides	Teneur en protéines
500 ml de boisson sportive (ex. : Gatorade®)	≈ 30 g	0 g
250 ml de jus de pommes	≈ 30 g	≈ 1 g
1 barre granola de 40 g	≈ 20 à 30 g	≈ 2 à 5 g
1 banane de grosseur moyenne	≈ 25 g	≈ 1 g

Selon un ancien préparateur physique des Canadiens de Montréal, la boisson énergétique Gatorade®, de plus en plus populaire dans les années 1980 chez les sportifs professionnels, aurait été interdite par Bob Gainey, capitaine de l'équipe à cette époque. Le hockeyeur aurait imposé sa loi dans le vestiaire, car il préférait le Coca-Cola®.

La phase anabolisante : la théorie

La phase anabolisante débute après la fin de l'entraînement et dure environ 30 minutes. Cette phase est considérée comme critique par de nombreux sportifs et entraîneurs. En effet, l'ingestion de protéines durant cette période favorise l'amorce du processus anabolique, c'est-à-dire de réparation des muscles entraînés et de fabrication de masse musculaire. Ces protéines peuvent être consommées sous forme animale (viande, volaille, poisson, produits laitiers, etc.) ou végétale (céréales entières, légumineuses, noix et graines, etc.). Elles peuvent aussi être consommées sous forme de suppléments alimentaires, comme les boissons à base de protéines en poudre. En outre, toujours au cours de cette phase, les fibres musculaires sont particulièrement sensibles à l'insuline, hormone qui favorise l'entreposage des glucides fournis par l'alimentation. Comme l'assimilation des glucides est améliorée au cours de cette période, les réserves de glycogène musculaire seront mieux renflouées si une quantité suffisante de glucides est consommée à ce moment-là. Ainsi, les muscles du sportif seront plus disposés à l'entraînement, lequel peut survenir quelques heures plus tard ou dans la journée qui suit.

Dans un article scientifique américain publié en 2013, on suggère que la période propice à la prise de protéines n'est peut-être pas aussi courte qu'on le prétend. En effet, si les repas précédant et suivant l'entraînement contiennent une quantité suffisante de protéines et qu'ils sont consommés à moins de 4 ou 5 heures d'intervalle, la prise de protéines dans les 30 minutes suivant la séance n'est pas si cruciale. Par contre, ceux qui s'entraînent à jeun, partiellement à jeun ou qui ne prévoient pas manger un repas équilibré dans les 2 heures suivant l'entraînement, doivent idéalement consommer des protéines peu de temps après la séance afin de stimuler la croissance musculaire.

En somme, les boissons et les aliments consommés au cours de cette phase devraient permettre de fournir au corps, peu de temps après la séance, des protéines et des glucides qui favoriseront la croissance musculaire et l'entreposage de glycogène dans les muscles.

La phase anabolisante : les recommandations

La quantité optimale de protéines à ingérer au cours de cette phase est d'environ 15 à 20 g (avec idéalement 50 à 70 g de glucides). Cette quantité de protéines et de glucides peut être fournie par divers aliments qui peuvent être combinés.

Aliments	Teneur en glucides	Teneur en protéines
500 ml de lait au chocolat	≈ 55 g	≈18 g
1 barre de protéines régulière de 45 g	≈ 15 à 20 g	≈ 10 à 20 g
175 g de yogourt grec à la vanille	≈ 18 g	≈ 14 g
4 tranches de pain avec beurre d'arachide	≈ 70 à 80 g	≈ 15 à 20 g
100 g d'amandes	≈ 20 g	≈ 20 g
250 ml de jus de pomme	≈ 30 g	≈ 1 g

Comme la durée de la phase anabolisante est courte, certains sportifs trouvent plus pratique d'ingérer les protéines et les glucides nécessaires sous forme de suppléments. Les boissons contenant des protéines comme celles en poudre sont très populaires, car elles ne nécessitent aucune préparation culinaire, ce qui facilite la consommation de protéines et de glucides à l'intérieur de la période propice d'environ 30 minutes après la séance. Il est possible d'emporter avec soi, ou d'acheter, dans la plupart des centres de conditionnement physique, une boisson de récupération afin de la consommer dès la fin de l'entraînement.

Comme on l'a vu, le respect de ces recommandations aura un effet moins marqué sur l'augmentation de la masse musculaire si des repas contenant suffisamment de protéines ont été pris à moins de 4 à 5 heures d'intervalle. De plus, ces protéines ne semblent pas être nécessaires lorsque la séance d'entraînement n'est ni longue ni intense. N'oublions pas non plus que ces protéines et ces glucides sont accompagnés d'un contenu calorique qui peut être incompatible avec l'objectif de perte de poids ou de définition musculaire.

La phase de croissance : la théorie

La phase de croissance se déroule au cours des heures qui suivent la séance d'entraînement et se termine peu de temps avant la suivante. Elle se divise en deux : une phase rapide qui dure entre 1 et 3 heures après l'entraînement et une autre plus longue qui dure jusqu'au prochain entraînement. Lors de la phase de croissance, les muscles se réparent, se construisent et peuvent donc augmenter en force, en puissance, en endurance et en volume. En fait, cette phase est la suite logique d'un processus déjà entamé au cours de la période anabolisante.

En résumé, les boissons et les aliments consommés au cours de cette phase devraient permettre de fournir une quantité suffisante de protéines stimulant la croissance des muscles et de glucides permettant au corps d'y stocker le glycogène. Contrairement à ce que croient la plupart des mordus de musculation, la prise de glucides à la suite de l'exercice n'a pas un effet si considérable sur la croissance musculaire. L'important est d'en consommer une quantité suffisante dans le courant de la journée, soit environ 60 à 65 % de l'apport énergétique quotidien total.

La phase de croissance : les recommandations

Au cours de la phase rapide, soit 1 à 3 heures après l'entraînement en musculation, la consommation d'un repas équilibré incluant des glucides et des protéines peut avoir un effet positif sur la croissance musculaire. On suggère que la période entre le repas précédant l'entraînement et le suivant n'excède pas 4 à 5 heures. Au cours de la phase plus longue, il est conseillé d'avoir une alimentation saine et équilibrée.

La recommandation quotidienne de consommation de protéines est d'un peu plus de 1 g/kg de poids corporel chez ceux qui pratiquent des activités physiques. Toutefois, on recommande une quantité légèrement supérieure pour ceux désirant augmenter leur masse musculaire, soit de 1,2 à 1,8 g/kg de poids corporel par jour. Voici quelques exemples d'aliments et leur teneur en protéines.

Aliments	Teneur en protéines
200 g de poulet	≈ 50 à 55 g
200 g de boeuf	≈ 50 à 55 g
140 g de thon en conserve	≈ 40 g
200 g de saumon frais	≈ 45 à 50 g
3 gros œufs	≈ 18 g
200 g de lentilles cuites	≈ 15 g

Gagnant à huit reprises du concours Mr. Olympia, le culturiste Ronnie Coleman avait un programme alimentaire gargantuesque. On estime qu'il consommait 5600 kcal, dont 550 g de protéines, par jour. À 1 h 30 du matin, il devait se réveiller pour boire une boisson contenant 88 g de protéines, quantité supérieure à la dose quotidienne normalement recommandée pour un homme !

Il faut souligner qu'une consommation excessive de protéines, principalement d'origine animale, augmente le risque de dommages aux reins, de cancer du côlon et de déshydratation. De plus, puisque les protéines proviennent souvent de la viande, leur ingestion est souvent accompagnée d'une importante quantité de gras, qui augmente le risque d'une maladie du cœur, de diabète de type 2 et d'obésité.

Par ailleurs, un repas contenant une quantité suffisante de glucides et de protéines doit être pris entre 1 et 4 heures avant le prochain entraînement. Le délai avant l'entraînement est important pour ceux qui envisagent de faire des efforts très intenses. En effet, des exercices sollicitant de grandes masses musculaires, exigeant un effort maximal ou encore de courtes périodes de repos entre les séries peuvent être difficiles : une période d'au moins une heure entre le repas et l'entraînement facilitera la digestion. Cela permettra d'amoindrir la concurrence, pour l'apport de sang, entre les muscles sollicités et le système digestif, et de réduire le risque de nausées ou d'inconfort. À l'opposé, il est clair que si le sportif est à jeun depuis plus de 3 à 4 heures, cela occasionnera une diminution des performances au cours de l'effort et une plus grande dégradation de protéines musculaires.

LA RÉALITÉ EN BREF

Une bonne nutrition est essentielle pour atteindre ses objectifs d'entraînement. Les recommandations actuelles en matière de nutrition sportive nous indiquent non seulement ce qu'il est préférable de boire ou de manger, mais également à quel moment. Au cours de la phase énergétique, soit juste avant ou pendant l'entraînement, la prise de glucides aide, entre autres, au maintien de l'intensité pendant l'entraînement. Lors de la phase anabolisante, dans les 30 minutes qui suivent l'entraînement, la prise de protéines et de glucides peut favoriser la croissance musculaire, ainsi que l'entreposage de sucres dans les muscles. Finalement, au cours de la phase de croissance, les objectifs sont les mêmes que lors de la phase anabolique, quoique sur une période plus longue. Les repas doivent alors être sains et équilibrés tout en contenant suffisamment de protéines et de glucides.

Vous avez aimé ce sujet ? Lisez :

- Du cardio ? Jamais de la vie, ça fait fondre les muscles ! (p. 189)
- Faire grossir ses muscles en perdant du gras : mission impossible ! (p. 194)
- La créatine : le seul produit légal qui fonctionne vraiment (p. 308)
- Il y a certainement un produit qui peut m'aider... (p. 313)
- Les stéroïdes, ce n'est pas si dangereux que ça ! (p. 320)

MYTHE ? LA CRÉATINE : LE SEUL PRODUIT LÉGAL QUI FONCTIONNE VRAIMENT

De nombreux fervents de musculation se questionnent sur l'existence de produits légaux ou de suppléments alimentaires qui permettraient d'améliorer réellement leurs résultats et leurs performances. En effet, une multitude de produits qui prétendent améliorer les qualités musculaires sont en vente libre dans les boutiques spécialisées de suppléments alimentaires, les centres de conditionnement physique et les pharmacies. La créatine est certainement parmi les plus connus d'entre eux et l'un des plus consommés.

De quoi est composée la créatine ? Ce produit très répandu peut-il réellement améliorer les performances musculaires ? La consommation d'un supplément de créatine peut-elle comporter des risques pour la santé ?

La créatine, c'est quoi au juste ?

La créatine est constituée d'acides aminés (composants de base des protéines) naturellement présents dans les muscles. C'est un élément fondamental de la production d'énergie lors d'efforts intenses et de courte durée (de 3 à 30 secondes). La créatine est fabriquée par le foie à partir des protéines provenant de l'alimentation. Le corps d'un Nord-Américain moyen fabrique environ un gramme de créatine par jour. Par ailleurs, la créatine, qu'on retrouve surtout dans le poisson, la viande rouge et le porc, est absorbée directement par les individus qui les consomment. Une alimentation normale composée de ces protéines animales fournit un gramme supplémentaire de créatine par jour. Ainsi, si nous additionnons la créatine fabriquée naturellement par le foie et celle absorbée directement de l'alimentation, notre organisme dispose d'un apport d'environ deux grammes de créatine par jour. La créatine est mise en réserve dans les muscles sous forme de créatine phosphate. Ce composé stocké constitue un véritable «réservoir de carburant énergétique» pour les efforts courts et intenses.

La créatine n'est ni une drogue ni un stéroïde anabolisant. Elle est considérée comme un supplément alimentaire et n'est donc pas bannie par le Comité international olympique (CIO). Au Canada et aux États-Unis, la créatine a gagné en popularité au début des années 1990. Depuis, les ventes de ce produit ont grimpé et il est aujourd'hui très répandu. Sa vente est maintenant autorisée en France et dans tous les autres pays de l'Union européenne.

Lors des Jeux olympiques d'hiver de Salt Lake City (2002), des athlètes des Pays-Bas ont fait analyser les suppléments qu'ils consommaient pour s'assurer qu'ils ne contenaient pas de produits dopants. Des 69 suppléments testés, 25 % contenaient des substances interdites ou dopantes sans que l'étiquette du produit en fasse mention.

Les faits scientifiques sur la créatine...

En moyenne, la créatine mise en réserve dans les muscles est de 1,7 g/kg de poids corporel. Ainsi, un homme de 80 kg aurait une réserve corporelle d'environ 136 g de créatine. La capacité maximale de stockage de créatine serait de 2,3 g/kg, donc environ 184 g pour l'homme en question.

Les premières questions que nous nous poserons sont les suivantes: est-il possible d'augmenter ses réserves musculaires de créatine en consommant quotidiennement un supplément? La consommation quotidienne d'un supplément de créatine permet-elle de passer d'une réserve musculaire moyenne à une réserve maximale ? Les réponses des chercheurs à ce sujet sont affirmatives : ils ont observé que la plupart des participants à leurs études avaient atteint des réserves musculaires maximales de créatine en 30 jours ou moins avec des doses quotidiennes variant entre 3 et 10 g. Ces résultats démontrent qu'il est possible d'augmenter ses réserves corporelles de créatine de 20 à 40 % en consommant un supplément. Cette augmentation est plus prononcée chez les personnes dont le taux de créatine est en dessous de la moyenne. Il se peut d'ailleurs que ceux-ci mangent peu ou pas de poisson, de viande rouge ou de porc. Inversement, les personnes qui ont une concentration musculaire de créatine au-dessus de la moyenne ont un faible potentiel d'augmentation de leurs réserves.

Aliments	**Teneur en créatine (g/kg)**
Hareng	6 à 7
Bœuf et porc	4,5 à 5
Thon et saumon	4 à 4,5
Lait	0,1
Cerises	0,02

Maintenant, passons à la question fondamentale pour les sportifs s'intéressant aux effets de cette substance : est-ce que le fait d'accroître la quantité totale de créatine présente dans les muscles peut avoir un effet positif sur certaines performances ? À la lumière des conclusions de nombreuses études traitant du sujet, nous pouvons affirmer que la prise quotidienne d'un supplément de 3 à 10 g de créatine permet d'améliorer certaines aptitudes physiques. En effet, il existe plusieurs preuves scientifiques démontrant que le fait de consommer ce supplément améliore la performance lors d'efforts courts (de 3 à 30 secondes) et intenses, entrecoupés de périodes de repos. Cette amélioration semble toutefois presque exclusivement réservée aux sujets qui ne sont pas des athlètes confirmés. Notons qu'une séance de musculation classique visant à améliorer la force ou à augmenter la masse musculaire est souvent structurée selon le format « travail-repos » répété, soit le type de séance au cours de laquelle la créatine peut permettre d'améliorer les performances. Ainsi, certains chercheurs suggèrent que l'augmentation de la performance lors d'efforts répétés en musculation due à la prise de créatine peut être à l'origine de gains accrus en masse musculaire et en force maximale.

Les études concernant l'effet de la consommation de créatine sur un effort unique, tel qu'un test de force maximale, un sprint ou un saut présentent des résultats contradictoires. Certaines d'entre elles concluent qu'une prise de créatine améliore ce type de performance, tandis que d'autres affirment qu'elle n'a pas d'effet positif.

Finalement, les études concluent presque unanimement qu'une prise quotidienne d'un supplément de créatine mène à un gain rapide de poids de 0,5 à 3,2 kg (≈ 1 à 7 lb), et ce, dès les premiers jours ou les premières semaines de consommation. Malheureusement pour les sportifs, ce gain de poids est principalement dû à un afflux de liquide dans les cellules musculaires.

> Melvin Williams, une sommité en performance sportive, a avancé, dans un livre publié en 1999 qui porte sur cette substance, que 50 % des athlètes participant aux Jeux olympiques consommaient régulièrement un supplément de créatine.

… et ses effets nuisibles

À ce jour, on ne sait pas encore si la consommation régulière de créatine comporte des effets nocifs à long terme sur la santé. Des études réalisées sur des périodes variant entre 6 mois et 5 ans n'indiquent aucun effet nuisible. Toutefois, plusieurs études rapportent des effets secondaires à court et moyen terme comme des crampes, des problèmes gastro-intestinaux, de la diarrhée, de la déshydratation, ainsi que des tensions et des blessures musculaires. D'autre part, plusieurs auteurs soulignent la possibilité que la prise prolongée de créatine puisse avoir des effets cancérigènes, mener à une surcharge rénale ou augmenter le risque de pierres aux reins. Seuls les résultats d'études à long terme pourront permettre d'affirmer ou de réfuter de telles hypothèses.

LA RÉALITÉ EN BREF

La créatine est un composé produit par le foie qui peut être ingéré par le biais de certains aliments ou sous forme de supplément. La consommation d'un supplément de créatine d'environ 5 g par jour se traduit par une augmentation significative des réserves musculaires de ce composé chez ceux qui n'en ont pas un taux très élevé. Plusieurs études démontrent que l'augmentation de la concentration de ce composé dans les muscles peut améliorer la performance lors d'efforts courts et intenses, entrecoupés de périodes de repos, comme ceux réalisés en musculation. À court terme, la consommation de créatine ne semble pas avoir d'effets nocifs importants sur la santé, mais des études à long terme sont en voie de nous donner plus d'informations sur les effets nuisibles d'une consommation prolongée de ce produit.

Vous avez aimé ce sujet? Lisez:

- Pour prendre du muscle, il faut lever des gros poids (p. 169)
- L'alimentation, en musculation, une simple question de *timing* (p. 301)
- Il y a certainement un produit qui peut m'aider... (p. 313)
- Les stéroïdes, ce n'est pas si dangereux que ça! (p. 320)

MYTHE ? IL Y A CERTAINEMENT UN PRODUIT QUI PEUT M'AIDER…

Certains sportifs qui s'entraînent en musculation désirent progresser très rapidement. D'autres, plus expérimentés, veulent dépasser le plateau qu'ils ont atteint. Ils seront peut-être tentés de consommer un des nombreux produits aux prétentions alléchantes. Ces diverses substances proposées aux passionnés de musculation sont-elles vraiment efficaces ? Existe-t-il des risques liés à leur consommation ? Voici un résumé, appuyé par les connaissances scientifiques les plus récentes, des produits les plus populaires chez les adeptes de musculation.

… à perdre du gras rapidement

Les produits réputés pour provoquer une perte de gras rapide et importante sont communément appelés *fat burners,* ou en français « brûleurs de graisse ». Les plus populaires sont l'éphédrine, la caféine et la carnitine.

L'éphédrine est une drogue stimulante qui agit en favorisant la libération d'adrénaline dans le corps. Par conséquent, ce produit dopant provoque deux effets qui pourraient indirectement favoriser la perte de graisse. Premièrement, elle accélère le métabolisme, produisant ainsi une hausse de la dépense énergétique. Par exemple, une consommation régulière de 60 mg par jour d'éphédrine augmente la dépense énergétique au repos d'environ 10 % (≈ 120 à 200 kcal/jour). Deuxièmement, elle diminue l'appétit. Les résultats de plusieurs études ont montré que cette substance était un « brûleur de graisse » efficace, spécialement lorsqu'elle était consommée conjointement avec de la caféine. Toutefois, elle a de dangereux effets secondaires: élévation de la pression artérielle, hausse et perturbation du rythme cardiaque, insomnie, troubles digestifs, tremblements et maux de tête. Elle peut même provoquer une crise cardiaque ou un accident vasculaire cérébral pouvant causer la mort chez certaines personnes à risque.

La pseudoéphédrine est une substance stimulante facilement accessible, car elle se retrouve dans différents médicaments pour combattre la grippe, comme le décongestionnant Sudafed®. Bien que la pseudoéphédrine comporte des risques pour la santé, certains athlètes qui ont besoin d'être très alertes, au hockey ou au rugby, par exemple, en consomment tout de même avant les matchs dans l'espoir d'améliorer leur performance.

La caféine est également un produit stimulant. Elle est régulièrement consommée dans plusieurs boissons comme le café, le thé, le cola ou les boissons énergisantes. La prise de caféine peut aussi augmenter le métabolisme de base. Par exemple, une consommation de deux cafés filtres (≈ 350 mg de caféine) hausse la dépense énergétique au repos d'environ 10 à 15 kcal dans les heures qui suivent. Il est bien connu, dans le milieu scientifique, qu'elle augmente légèrement l'utilisation de gras comme carburant énergétique au repos et lors d'un exercice d'intensité faible à modérée. Ainsi, elle pourrait être particulièrement efficace comme «brûleur de graisse» lors d'un entraînement aérobie relativement long (plus de 30 minutes). Toutefois, elle peut permettre de prolonger l'effort aérobie en retardant la sensation de fatigue, et ainsi, permettre d'augmenter légèrement la dépense énergétique. Somme toute, malgré une légère augmentation de l'utilisation des graisses et de la dépense énergétique, la caféine n'est pas efficace pour perdre de la graisse. Ajoutons que cette substance a aussi des effets secondaires nuisibles, qui varient selon les individus et la quantité consommée. Ces effets sont semblables à ceux causés par l'éphédrine, mais ils sont moins prononcés.

Bien que la plupart des boissons énergisantes comme le Red Bull® contiennent une quantité importante de caféine, leur consommation ne favorise pas la perte de graisse. En effet, ces boissons contiennent généralement une grande quantité de sucre, donc un contenu calorique qui n'est pas compatible avec la perte de poids.

La carnitine ou L-carnitine (à ne pas confondre avec la créatine) est un composé fabriqué par le foie et les reins. On la retrouve aussi dans l'alimentation, principalement dans les viandes rouges et les produits laitiers. Elle joue un rôle dans le transport des molécules de gras dans les cellules afin qu'elles soient utilisées comme carburant énergétique. Les résultats des études sérieuses portant sur l'efficacité des suppléments de carnitine pour faciliter la perte de graisse vont tous dans le même sens : ils sont inefficaces.

… à m'entraîner de façon plus intense

En raison de leurs effets stimulants, l'éphédrine et la caféine sont aussi utilisées par certains sportifs pour augmenter leur niveau d'éveil lors de séances de musculation. Ainsi, ces substances peuvent permettre la réalisation d'une séance intense correspondant au plein potentiel du sportif en cas de fatigue ou d'un manque momentané de motivation. Toutefois, comme on l'a vu précédemment, la prise de caféine, et surtout d'éphédrine, peut provoquer des effets secondaires qui à leur tour peuvent comporter des risques pour la santé.

Le prodige du soccer Diego Maradona fut exclu de la Coupe du monde de 1994 aux États-Unis après avoir été contrôlé positif à l'éphédrine.

… à gagner de la masse musculaire et à devenir plus fort

La boisson de protéines est le supplément alimentaire le plus consommé par les sportifs qui font de la musculation. La science a démontré que la consommation de 15 à 20 g de protéines dans les 30 minutes qui suivaient une séance de musculation intense stimulait la croissance musculaire. En outre, on recommande de consommer quotidiennement 1,2 à 1,8 g de protéines par kilogramme de poids corporel pour la même raison. Par ailleurs, une augmentation de la grosseur des muscles provoquera un gain en force maximale.

Les acides aminés, dont l'un des plus connus et consommés est la glutamine, sont les composants de base des protéines. Ils peuvent être pris sous forme de comprimés ou de boissons. Lorsqu'ils sont consommés en suppléments, ils n'ont pas besoin d'être digérés et sont donc plus rapidement assimilés par l'organisme. Pour cette raison, certains prétendent qu'ils pourraient être plus efficaces pour accroître la masse musculaire que les protéines contenues dans les aliments ou sous forme de poudre. Néanmoins, les études sur le sujet ne permettent pas de conclure à la supériorité des acides aminés par rapport aux protéines.

Des recherches montrent que certains acides aminés stimulent la libération d'hormones anabolisantes comme l'insuline et les hormones de croissance. Or, ces dernières favorisent la croissance musculaire. Par ailleurs, certains acides aminés, comme ceux dits «à chaînes ramifiées», sont reconnus pour freiner la dégradation des muscles provoquée par l'entraînement intense. Par conséquent, ils favorisent le maintien et le gain de masse musculaire. Les études sur ce type d'acides aminés recommandent une consommation quotidienne de 10 à 15 g pour augmenter le volume musculaire. À ce jour, rien ne semble indiquer que la prise de cette quantité comporte des risques pour la santé.

Un des acides aminés qui gagne en popularité chez les sportifs est la bêta-alanine. Cet acide aminé a la particularité de favoriser une augmentation de la concentration d'une substance nommée carnosine dans les muscles. Selon certains chercheurs, cette augmentation de carnosine pourrait retarder la fatigue lorsque l'exercice est d'intensité élevée. Ainsi, elle pourrait aider à augmenter la masse et la force musculaires des sportifs qui en consomment aussi peu que 1,6 g/jour.

Le bêta-hydroxy-bêta-méthylbutyrate (HMB) est un dérivé de la L-leucine, un acide aminé essentiel au corps. Il a été démontré que la prise de HMB sous forme de supplément accélérait la vitesse de réparation des muscles légèrement endommagés au cours de l'exercice. Ainsi, elle permettrait une augmentation de la masse musculaire et une amélioration de la force et de la puissance musculaires. Pour profiter des effets d'une supplémentation en HMB, il est recommandé d'en consommer 1 à 2 grammes, 30 à 120 minutes avant l'entraînement. Il est également possible d'en consommer 3 g/jour pendant deux semaines avant la réalisation d'entraînements difficiles en musculation. Actuellement, les scientifiques croient que la prise de ce supplément ne comporte aucun risque pour la santé. Cependant, d'autres études sont nécessaires afin de déterminer les effets d'une prise de HMB sur la sensibilité à l'insuline, une hormone essentielle à la régulation des carburants énergétiques du corps.

Ajoutons qu'un certain nombre d'adeptes de la musculation consomment de la créatine ou des stéroïdes anabolisants. Ces deux substances, ainsi que leurs effets sur la force et la masse musculaires sont abordés de façon plus détaillée aux thèmes « La créatine : le seul produit légal qui fonctionne vraiment » (p. 308) et « Les stéroïdes, ce n'est pas si dangereux que ça ! » (p. 320)

Le « nouveau » produit

Une autre catégorie de produits gagne en popularité : les vasodilatateurs. Ces produits contiennent de l'arginine, un acide aminé qui provoque l'augmentation de la quantité de monoxyde d'azote (oxyde nitrique) dans le corps. Ce gaz produit une dilatation des vaisseaux sanguins (vasodilatation) et donc un afflux de sang plus important vers les muscles sollicités au cours de l'entraînement. Certains chercheurs ont avancé que l'arginine elle-même et l'augmentation de l'afflux sanguin qu'elle provoque indirectement pourraient favoriser la croissance des muscles. De plus, un supplément d'arginine augmenterait même la libération de l'hormone de croissance, substance qui favorise, entre autres, le volume musculaire et la force. Cette catégorie de produits peut aussi contenir de la créatine, ce qui peut accentuer ses effets sur les muscles. D'autres études sont nécessaires pour bien cerner les effets des vasodilatateurs.

Notons que l'afflux de sang aux muscles causé par ces produits augmente temporairement le volume des muscles entraînés. Cet effet, qui dure quelques heures, est apprécié de ceux qui sont préoccupés par leur apparence physique.

Les amphétamines sont des substances stimulantes dopantes qui sont consommées par certains athlètes dans le but d'améliorer leurs performances. Le cas le plus célèbre est celui du cycliste Tom Simpson. En 1967, lors du Tour de France, le Britannique s'est effondré par une chaleur torride à l'approche du sommet du mont Ventoux. Son décès a été constaté peu de temps après. La prise d'amphétamines est l'un des facteurs ayant possiblement empêché son corps de contrôler l'augmentation de sa température, ce qui a entraîné son décès par défaillance cardiaque.

LA RÉALITÉ EN BREF

Certains adeptes de musculation sont tentés de consommer des produits pour atteindre leurs objectifs plus rapidement ou améliorer leurs performances. Alors que la carnitine n'a aucun effet sur la perte de graisse, l'éphédrine et la caféine peuvent être efficaces. Néanmoins, les effets de la caféine sont moins marqués que ceux de l'éphédrine, qui est un produit dopant dont la consommation comporte des risques pour la santé. Ces substances sont des stimulants qui augmentent le niveau d'activation du sportif et peuvent donc l'aider à s'entraîner de façon plus intense lorsqu'il est fatigué. Finalement, les suppléments de protéines, d'acides aminés et de

HMB peuvent accélérer le gain en masse musculaire et, par le fait même, augmenter la force maximale.

Vous avez aimé ce sujet ? Lisez :

- L'alimentation, en musculation, une simple question de *timing* (p. 301)
- La créatine : le seul produit légal qui fonctionne vraiment (p. 308)
- Les stéroïdes, ce n'est pas si dangereux que ça ! (p. 320)

MYTHE ? LES STÉROÏDES, CE N'EST PAS SI DANGEREUX QUE ÇA !

Lors des Jeux olympiques de Séoul en 1988, le sprinter canadien Ben Johnson remporte la médaille d'or de l'épreuve reine des jeux, le 100 mètres en athlétisme. Il établit alors le record du monde et devient l'homme le plus rapide de l'histoire. Soixante-huit heures après cet exploit sportif exceptionnel, l'athlète est disqualifié par le Comité international olympique (CIO) pour avoir échoué à un test antidopage. Il avait consommé des stéroïdes anabolisants, substance qui améliore les performances musculaires et qui est interdite aux athlètes olympiques. Pour beaucoup de Canadiens, cet événement largement médiatisé fut l'occasion d'entendre parler pour la première fois des stéroïdes anabolisants, un produit qui n'était connu jusque-là que d'un groupe restreint de sportifs et de spécialistes.

Après cet incident historique, la consommation de stéroïdes anabolisants par des athlètes de haut niveau a fait les manchettes à de nombreuses reprises, renseignant encore davantage la population générale sur l'existence de ce produit dopant. C'est aussi pour cette raison que la consommation de stéroïdes s'est répandue chez les sportifs de tous niveaux, dont les personnes pratiquant la musculation. Toutefois, l'information générale qui circule sur les stéroïdes anabolisants est-elle juste ? Est-ce que les sportifs et les adeptes de musculation qui sont tentés d'en consommer connaissent suffisamment les effets de ces substances ? Faisons le point sur le sujet en nous appuyant sur les données scientifiques récentes.

Les stéroïdes anabolisants, c'est quoi au juste?

Les stéroïdes androgéniques anabolisants (nom complet) sont des dérivés synthétiques d'une hormone sexuelle masculine, la testostérone. Il existe plusieurs formes de stéroïdes anabolisants qui ont chacune leur structure chimique et leurs effets spécifiques. Ces produits ont été créés dans les années 1930 pour des raisons médicales. Ils peuvent être administrés à des personnes présentant différents problèmes de santé: par exemple, les jeunes dont la puberté est retardée ou les personnes atteintes du VIH, de certains cancers et de maladies chroniques pulmonaires ou cardiaques. C'est surtout pour palier la perte de masse musculaire associée à ces problèmes de santé qu'ils sont normalement prescrits.

Ce n'est qu'à partir des années 1950 que les stéroïdes anabolisants ont commencé à être utilisés par les sportifs, les athlètes et les mordus de musculation. Comme ce sont des copies synthétiques de la testostérone, ils provoquent dans le corps des effets similaires à ceux de cette hormone chez les utilisateurs qui en prennent, en comprimés ou sous forme injectable. Sur le plan des performances physiques et des changements corporels, les résultats de différentes études confirment qu'ils peuvent:

- augmenter la masse musculaire;
- diminuer le pourcentage de graisse;
- augmenter la force et la puissance musculaires;
- augmenter l'endurance musculaire;
- contribuer à une meilleure récupération entre les compétitions sportives et les entraînements;
- augmenter la densité osseuse;
- augmenter la tolérance à la douleur;
- accélérer la guérison de certaines blessures musculaires.

Il est évident que ceux et celles qui choisissent de consommer des stéroïdes souhaitent obtenir un ou plusieurs de ces effets, qui peuvent améliorer l'efficacité et le rendement dans une multitude de sports. Toutefois, le taux de consommation de stéroïdes anabolisants est plus élevé dans certaines disciplines comme le football, le baseball, les sports de combat, les épreuves de lancer en athlétisme, le culturisme, l'haltérophilie, les compétitions d'hommes forts et de femmes fortes, ainsi que les épreuves de sprint en athlétisme, en vélo, en natation et en patinage de vitesse longue piste.

De l'avis de plusieurs spécialistes, l'haltérophilie est le sport le plus touché par la consommation de stéroïdes anabolisants. Aux Jeux olympiques, de nombreux cas de dopage ont été détectés depuis 1972. À l'aube de l'an 2000, devant les pressions du Comité international olympique (CIO) et pour redorer son image ternie par les nombreux cas de tricherie, la Fédération internationale d'haltérophilie prend une décision majeure: en 1998, elle « nettoie » la discipline en annulant tous les records mondiaux établis jusque-là.

Les effets néfastes et indésirables

Les stéroïdes anabolisants sont interdits en dehors du cadre médical. Leurs effets néfastes sur la santé sont documentés et très sérieux. En voici une liste non exhaustive:

- augmentation du risque de maladies cardiovasculaires;
- augmentation du risque de maladies du foie;
- augmentation du risque de maladies des reins;
- augmentation du risque de certains cancers (foie, prostate, testicules);
- augmentation du risque de blessures musculaires;
- augmentation du risque d'irritabilité et d'agressivité;
- augmentation du risque d'acné.

Chez les hommes:

- augmentation du risque de gynécomastie (augmentation du volume des seins);
- diminution du volume de sperme et de la concentration de spermatozoïdes;
- diminution éventuelle de la libido et du volume des testicules.

Chez les femmes :

- augmentation de la pilosité ;
- modification de la voix ;
- dérèglement du cycle menstruel ;
- croissance du clitoris.

En outre, les effets à long terme de la consommation de stéroïdes anabolisants doivent encore être étudiés : certains spécialistes suggèrent que la prise de ces substances augmente le risque de mort prématurée. Qui plus est, un grand nombre d'utilisateurs de stéroïdes en consomment plusieurs types simultanément et à doses très élevées. Les auteurs d'une récente étude américaine affirment que le consommateur moyen utilise, pendant 5 à 10 semaines, trois types d'anabolisants différents en quantité 5 à 29 fois supérieure aux doses médicales. Outre le fait qu'une prise importante de stéroïdes accentue le risque d'effets néfastes pour la santé, elle peut provoquer une dépendance.

Certains des effets nuisibles associés à la prise d'anabolisants sont réversibles et disparaissent complètement quelques semaines après l'arrêt de la consommation (ex. : agressivité, acné, modification de la voix). Toutefois, les effets néfastes à long terme dus à la prise répétée de ces substances ne sont pas encore clairement établis (ex. : cancer du foie, maladies du cœur). Plusieurs chercheurs estiment même que les dangers liés à la consommation de stéroïdes sont amplifiés dans le but de décourager les sportifs d'en prendre. Selon eux, les plus grands risques proviendraient d'une consommation abusive et d'une prise d'un cocktail de plusieurs anabolisants additionné d'autres substances. Ajoutons aussi que l'interdiction de vendre ces substances force les utilisateurs à se les procurer sur le marché noir. La qualité de ces produits n'étant pas contrôlée, les risques associés à leur consommation augmentent d'autant plus.

On rapporte que durant la Seconde Guerre mondiale, des scientifiques ont administré des stéroïdes anabolisants aux soldats allemands dans le but d'augmenter leur agressivité au combat. Même Adolf Hitler aurait reçu, selon son médecin, des injections d'anabolisants pour traiter divers problèmes de santé.

LA RÉALITÉ EN BREF

Les stéroïdes anabolisants sont des dérivés synthétiques de la testostérone. Ils peuvent être administrés pour le traitement médical de certains problèmes de santé, mais ils sont aussi consommés illégalement par différents athlètes et adeptes de la musculation pour augmenter la masse musculaire, ainsi que la force et la puissance maximales et, parfois, pour réduire le pourcentage de graisse. Bien que ces effets positifs soient prouvés, de nombreux effets néfastes pour la santé ont également été mis en évidence et constituent un danger réel qui devrait être pris au sérieux.

Vous avez aimé ce sujet? Lisez:

- Pour prendre du muscle, il faut lever des gros poids (p. 169)
- Je ne suis pas né sous une bonne étoile, je ne serai jamais musclé (p. 177)
- L'alimentation, en musculation, une simple question de *timing* (p. 301)
- La créatine: le seul produit légal qui fonctionne vraiment (p. 308)
- Il y a certainement un produit qui peut m'aider... (p. 313)

REMERCIEMENTS

Nous tenons à remercier Magali Stoll, Georges St-Pierre, Sylvain Lemaire (Physigraphe), Alain Charlebois, Roch Proteau, Paulette Bergeron ainsi que toute l'équipe des Éditions de l'Homme qui ont grandement contribué à la réalisation de ce livre.

Nous tenons aussi à remercier, pour son soutien et son expertise, le centre de haute performance Perfmax®, spécialisé dans l'entraînement d'athlètes et de diverses clientèles.
www.perfmax.com

BIBLIOGRAPHIE

Par souci de rigueur scientifique et de transparence, et pour permettre au lecteur de les consulter facilement, les références scientifiques de cette édition parue en septembre 2013 se trouvent sur le site Internet des Éditions de l'Homme à l'adresse suivante :

editions-homme.com/fichiers/
bibliographie-mythes-realites-musculation.pdf

Suivez-nous sur le Web

Consultez nos sites Internet et inscrivez-vous à l'infolettre pour rester informé en tout temps de nos publications et de nos concours en ligne. Et croisez aussi vos auteurs préférés et notre équipe sur nos blogues !

EDITIONS-HOMME.COM
EDITIONS-JOUR.COM
EDITIONS-PETITHOMME.COM
EDITIONS-LAGRIFFE.COM

Achevé d'imprimer au Canada
sur papier Enviro 100% recyclé